역易과 모퉁이의 신학

역易과 모퉁이의 신학
— 육성으로 듣는 이정용 박사의 삶과 신학 이야기

2023년 4월 17일 처음 펴냄

지은이 | 이정용
엮고씀 | 임찬순
펴낸이 | 김영호
펴낸곳 | 도서출판 동연
등   록 | 제1-1383호(1992년 6월 12일)
주   소 | 서울시 마포구 월드컵로 163-3, 2층
전   화 | (02) 335-2630
팩   스 | (02) 335-2640
이메일 | yh4321@gmail.com

ISBN 978-89-6447-886-8 03200

육성으로 듣는 이정용 박사의 **삶과 신학 이야기**

역易과 모퉁이의
신 학

이정용 지음 | 임찬순 엮고 씀

동연

가족

아들 조나단Jonathan과 딸 수Sue

학업과 목회의 여정

연구답사와 여행

만년의 이정용과 끝나지 않은 역易의 신학

차례

책 머 리 에 올 리 는 독 후 감

임찬순 님께서 다듬어 엮은 『역易과 모퉁이의 신학』을 읽었습니다. 첫 글을 읽기 시작하면서 내내 눈을 뗄 수가 없었습니다. 눈이 침침해지는데도 앉은 자리에서 일어서지도 못한 채 여러 시간 만에 마침내 다 읽었습니다. 읽으려 작심을 해서가 아닙니다. 책이 저를 그렇게 붙들어 이끌었기 때문입니다.

목이 아프고 어깨가 짓눌리고 허리를 펼 수조차 없었습니다. 그런데 행복했습니다. 글을 읽었는데 실은 소리를, 그것도 생생하게 말씀하시는 이정용 선생님의 음성을 들었기 때문입니다. 그런데 그것도 아니었습니다. 저는 아예 그 시간 내내 그분과 만나 이야기하고 있었기 때문입니다. 참 오랜만에요.

저는 옛날처럼 선생님의 말씀에 맞장구를 쳤습니다. 그러면서도 옛날처럼 마디마디에서 불안하기도 했습니다.

'정직한 발언'은 왜 이렇게 듣는 사람을 걱정스럽게 하나 하는 생각을 하면서 조금은 화가 나기도 했습니다. 아니, 이 발언들이 벌써 얼마나 오래전의 일인데 아직도 그 발언이 저지를지도 모를 위험을 예감해야 하는가를 생각하면서 아예 절망스럽기도 했습니다.

열린 상상력은 왜 이렇게 스스로 '모퉁이'에서 몸을 사려야 하나 하는 생각을 하면 조금은 서럽기도 했습니다. 아니, 이 꿈이 벌써 언제 적 것인데 아직도 그 실현을 여전히 꿈꾸어야 하는가를 생각하면 피곤하기도 했습니다.

그러나 선생님은 이 모든 제 반응을 토닥거리시면서 "사랑으로 다가서 보라"고 하시는 것도 여전했습니다. "네 삶의 자리에서의 경험에서 비롯하여…"라고 하시면서요.

이런 자리를 마련해주신 편역자 임찬순 님께 그리고 함께하셨던 여러분께 진심으로 고마운 마음 전합니다. 이정용 선생님께 대한 존경과 그리움, 그 속에서 움튼 학문에의 소명과 책무가 의연하지 않았다면 감히 엄두도 못 낼 일을 하셨습니다. 임찬순 님께서 이정용 선생님의 신학을 '해체 시대의 구성의 길'로, 또 이어 이를 '뒤집힘의 해석학'이라고 이름 지으시면서 '변두리'(marginal)를 '모퉁이'로 개념화하신 일에도 경의를 표합니다. 이야말로 이정용 선생님께서 말씀하신 "어떤 것이든 독창적이고 창조적인 것이 나오려면 이전의 것과 단절하는 불연속성이 있어야 한다"의 실천이라 여겨지니까요.

　　이 책이 우리가 무척 소란한 소용돌이에 빠져 있는 정황에 맞춰 출간된 게 여간 다행스러운 일이 아닐 수 없습니다. 지금이야말로 임찬순 님께서 묘사하셨듯이 "한 어른이면서 한 시인이고, 그러면서 한 스승이고, 나아가 한 목사이면서 한 신학자이고, 한 한국인이면서 한 수도자"인 그런 분이 이렇게 아쉬울 수가 없는데, 바로 그런 분을 여기 이렇게 따듯하고 소상하게 소개해주시기 때문입니다. 그렇게 될 수는 없어도 흉내라도 낼 수 있게 해주시니까요. 거듭 고맙습니다.

　　학문도 목회도 '인식의 언어가 아니라 고백의 언어'로 발언되면 참 좋겠다고 말씀드리면 이정용 선생님께서 그렇다고 하실지는 모르겠습니다만 그러고 싶다는 말씀을 이 책을 읽으면서 선생님께 꼭 드리고 싶었습니다.

2022년 10월

정진홍

서울대학교 명예교수(종교학)

추천의 글

이정용 박사님의 생애와 사상을 가까이 접한 분들이 많지 않습니다. 미국에서 인생의 대부분을 보내셨기 때문이기도 하지만, 주변 분들이 그를 기억하고 그분의 신학을 함께 공론화할 수 있는 광장을 갖지 못했기 때문입니다. 그분의 강의를 듣고 그분의 목회 현장에서 함께 가깝게 지낸 분들은 그분의 신학의 정수를 금강(diamond, 金剛)처럼 여기고 세월이 갔어도 그 어른을 그리워하게 됩니다.

제게는 종교학회와 개인적인 대화 속에서 나눈 격려와 힘은 깊은 여운으로 남아 있습니다. 몇 차례 접한 강의는 화려하지 않았지만 생각하게 만들었고, 혼미한 세계의 현장에서 다시 되새김질하게 하는 강한 힘이 있었습니다. 그분의 가슴은 많은 저작과 신학적인 삶의 실천적 족적을 품고 있었고, 때론 강하게 드러냅니다. 동양적인 틀로 신학적인 주제를 간파하신 열정과 관점은 시간이 갈수록 예언적이 되었고, 사고의 요체로 남았습니다. 목회적인 관심이 늘 있으셔서 교회와 세계 현장에서 고난과 소외, 고독과 포괄적인 변화를 주제로 '주변인들'의 정체성을 날카롭고 정직하게 자기 실존적인 감성으로 그려냈습니다.

그분의 신학과 종교학으로의 탐닉은 오히려 외로운 걸음이었습니다. 그를 향한 기대를 가졌던 부모 형제로부터 깊은 호응을 얻지 못한 채, 복음적인 환대의 꿈속에서 외롭게 신학도의 길을 가셨던 것을 여러 차례 설교와 단상에서 고백했습니다. 공학도로 성공하라고 당부한 아버지의 뜻 대신 목양의 길을 택했던 고독한 순종의 길을 가셨습니다. 아주 실존적인 자기 결단 속에서 신학을 하셨기에, 그분의 신학은 후학들의 가슴과 혼을 사로잡는 고백적인 열정과 즉자적인 소명으로 큰 신앙의 언어가 되었습니다.

선배 신학자의 글들을 기회 있을 때마다 들추어 읽으면서 저는 명료한 화두를 발견합니다. '아, 이 어른이 이렇게 혼이 있는 글을 쓰신 것은 그 삶의 복판에서 진실한 갈등과 생의 탐구를 치열하게 맞닥뜨렸기 때문이로구나.' 이제 40년 넘게 미국 현장에서 살다 보니 더욱 이 박사님의 정직한 구도가 너무도 감사하고 그분의 거대한 신앙적 실존이 내 속으로 파고듭니다.

더욱이 제가 섬기는 교구 안에 시카고 에반스톤에 개릿복음신학교(Garrett Evangelical Theological Seminary)가 있어서, 늘 이웃집으로 여기고 살면서 오래전 이 박사님이 걸으신 나그네적인 구도와 소명의 길을 상상하여 보곤 합니다. 여기서 사회주의적인 신학의 거장 김창준, 『기독교 개론』과 『교리적 선언』을 구성한 정경옥, 〈부름받아 나선 이 몸〉을 쓰고 실천적인 목회의 거장이 되신 이호운을 내었는데, 바로 그 줄기를 이은 에반스톤의 거인은 이정용이었습니다. 이런 큰 전통 속에서 후학들이 그 학문적인 영맥靈脈을 이어가야 한다고 기회있을 때마다 넋두리를 합니다.

저자 임찬순 박사와 대화하면서 우리 이정용 박사님의 평전을 쓸 것을 권했습니다.

미국에서 한국적 신학 형성의 광맥을 다시 캐어내야 합니다. 우리에게 신학이 있어야 우리 코리안 디아스포라가 세계 변혁에 꽃으로 긍지를 가지고 살 수 있습니다. 이정용 박사님이 바로 그 신학적인 광장을 충분히 마련해 주셨습니다.

이정용 박사님이 사신 역사적인 '모퉁이'는 식민지와 전쟁, 분단의 역사, 그리고 근대의 급변하는 소용돌이를 다 대변합니다. 바로 미국 사회 중심에 서 있으면서도 늘 주변인이 되어서 소스라치게 외로운 자신의 운명을 학문적인 소재로 과감히 반추(反芻, 되새김질)하셨습니다. 여기 역사적인 애환과 갈등을 살면서 이민자의 척박한 광야 길을 걸어오신 어른은 스스로 주변인으로 자처하고, 예수 그리스도의 복음적인 소명으로 자기 개혁을 살아내신 선각자이셨기에, 그 신학의 폭과 깊이의 공명(共鳴, resonance)이 더욱 웅장하게 일어나고 있습니다.

> 이처럼 부활하신 예수님은 모든 제한과 차별을 초월하셨기에, 그러한 예수님이 임하시는 교회도 포괄적이고 포용적이어야 합니다. 진실로 포괄적이고 포용적인 교회가 참된 교회입니다… 신학은 주님의 선교에 협조하며 봉사하는 방식이어야지, 우리가 선교 사역을 관할하고 지배하는 방식이어서는 안 됩니다(이충범 엮고 옮김, 『그 길을 걸으라: 이정용 설교집』, KMC, 2022, 296-300).

그분의 참으로 다양한 종교학의 주제를 보면, 언제 그렇게 많은 작업을 하셨을까 의문을 갖게 만듭니다. 역과 무교, 불교와 유교적인 가르침을 좌로 우로 쉬지 않고 움직이는 사고의 폭을 가지면서도 더욱 성실한 학생심(學生心)으로 사셨다는 것을 깨닫습니다. 토마스 머튼(Thomas Merton)의 『칠층산』(The Seven Storey Mountain)을 읽으면서, 동·서양의 황금 줄기를 어느 시간에 그처럼 달관하게 되었는지 그의 사상에 감격했습니다. 그러나 실제 우리에게는 아주 가까이에 동서를 달관하신 이정용 박사님이 계셨다는 사실을 다시 발견하고 감동하게 됩니다.

이제 우리 앞에 출간되는 『역易과 모퉁이의 신학: 이정용 박사의 육성으로 듣는 삶과 신학 이야기』는 제자인 임찬순 박사의 애정에 찬 헌신의 역작입니다. 육성을 일일이 손으로 옮기고 교정하고 주변을 자세하게 읽어낸 정성과 학문적인 숙고를 통해서 이정용 박사님의 학문적인 혼을 느끼게 해 줍니다. 그의 이런 수고와 노력은 스승을 흠모해서 쌓아온 덕일 것입니다.

동양적인 해석학을 이야기하지만 신학을 한국적인 영성의 숨 자리를 다양하게 접근해 온 이 박사님의 학문적인 자리는 더욱 정진하고 다듬어가야 할 신학적인 과제를 제시합니다.

> 물론 기독교가 들어와서도 샤머니즘을 억압을 했다고는 하지만, 기독교가 샤머니즘을 없앨 수는 없었습니다. 그럼에도 불구하고 아직도 샤머니즘이 한국인들의 의식과 문화 속에 깊이 스며들어 영향을 미치고 있습니다…무속적인 것이 한국인의 정신(ethos)을 형성하고 있다고 볼 수 있습니다. 기독교도 서양의 종교로 받아들여서 그렇지, 기독교도 궁극적으로는 무속적(shamanistic)이라고 할 수 있습니다(이정용의 이 책에서 인용).

한국적인 심성을 신학적인 자아로 이해하고자 했던 작업이 드루의 한국신학연구원의 담론으로 진술되고 논의된 것을 여기에 이렇게 풀어 소개되는 것이 얼마나 다행스럽고 감사한지 모르겠습니다. 복합적인 이민 문화 속에서 '주변인'이란 코리안 아메리칸의 정체성을 마지널리티, 즉 모퉁이란 신학적인 주제로 승화시켰습니다. 이런 이정용 박사의 진술은 지금은 더욱 많은 이들에게 읽혀지고 그 지평이 더욱 확대되고 있습니다. 이것이야말로 우리가 가꾸고 다듬어가야 하는 소중한 자리임이 분명합니다.

이 책에서 임찬순 박사는 신학연구원에서 나누어진 종교, 문화 그리고 신학의 구성적인 관계를 이 박사님의 육성으로 그 어른의 진술의 풍부함을 자세하게 풀었습니다. 이정용 박사의 학문적인 공과 그분의 신학적인 상상력의 세계로 우리를 끌어들이고 있습니다. 임찬순의 시와 정감의 첨가는 우리 모두에게 이 박사님의 영적인 세계를 더욱 깊이 맛보게 해줍니다.

저는 근본적으로 기독교인이 된다고 하는 것은 예수님처럼 된다는 것을 의미한다고 봅니다. 이것을 신학적으로 잘 받아들이지 않고 유치하게 생각했지만 이것이야말로 진정한 복음의 진리입니다.

주님의 소명으로 고독한 신학자의 길을 가신 어른의 삶이 이 글을 대하는 모든 이들에게 신앙고백의 아름다운 노래가 되고 길을 밝혀주는 여적(餘滴)이 되기를 바랍니다.

정희수 감독
미연합감리교회 위스컨신 연회

임찬순 박사가 고 이정용 교수님의 자서전적 자술(自述)과 그분의
신학적 입장을 잘 정리하여 이 귀중한 책으로 엮은 것을 우선 축하합니
다. 제게 추천사를 부탁한 것은 제가 이정용 교수님과 가깝게 지낸
세월의 연륜 때문일 것입니다.

1970년대 초반 제가 캐나다 온타리오 주 해밀턴에 있던 맥매스터
(McMaster)대학교 대학원에 재학 중 제 연구실 룸메이트가 가지고 있던
『우주 종교』(Cosmic Religion)라는 책에서 이 박사님의 성함을 처음 보았
습니다. 한국인 학자가 쓴 책이라 호기심이 생겨서 그것을 계기로 이정용
박사님의 존함을 기억하게 되었습니다. 그 후 북미종교학회(American
Academy of Religion) 연례 모임에서 처음 뵙고 금방 친숙하게 되었습니
다. 북미종교학회 한국종교 분과에 모인 교수들을 중심으로 결성된 북미
한국인 종교학회를 결성하고 이 교수님이 회장이 되시고 제가 부회장으
로 함께 일했습니다. 연례모임에 참석했을 때는 같은 호텔에서 한 방을
쓰면서 밤늦게까지 이야기를 나누던 기억이 새롭습니다. 이 교수님은
"그분"을 이북 사투리로 계속 "그치"라고 말씀하셔서, 제가 "그치"라는
말은 남한에서는 좋지 않은 말이라 말씀드린 적도 있었습니다.

1977년도 캐나다 마니토바주 위니펙에 있는 마니토바대학교(University
of Manitoba)에서 종교학 교수로 가르친 적이 있는데, 이 교수님은 거기에서
남쪽으로 차로 세 시간 정도 걸리는 미국 노스다코타 그랜 포크(Grand Forks)에
있는 노스 다코타(University of North Dakota)에서 가르치고 계셨습니다.
저희 식구들이 이 교수님 댁을 방문하기도 하고, 이 교수님 식구들이 위니펙에

올라와 마침 위니펙 한인들의 한인 야유회에 참석하고 미니 강연을 해 주시기도 했습니다.

1995년 북미종교학회 한국 분과에서는 그해 7월에 발간된 이 교수님의 책 『마지널리티』(*Marginality: Key to multicultural theology*)를 가지고 토론하는 세션이 있었습니다. 북미 유수의 종교학자와 신학자들이 그 책의 신학적 의미에 대해 매우 긍정적으로 평했습니다. 이에 대해 응답으로 단에 나선 이 교수님은 "여러분이 제 책에 대해 저보다 더 잘 아시는 것 같다"라고 첫마디를 하셨습니다. 이때 이 교수님은 암으로 많이 쇠약해진 상태였습니다. 그 연례 모임 중 저와 식사를 같이 하시면서 그 책을 쓸 때 다른 책들을 참고하지 않고 독자적으로 독창적인 생각을 가지고 본문을 다 썼고, 학술서적이라 형식에 맞추기 위해 각주를 나중에 달았다고 하셨습니다. 신학자 폴 틸리히가 각주 없이 조직신학 3권을 썼던 것에 비교될 수 있는, 이 교수님의 학문적 성숙도를 드러내는 말씀이었습니다.

1996년 미국 조지메이슨대학의 노영찬 교수님과 제가 북미종교학회 한국종교 분과를 책임 맡고 있었는데, 그해 11월에 미국 루이지애나 뉴올리언스(New Orleans)에서 있은 연례 모임에서 이 교수님이 한 세션에 사회를 맡도록 주선했습니다. 오랜만에 사모님과 함께 오시기로 해서 기뻐했는데, 10월 9일 세상을 떠나셨다는 비보를 접하게 되었습니다. 한국 분과에서는 이 교수님을 위해 연례 모임 중 추모식을 거행했습니다. 이 모임에서 강위조 박사님이 추도사를 하셨습니다. 그 연배의 학자들이 모두 서양 사상에 함몰되어 있을 때 이정용 교수님만이 동양사상과 주역을 함께 이야기하길래 이상하다고 생각했는데, 돌이켜 보면 그는 시대를 앞서가는 학자였다고 말씀하셨습니다.

이정용 교수님은 너무나 소박하고 꾸밈이나 과장이 전혀 없으셨습니다. 말씀도 그렇지만 책도 극히 간결한 문장을 사용해서 강력하게 전달하는 특별한 재능을 가진 분이셨습니다. 드루대학으로 옮겨 가신 후 특히 거기 재학 중인 한인 학생들에게 큰 존경을 받았습니다. 돌아가신 다음 장례식을 한인 재학생들이 주관하여 치렀는데, 거기 미국 교수님들도 부러워했다는 소리를 들었습니다.

뉴저지 프린스턴신학대학원에서 있은 학회에 참석했다가 지금 이 책을 엮은 그 당시 박사과정에 있던 임찬순 목사의 안내로 뉴저지 이스트하노버(East Hanover)에 계신 이 교수님의 무덤을 찾아 제가 평소 가지고 있던 이 교수님에 대한 존경과 우정을 전해드렸습니다.

학문적으로 이 교수님과 비슷한 분야에서 있었기 때문에 이 교수님의 학문적 배경이나 신학 사상은 어느 정도 알고 있었지만, 그의 성장기와 미국에서의 공부, 목회 경험 등은 잘 알지 못했습니다. 그분의 육성으로 들려주는 이 책을 통해 이 교수님을 더욱 자세히 알게 되어 기쁘기 그지없습니다. 독자들은 어느 한국 청년이 미국으로 유학해서 여러 가지 역경에도 불구하고 어떻게 위대한 학자가 되었는가의 과정을 보고 용기를 얻게 될 것입니다. 신학에 관심이 있으신 독자들은 동양인으로 신학한다는 것이 무엇을 의미하는지를 감지하게 될 것입니다. 이정용 교수님의 제자로 그분의 신학을 주제로 박사 학위 논문을 썼던 임찬순 박사가 작고하신 지 26년이나 지났음에도 불구하고 스승의 삶과 업적을 기리면서 이런 작업을 해낸 것이 놀라울 뿐입니다. 다시 한번 축하를 드립니다.

오강남 교수
캐나다 리자이나대학교 종교학 명예교수

　　임찬순 목사는 늘 생각한다. 그리고 질문을 던진다. 나는 임찬순 목사를 생각하면 생텍쥐페리의 어린왕자가 생각난다. 그리고 임 목사의 천진한 웃음소리를 들으면 마음이 항상 시원해진다. 혼탁해진 내 가슴 속 오염되었던 모든 것들이 뻥 뚫려 열리는 느낌을 준다. 그런데 그가 나를 아껴주시던 선배 이정용 목사님의 수제자라는 것을 알게 되었을 때 참 기뻤다. 이정용 목사님이 드루신학교에 교수로 가시면서 시카고에 들려서 나를 찾아오셨었다. "김 목사님도 이제 공부하면 어떻겠어요? 내가 드루에 가는데 드루에서 공부합시다"고 하셨다. 그런데 그 어른 밑에서 임찬순 목사는 나는 근처에도 가지 못한 박사학위를 했다. 그가 부럽다.

　　내게 공부하라고 하셨던 어른들이 계셨던 시절을 생각하면 그냥 눈물이 난다. 이정용 목사님은 보스톤신학대학원 대선배님이시다. 그 어른은 내가 보스턴에서 홍근수 목사님 밑에서 진보 목회를 그리고 시카고에서 곽노순 목사님 밑에서 노장사상과 동양철학의 영향을 받으며 목회 수업을 받고 있는 것을 눈여겨 보셨다. 뭔가 부족하고 어설픈 나를 보셨기에 같이 드루로 가자고 하셨던 것이다. 그런데 드루신학교에 가신 지 오래되지 않아 이 목사님은 하나님의 부름을 받으셨다.

　　임찬순 목사가 이 목사님의 가르침을 담아내느라 몸부림치는 모습을 보면 감동이다. 그런 스승이 계시는 제자는 행복하다. 임 목사를 보면 이 목사님은 교수로서 성공하신 분이고, 임 목사는 이 목사님을 스승으로 모셨으니 제대로 성공한 것이다. 언제인가 임 목사는 내게

이 시대의 거대담론(The Grand Narrative)을 물었다. 나는 "내게 그것은 요한복음 3:16이야. 하나님이 세상을 이처럼 사랑하사 독생자를 주셨다는 그 복음, 그것보다 더 거대한 이야기가 있을까?" 그때 그는 고개를 갸우뚱하면서 "구원의 거대담론을 목사님 같은 분이 초등학교 어린이 수준으로 그렇게 이야기하시니 좀 당황스럽네요"라고 했다. 그래서 그런지 임 목사는 끈질기게 내가 이정용 교수님 책을 읽기를 바란다. 어쩌면 40년 전이 되어가는 그 시절 이정용 목사님이 내가 공부하기를 바라셨던 바람이 임 목사에게 들어간 것이 아닌가 생각하게 된다.

임찬순 목사는 큰 영성의 거목들이 활발하게 쌍벽을 이루던 동네에서 컸다. 무엇보다 예수 믿음의 본질에 모든 것을 걸고 살았던 '충청도 영계'의 영성을 이어받았다. 또한 그는 미국 신학계에 동양의 깊은 영성을 접목해 꽃피운 드루신학교 이정용 교수님 밑에서 공부하였다. 그래서 한국신학연구원을 만들고 초대 원장으로 취임한 이 교수님과 함께 활발한 학술연구 활동을 하였다. 갑작스러운 이 교수님의 죽음 이후에 연구원의 활동이 크게 위축되고 연구원들이 뿔뿔이 흩어졌다. 하지만 그는 함께 계획하였던 프로젝트를 오랫동안 계속 붙들고 있었다. 박사학위 논문으로 이정용의 신학을 체계화하고 꾸준히 이 교수님의 영문 저작들을 한글 번역하여 출판하고 있다. 이는 임 목사가 성서적 영성의 회복과 새로운 시대에 맞는 신학을 이정용 박사의 삶과 신학에서 보았기 때문이다. 아무리 위대한 예술작품도 시대가 알아보는 안목이 없으면 오랜 세월 묻혀 있을 수밖에 없다. 이 교수님이 온 힘을 다해 풀어낸 자신의 삶과 신학 이야기가 27년의 세월이 흘러 세상에 빛을 보게 되었다. 다행스러운 점은 세상이 보물을 보는 안목을 가지기 시작하였다는 것이다.

세계의 중심축이 이동하여 역사 무대에서 변방이던 아시아가 중심이 되고 있다. 또한 인류의 의식 수준이 높아지면서 몇몇 전문가의 테이블에서 공유되던 양자역학과 칼 융의 심층심리학 같은 새로운 과학적 지식과 동양 고전 지혜서(주역과 도덕경)들이 대중적으로 학습되고 자유롭게 이야기되고 있다.

오늘 이 시대 교회의 위기는 신학의 부재이다. 지금 우리는 교회가 새로워지지 않으면 더 이상 존재하기 어려운 때에 있다. 과연 누가 이정용 목사님처럼 동과 서, 신학과 목회, 정의와 평화, 하늘과 땅, 그리고 소외되고 밀려난 사람들의 삶의 자리를 신학의 중심으로 끌어들이는 작업을 그렇게 치열하게 해냈는지 모르겠다.

아주 오래전 시골 12명 이중문화 가정 교인들을 위해 나누신 작은 설교집 『민들레 이야기』(*Sermons to the Twelve*)를 주시면서 천하 가장 자랑스러운 웃음을 내게 보이셨던 그 모습이 지금도 선하다.

이정용 목사님처럼 임찬순 목사는 하늘과 땅을 연결하는 마음과 생각을 가졌다. 나는 지금도 그와 대화를 하면 조금 어눌한 언변 때문에 가끔 답답하다. 그런데 그는 시인이다. 그의 시를 읽으며 말로 담아내기에는 부족하고 아름답고 거룩한 것들이 그의 속에 담겨 있다는 것을 알게 되었다.

내가 이정용 목사님을 만났던 그 시절 세상은 스승과 선배 그리고 친구를 귀하게 여기던 세상이었다. 요즘은 그런 사람들을 찾기가 어렵다. 하늘 뜻을 생각하고 땅의 사람들을 사랑하는 이야기를 많이 나누는 사람들이었다. 임찬순 목사를 만나 이야기를 나누면 언제나 한참 잊었던 그리운 시절의 스승과 선배들이 생각이 난다. 그래서 늘 정신차리고 살아야 그리고 부끄럽지 않게 살아야겠다는 생각을 하게 된다.

임찬순 목사가 묶어낸 이정용 목사님의 말씀은 오늘 이 시대 절실한 신학하는 사명을 가진 목회자들과 교회에 주는 진정한 '살아내는 신학'(Doing & Living Theology) 지침서이다. 그분의 신학과 삶이 이리도 다시 논의될 수 있는 것은 그분의 삶과 신학이 통전적인 일체를 이루어 성육된 말씀으로 드러나기 때문이다.

김정호 목사
뉴욕 후러싱제일교회

머리말

1993년 드루신학대학원에 한국신학연구원이 만들어졌다. 그 당시 드루신학대학원의 임시 학장을 맡고 있었던 재넷 피쉬번(Janet Fishburn) 교수는 이정용 교수에게 한국신학연구원을 세울 것을 제안하며 연구원 창립을 위해서 쓸 귀한 기금을 헌정했다. 1993년에 있었던 한국신학연구원의 창립은 미국 신학계에 한국 신학의 좌표를 공식적으로 드러내는 계기였다.

이정용 박사가 1989년에 드루신학대학원 조직신학 교수로 오게 된 것은 은총의 때였고, 카이로스의 시간이기도 했다. 드루신학대학원은 한국 학생들로 넘쳐나는 시기였고, 이정용 박사 휘하에 가장 우수한 학생들이 모여든 것은 누구도 부인할 수 없었다. 미국 교수들도 이정용 박사의 위상을 부러워할 수밖에 없었다. 이정용 박사의 신학과 인격과 삶은 학생들을 지적으로, 영적으로, 인격적으로 매료시켰다. 이정용 박사는 신비스럽게 사람을 끌어당기는 힘을 갖고 있는 분이었다. 그 시기는 이정용 박사와 드루신학대학원의 한인 신학생들의 최고 정점의 시기였다.

막 새롭게 창립된 한국신학연구원은 재미 한인 학자들을 초청해서 학술회의를 열고, 연구원 뉴스지도 발간하고, 정기적인 연구모임을 운영하면서 활발한 활동을 벌였다. 한국학중앙연구원과의 교류와 공동 연구 프로젝트도 진행되고 있었다. 그런 여러 활동 중의 하나로 기획된 연구 프로젝트가 "이정용 박사의 삶과 신학 이야기"였다.

연구원의 원장으로 취임한 이정용 박사의 신학과 삶을 조명함으로

써 미국학계 속에서 한국 신학의 좌표와 과제를 정리해보고자 했다. 또한 신학생들로 하여금 한국 신학 내지는 동양 신학을 발전시키는 비전과 목표를 세우고자 했다. 또 박사 과정 학생들의 논문을 모아서 모노그래프를 발간하는 작업도 진행하고 있었다. 이 작업은 나중에 *East Wind: Taoist and Cosmological Implications of Christian Theology*(동풍: 기독교 신학의 도교적 우주론적 함의, University Press of America, 1997)로 출간되었다.

『주역』은 어떤 것이든 최고의 정점에 이르면 내리막길이 시작되는 변화의 원리를 가르친다. 그 원리는 『주역』을 통해서 기독교의 새로운 패러다임을 창조해가던 이정용 박사에게도 동일하게 적용되었다. 이정용 박사는 폐암을 선고받았다. 암을 치료하기 위해서 하버드 의대에서 수술을 받았으며, 수술 후 1994년에서 1995년 상반기 학기는 학교에 나오시지 못하고 치료에 집중하셔야 했다. 그 후 건강이 완전하게 회복된 것은 아니었지만, 1995년 가을학기에는 다시 수업을 시작할 수 있게 되었다. 가을학기가 끝난 후 성탄과 새해를 준비하는 1995년 12월 대림절(Advent)의 시간에 이정용의 "신학과 삶의 이야기"는 시작되었다. 총 9회에 걸쳐서 이정용의 삶과 신학과 목회를 종합적으로 이야기하는 귀한 모임이었다. 1996년 7월에 9회를 마지막으로 이 모임은 마치게 되었다. 이정용 박사님이 돌아가시기 3개월 전까지 계속되었던 것이다. 그러므로 이정용 박사님의 삶과 신학의 이야기는 그의 생애의 마지막 작품이고, 그의 제자들에게 들려준 유언과 같은 의미를 갖고 있다고 할 수 있다.

이정용 박사는 자신의 죽음을 예견하신 듯 굉장히 열정적으로 그의 삶과 신학을 이야기하셨다. 수술하고 요양을 했다고는 하지만, 몸이 완전히 회복되지 않은 상태였음에도 불구하고 거의 두 시간이나 되는 시간을 잠시 중간 휴식을 제외하고는 열정적으로 자신의 이야기를 쉼 없이 쏟아내셨다. 평소에 늘 말하기보다는 듣기를 좋아하시고 학생들에게 이야기하게 하시는 스타일과는 매우 다른 면을 보이신 신학적 좌담이었다. 조금 쉬고 하자고 학생들이 중간에 끊으려고 해도 괜찮다고 하시면서 이야기를 쉼 없이 이어간 적도 꽤 많았다.

이 9회의 신학과 삶의 이야기가 이루어진 과정은 다음과 같다.

연구원에 속해 있는 학생들이 미리 준비모임을 갖고 궁금하고 알고 싶은 질문지를 만들어서 선생님께 드렸다. 선생님의 저술들을 지정해서 읽고 질문을 뽑아내는 과정을 본인이 정리하고 취합하게 되었다. 평소에 한국 신학의 길을 간다는 생각이 있었기 때문에 이정용 박사의 삶과 신학을 종합적으로 조망하고 싶은 마음이 있어서 그런 연구 프로젝트를 제안했었다. 그 제안이 받아들여졌고, 자연스럽게 이 연구 프로젝트를 이끌어 가게 되었다. 그렇게 만들어진 질문지를 중심으로 이정용 박사는 이야기를 풀어나가셨다. 딱딱한 분위기가 아니어서 중간에 질문도 나오고, 의견들도 이야기하고, 그런 자유분방한 분위기에서 이야기가 시종일관 진행되었다. 이정용 박사의 인격과 학문과 목회 등이 자연스럽게 흘러나오는 장이 되었다.

그러나 이 9회의 이야기로 이정용 박사의 모든 것을 다뤘다고 볼 수는 없다. 사실 후속 이야기도 기획하고 있었지만 갑자기 밀어닥친 이정용 박사의 죽음으로 모든 것은 멈춰 서 버렸다. 이정용 박사의 장례식은 그의 제자들에게는 엄청난 사건으로 경험되었다. 그렇지만 그 이후에 일어난 여러 가지 예기치 못했던 사건은 한국신학연구원의 모든 기획과 계획들을 짧은 기간 안에 모두 사라져 버리게 하기에 충분했다. 이정용 박사님을 이어서 한국 신학적 작업을 진두지휘할 교수를 얻지 못하게 된 드루의 상황들이었다. 그런 급작스러운 변화는 드루신학대학원에 속해 있던 한국신학연구원이 여러 단계를 걸쳐서 잊히고 사라져가다 결국은 문을 닫게 되는 과정을 거치게 된다. 그 과정에서 한국 신학에 대한 열정과 비전을 가지고 모여들었던 많은 학생들이 자연스럽게 여러 분야로 자기 관심들을 돌리게 된다. 이정용 박사의 돌아가심으로 인해서 한국신학연구원의 운명은 다한 듯했으며, 새로운 역사에 대한 이 박사와 학생들의 꿈은 어딘가에 감춰진 비밀로 자리하게 되었다.

왜 그렇게 사건들이 그런 길로 가게 되었는지를 쉽게 설명할 수는 없다. 이정용 박사의 학생들의 기대와 요구는 드루신학대학원에 의해서 거의 받아들여지지 않았다. 오히려 그들은 철저히 무시되었다고 해도 과언이 아니다. 자발적이 아닌 강요된 마지널리티, 모퉁이에 선 존재가 되는 그런 경험이었다. 이정용의 신학이 예언한 대로, 지향한 대로 간 것이 아닐까 하는 생각도 하게 된다. 그런 역사의 아픔을 묻은 뒤 벌써 25년이 훌쩍 넘는 시간이 흘러가 버렸다.

『역易과 모퉁이의 신학』이 책으로 나오는 것이 이정용의 신학과 목회와 삶이 새롭게 조명되는 계기가 되면 좋겠다. 신학적 여정의 마지막 여로에서 이 박사가 외친 대로 새로운 신앙 운동, 새로운 교회 운동, 새로운 신학 운동이 태동하고 일어나는 시간이 열릴 수 있기를 소망해 본다. 그렇게만 된다면 이 글을 세상으로 내놓는 필자에게는 더없는 영광과 은혜가 될 것이다. 이정용 박사는 돌아가셨지만, 부활하신 주님께서 다시 영감과 감동을 이 글을 읽는 이들에게 성령을 통해서 부어 주시기를 기도한다.

이 책을 읽을 때 이정용 박사의 정신이 올올하게 느껴지고 경험되는 그런 엠마오로 가는 길이 열리길 소망하면서….

2022년 선생님이 가신 지
스물여섯 해 되는 부활절에
엮고 쓴 이 임찬순

일러두기

▲ 이 책은 이정용 박사와 그 제자들이 나눈 9개의 주제에 대한 대화를
   정리하였다.
▲ 각 장 표제지 뒤에 학생들의 질문을 정리한 글이 있고, 이에 대한 이
   정용 선생님의 답변을 녹취한 글이 있다. 이 녹취 글은 이 책의 편저
   자인 임찬순 박사가 풀어 정리하였다.
▲ 각 장의 제목과 소제목은 편집자가 붙인 것이다.

1장

삶과 신학적 사유의 고향
: 해방과 6.25, 그 언저리

― 어린 시절부터 미국 유학 전까지

제자들의 질문

선생님의 삶과 신학의 이야기, 첫 번째 시간은 1995년 12월에 선생님의 사무
실 옆방의 강의실(Seminary Hall, Room101)에서 이루어졌다. 암을 수술하
고 치료하시고, 학교에 복귀하셔서 한 학기를 마친 시간에 홀가분하게 시작하
셨다. 선생님이 회복하시고 활동을 시작하셨기 때문에 학생들에게도 희망과
은총의 시간이었다.

선생님의 어린 시절 그 격동의 시대를 사셨던 회고담을 먼저 듣도록 하겠습
니다. 저희가 선생님의 설교집*을 통해서 선생님의 유년 시절의 농촌 마을에
대한 기억들 그리고 철공소에서 일하시며 러시아 기술 훈련생으로 뽑혀서
유학길에 나섰으나 6.25의 발발로 유학의 꿈이 깨지고 삶의 방향이 전혀 달라지
는 계기, 6.25 와중에서 토굴과 지하 생활, 남쪽으로 피난 와서 밀양에서의
종살이, 제2국민역 생활 등 피난하면서 고생한 이야기들을 접할 수 있었습니
다. 연대기적으로 이런 삶들을 회고해 주시면 저희에게 많은 도전이 될 것
같습니다. 선생님의 어린 시절 이야기 중에서 저희가 궁금한 것을 취합한 결과
다음과 같은 것들이 있었습니다.

　— 기독교로 개종하게 된 구체적 이야기
　— 한국 전통사상의 영향, 아버님의 학문적 영향, 어렸을 때 받았던 신적 영향
　— 피난 시절, 6.25의 경험담
　— 공산당이 집권한 후 지주 가문에서 모든 특권을 잃으신 후의 정황
　— 가족사

---

*　Jung Young Lee, *Sermons to the 12* (Nashville: Abingdon Press, 1988). 협성대에서
　교회사를 가르치는 이충범 교수가 이 설교집의 번역과 다른 미출간 설교를 합본해서
　『그 길을 걸으라: 이정용 설교집』(도서출판kmc, 2022)으로 출간하였다.

샘골 마을 평남 순천군 향봉리, 복된 유년 시절

내게 중요하고도 의미가 있는 것은, 즉 내 신학은 사실 80퍼센트가 내 삶에서 생겨난 것(emerging out)이었습니다. 『마지널리티』를 쓰면서도 밝혔듯이[1] 내 삶에서 생겨난 경험들을 통해서 신학화 작업을 하려고 했을 따름입니다. 물론 그렇다고 내 생애를 일부러 신학화하려고 시도한 것은 아닙니다. 내 생활 자체가 제일 중요한 내 신학적 작업의 자료가 되었다는 것입니다. 그것이 내가 신학을 하는 근본적인 방법론이라고 할 수 있습니다. 시간이 좀 오래 걸릴지 모르지만, 여러분이 질문한 것들을 중심으로 내 이야기를 해 보겠습니다.

이상하게도 심층심리학자(depth psychologist)들이 말하는 것과 마찬가지로 모든 것이 어렸을 때, 유아기 3살까지의 경험이 우리의 성격과 미래를 거의 미리 형성하게 만듭니다. 그때 경험하면서 만들어진 생활이나 스타일이 궁극적으로 내 생애 전체를 좌우했다고 봅니다. 그렇기에 어렸을 때와 그 시절을 보낸 고향이 제게는 가장 그립습니다. 초등(국민)학교 때가 가장 그립고, 이 시기가 전쟁 때문에 저의 인생에서 가장 중요한 역할을 했습니다.

저도 오래 산 셈입니다. 한국의 옛날, 일제 시대에 살았고, 학교 다니고 했던 그 시기의 체험들이 한국의 책들에도 많이 있을 것입니다.

---

1 Jung Young Lee, *Marginality: The Key to Multicultural Theology* (Fortress Press, 1995). 이 박사가 돌아가시고 나서 거의 딱 한 달 만에 11월 초에 The Center of Gustavs Meyers for Human Rights에서 1996년에 인권의 증진을 위해서 가장 큰 영향을 미친 책으로 선정되었다고 알려왔다. 이 발표는 박사님이 돌아가시고 힘들어하던 그분의 제자들에게 큰 위로를 준 사건이었다. 위 책은 호남대의 신재식 교수에 의해서 번역되어 『마지널리티: 다문화 시대의 신학』(포이에마, 2014)으로 출간되었다.

그렇지만 이제는 그런 경험을 이야기하는 분들이 자꾸 드물어집니다. 그렇기 때문에 제 이야기도 의미가 있을 것입니다. 제 생활을 돌아본다면, 저는 조그만 촌에서 자랐습니다. 그때는 큰 것 같았는데 지금 보니까 크지 않은 작은 마을입니다. 2년 전(1994)에 가 보았는데 초라하기만 했습니다. 한국이 좁은 데다가 어렸을 때 생각했던 것과는 전혀 달랐습니다.

우리 마을은 촌락이 석삼 자(三)로 형성되어 있는데, 동네가 둘로 나누어져 있습니다. 풍수상으로 보더라도 다 막혀 있고, 동쪽으로만 열려 있습니다. 제일 좋은 쪽이 우리 이 씨들이 사는 수안 이씨(遂安李氏)의 집성촌이었고, 땅이 좋지 않은 데는 다른 성씨들이 살았습니다. 역사적으로 본다면, 저희 조상들이 이 마을로 이사를 와서 자리를 잡은 지 몇백 년이 되었습니다. 그러니까 대부분 만나는 사람들은 일가친척들이었습니다. 설령 일가친척은 아니라고 하더라도 그 동네에서 함께 살아가는 친척이나 진배없는 분들이었습니다. 그 당시 저희 가정이 그래도 돈이 많았습니다. 어른들이 우리 집안은 땅을 많이 가지고 있어서 사방으로 삼십 리를 가도 다른 사람의 땅을 밟지 않아도 된다고 이야기를 했던 것을 기억합니다.

우리 집안은 조선조 때에는 암행어사가 와서 묵어갈 정도로 그 동네에서는 유지였습니다. 저희 아버님이 오대 독자 장손입니다. 우리 집 다락방에는 오래된 고문서들이 있었습니다. 대부분은 왕실에 돈을 기부하고 영수증 받은 것이 많았습니다. 고맙다는 답신이 많았습니다. 설날이나 추석, 가족들이 모두 모이게 되면 이런 이야기를 들으면서 가문에 대한 자부심도 갖곤 했습니다.

그렇지만 수안 이씨가 별로 유명한 것도 아니고, 제가 보기에는 벼슬도 그렇게 크게 한 것은 없었습니다. 서울의 시장 옆의 덕수궁을 중건할 때 굉장히 많은 돈을 기부했다고는 하지만, 조그만 벼슬들을 했을 따름입니다. 제가 어렸을 때 저를 시중들어주는 머슴이 있었는데 돼지라고 불렀습니다. 그런 면에서는 호강하면서 산 셈입니다. 집안으로 본다면, 박 씨라는 먼 친척이 있었습니다. 이분이 일본 사람의 하수인이 되어서 만주를 침략을 할 때 가이드도 하고, 일본 천황 밑에서 한국 사람 대표로 내각의 멤버가 되었습니다. 그러면서 우리 재산을 다 탕진했습니다. 저는 어린 시절에 그만하면 조그만 동네에서는 대우를 받고 자란 셈입니다.

우리 동네를 샘골이라고 불렀습니다. 우물이 하나 있었는데 파지 않아도 계속 찬물이 나왔습니다. 우물 주위를 돌로 쌓아 놓았는데 가뭄에도 계속해서 찬물이 나옵니다. 2년 전(1994)에 가보니 다른 것은 다 변했지만 그 우물만은 그대로 있었습니다. 옛날에 돌로 쌓았던 것을 이제는 시멘트로 쌓은 것 외에는 변한 것이 없었습니다.

어렸을 때 자연에 파묻혀서 산으로 들로 놀러 다녔던 것이 생각납니다. 진달래가 항상 있어서 꺾으러 다니고, 나물하러 다니고, 밤을 주우러 다니고 하던 것들이 떠오릅니다. 할머니가 밤을 주어오라고 일찍 깨워주면 새벽에 나갑니다. 나무 밑에 가면 떠오르는 햇살에 반짝반짝하고, 밤알이 나타나면 줍고는 했습니다. 조금 지나면 다른 사람들이 와서 주워 가니까 그것도 부지런해야 했습니다.

조그만 냇가가 있는데, 그때는 낚시라고 하는 것이 뭐 있습니까? 쇠똥을 막대에 끼워서 고기를 잡고 하던 그런 재미가 있었습니다. 저수지가 있었는데 가을이 되어 물이 끊기면 붕어랑 고기들을 많이 잡곤 했습니다. 가을이 되면 논에는 미꾸라지는 너무도 많아서 잡아서 구워

먹곤 했습니다. 개구리를 잡고 하던 것이 제일 인상에 남습니다. 시간만 나면 산에 가서 뛰놀곤 했습니다. 민들레는 어디나 지천으로 피어있기에 꺾어서 불며 놀았습니다.

초등학교는 30리나 떨어진 곳에 있었습니다. 그때는 큰길이라고 해도 달구지가 겨우 다니는 길이었는데, 시장으로 통하는 길이었습니다. 저희가 학교 가는 길은 논 사이로 난 좁은 길이었습니다.

아버님께서는 배재학당을 졸업하셨습니다. 그 후에 일본에 가서 공부도 좀 하셨는데 장질부사(장티푸스)에 걸려 귀국하셔야 했습니다. 배재학당에 다니실 때 세례도 받으셨지만, 기독교인이 되신 것은 아니었습니다. 하나 생각나는 것은 아버님이 아펜젤러 선교사님 이야기를 하시면서 그분이 한국 사람은 대패 같은 성질이 있다고 하셨답니다. 아마도 딴 사람을 자꾸 깎아내리려 한다는 의미였던 것 같습니다. 아버님이 그 당시 학교에 다니면서 쓰신 글들도 남아 있었습니다. 지금 생각해 봐도 매우 좋은 글들이었다고 생각이 됩니다. 집안의 장손으로 유교적 영향을 매우 강하게 받은 분이셨습니다. 우리 집에는 사당이 있어서 집안 어른들의 위패를 모셨습니다. 그리고 또 창고가 있는데 거기에는 굿할 때 쓰이던 무구들이 있었습니다.

아버님은 저에게 자꾸 동양학, 즉 사서삼경과 한문을 배우라고 말씀하셨습니다. 그래서 어렸을 때는 서당에 나가서 천자문을 배우기도 했습니다. 2차대전이 시작되면서는 학교에서 일본어를 배우게 되었습니다. 더욱이 학교에서는 무조건 일본어만 쓰게 했습니다. 30여 리 떨어진 학교에 가게 되면 8시에 천황이 있는 동쪽 일본을 향해 소위 신사참배를 하게 했습니다. 아마테라스 오미가미[2]에게 경배를 하는 의식을 거행했습니다. 학교에서 조선말을 쓰면 큰일이 났습니다. 이름까지도 창씨개명을 해서 다 고쳐야 했습니다. 저도 이름을 고쳤는데 성은 고이즈미(香泉), 이름은 오노부(大男)였습니다.

학교생활은 굉장히 엄격했습니다. 담임 선생님이 아오야마였는데 일본 사람이 아닌 한국인이었습니다. 그런데도 나무 몽둥이가 부러지도록 학생들을 때렸습니다. 의자를 한 시간씩 들고 서 있는 벌을 준 적도 있습니다. 한번은 저녁 6시까지 벌을 세운 적도 있었습니다. 벌을 서면서 밖으로 나가지도 못하고, 오줌을 그냥 싸서 바닥에 흐르기도 했습니다. 모든 것이 단체 기합이었습니다. 그때 공부를 좀 열심히 하기 시작했습니다. 그러나 전쟁이 끝나고 해방이 되면서 공부에는 공백기가 생겼습니다.

찾아간 고향, 변해버린 고향

2년 전(1991)³ 북한을 방문했을 때, 고향을 방문하고 싶어서 요청을 했는데 잘 보내주려고 하지 않았습니다. 그래서 어머님 산소와 고향을 꼭 다녀와야 한다고 강청을 하니까 그런 기회를 만들어 주었습니다. 사촌이 평양에서 괜찮은 자리에 있어서 그것도 가능했습니다.⁴ 그런데

---

2 일본의 고유종교인 신도의 최고신의 이름이다. 천조대신(天照大神)을 일본어로 읽은 것이다.

3 이 박사님이 이 이야기를 하실 때는 분명히 2년 전이라고 하셨는데, 돌아가신 다음에 이 박사님이 편집한 책, Peter C. Phan and Jung Young Lee eds., *Journeys at the Margin: Toward an Autobiographical Theology in American-Asian Perspective* (Collegeville, MN, The Liturgical Press, 1999)에 실린 "Life in Between: A Korean-American Journey"에 북한을 방문하신 해를 1991년으로 밝히고 있다. 기억에서 무려 3년의 차이가 있다.

4 친척이 평양 국립중앙도서관 최고 책임자였다고 한다. 서양의 책들도 많이 수집되어

고향을 가보니 사실 모든 것이 다 변해 있어서 내가 머릿속에서 그려보고 밤마다 그리워했던 그런 고향이 아니었습니다. 산에는 나무도 없었습니다. 뒷동산에 제가 연을 날리고 하던 곳도 가보았습니다. 지금은 집을 지어서 망대 비슷한 것으로 쓰고 있었습니다.

고향을 가고 나서 굉장히 실망을 했습니다. 내가 생각하던 고향이 아니었기 때문입니다. 안내원은 고향 마을을 그냥 한 바퀴 빙 돌고 가자고 했습니다. 그렇지만 내게 고향은 다른 의미를 주는 곳이었습니다. 한번 고향 마을을 걸어봐야 했습니다. 땅에 발을 딛고 걸어 다니게 되니 땅이 중요하다는 것을 알게 되었습니다. 땅이 나를 알아보는 것을 느낄 수 있었습니다. 모든 것이 다 변했지만, 그래도 땅과 나 사이에는 통하는 정이 있었습니다. 살던 집은 그냥 그대로 벽을 두고 지붕을 다 갈았습니다. 낯이 익기는 한데 잘 알아볼 수가 없었습니다. 부엌에 들어가니까 생각나는 큰 기둥이 있었습니다. 이곳저곳을 다 들어가보고 싶었지만, 들어갈 수도 없었습니다. 한번 들어가서 앉아보고도 싶었지만, 그렇게도 할 수가 없었습니다. 어릴 때는 그렇게 큰 집이었는데, 이제는 초라하기 짝이 없었습니다. 저희가 떠난 다음에 우리 집은 공회당(community house)으로 쓰였답니다. 옛날 사람들은 이제는 모두 돌아가시고 없지만, 그래도 함께 살았던 그분들이 그리웠습니다.

저녁때가 되어서 나무들이 많던 곳을 가보게 되었습니다. 나무숲이 있었고, 그 남산 위에 교회가 있었습니다. 초등학교 때 어머님을 따라서 새벽기도를 많이 다녔습니다. 교회에 대한 기억이 남은 것은 거의 없습니다. 그리고 교회 생활이 나에게 그렇게 큰 영향을 미친 것도 아니었습

___

있었다고 회고하셨다.

니다. 지금 고향에서 사는 사람들은 교회라는 것을 필요로 하지도 않았습니다. 다만 옛날에 그곳에 어떤 건물이 있었다는 것을 알고 있을 뿐이었습니다. 그렇지만 내게는 교회가 없다면 무슨 재미로 살까 하는 생각이 들었습니다. 가만히 생각해 보니 교회는 정말 재미를 주는 곳이었고, 제게는 삶의 의미를 일깨워주었던 곳이었습니다. 지금 세세한 기억은 안 난다고 해도 말입니다.

어린 시절 교회 생활

제가 어렸을 때 경험했던 교회 생활에 대해 조금 이야기를 해야 하겠습니다. 어머님이 일찍이 교회에 열심히 다니셨습니다. 증조할머니가 매우 활동적인 분이셨는데, 집안의 대소사를 증조할머니가 모두 좌지우지하셨습니다. 초창기의 선교사를 접촉했고 개종하셨던 선구자 중의 한 분입니다. 증조할머니는 교인이 되시면서 무속을 위해서 쓰였던 북, 장구 등을 모두 태워 버리셨습니다. 저희 시골 교회는 증조할머님이 주도하셔서 거의 우리 집안에서 세운 교회였습니다. 어머님은 증조할머니를 따라 신앙의 맥을 이으셨는데, 근본적으로 신심이 두터우셨던(fundamentally pietistic) 분이셨습니다. 찬송가를 부르던 모습, 어머님을 따라 새벽기도를 가던 기억, 교회에서 돌아와서 아침 식사를 준비하던 어머님의 모습이 아직도 눈에 선합니다.

전도사님이 평안도 자산시에 살면서 자전거를 타고 다니셨습니다. 멀리 사셨기 때문에 새벽기도는 우리 집 사랑채에 살던 집사님이 인도하곤 했습니다. 시골에서 자랐다면, 여러분의 어린 시절 한국교회들을 연상하면 될 것입니다. 마룻바닥에 방석을 깔고 앉아서 예배를 드렸습니다. 주일학교에서 요절을 외우게 했습니다. 성탄절이 되면 주님의 탄생을 축하하는 행사를 했고, 새벽송을 돌기도 했습니다. 배운 것 중에서 특별히 생각나는 것은 거의 없습니다. 태평양 전쟁이 나고 나서 교회는 일본에 의해서 강제로 문을 닫게 되었습니다.

제가 신학 작업을 하면 경건주의적이고 복음주의적인 것들이 나도 모르게 나옵니다. 이것이 다 어렸을 적 영향이 나타나는 것입니다. 몸이 이렇게 아프게 되니까 더욱 그런 방향으로 다시 돌아가게 됨을 느끼게 됩니다. 조그만 동네를 중심으로 살던 삶이 변하게 되어서 고향 마을을 떠나게 되었습니다. 자산(慈山)으로 새로 이사를 해서 살게 되었습니다. 어머님을 생각하게 되면, 늘 아버님을 기다리던 어머님이 생각이 납니다. 아버님은 제시간에 들어오신 적이 거의 없으셨습니다. 술에 취해서 늦게 들어오시는 것을 어머님이 늦게까지 기다리시고 주무시지도 않았습니다.

해방과 격변, 형님과 매형의 월남, 고단한 북한 생활

이렇게 평온했던 우리 집과 나의 삶의 환경은 해방이 되면서 완전히 달라졌습니다. 누님이 결혼한 매형은 평양매일신문의 주필이었는데, 해방이 되고 2년 만에 월남했습니다. 그 매형은 자기가 학교 다닐 때 일본에 가서 천왕을 만나서 인터뷰도 했는데, 저한테 "자네는 지금까지 무엇을 하느냐"고 책망을 하기도 했습니다. 공산군이 들어오면서 매형은 노동신문 주필을 했고, 선전부장을 하기도 했으나 사상이 맞지 않아서 남한으로 탈출을 한 것입니다. 누님은 후에 합류했습니다. 남한으로 와서는 인천에서 인천신문사 주필 그리고 6.25때는 제주도로 가서 제주

신문 주필을 하기도 했습니다. 서울로 올라와서는 동아일보에서 오라는 것을 안 가고 해공(海公) 신익희 선생(1892~1956)을 따라다니면서 연설문을 작성하고 했습니다. 내가 기억하는 것은 담배만 피우고 왔다 갔다 하던 것이 아직도 생각이 납니다. 그러다가 행방불명이 되어서 누님이 혼자 사시게 되었습니다.

형님은 일찍 매형과 함께 월남해서 육군사관학교에 들어가셨습니다. 김종필 씨랑 동기였습니다. 6.25때 중공군에 포위 당해 끌려갔다가 발에 동상을 걸린 채 중공군이 후퇴하면서 풀려나게 되었습니다. 나중에 육본이랑 국방부에서 근무하다가 제대해서 회사를 경영하셨습니다.

형이 먼저 월남했기 때문에 집안에서 내가 가장 장손이 되니 동생들이 둘이나 있고, 많은 책임을 떠맡게 되었습니다. 사실 해방되기까지는 일을 해 본 경험이 없었는데 일을 하게 되니 모든 것이 쉬운 것이 아니었습니다. 공산당이 정권을 잡고 토지개혁을 했습니다. 그것만이 아니었습니다. 아버님께서는 우리 집에서 일하던 사람들을 일일이 찾아다니며 잘못했다고 빌어야 했습니다. 다른 것은 그렇다 하더라도 그것만은 도저히 차마 볼 수 없었습니다. 공산주의가 긍정적인 면이 있는 것은 사실이지만, 가장 어려운 것은 자기비판이었습니다. 다시 말해서 그것은 참기 어려운 굴욕(humiliation)이었습니다. 이것은 기독교식으로 말한다면 죄를 고백하는 것이라고 생각해 볼 수 있습니다.

우리 집은 땅을 전부 다 빼앗기고, 논도 산도 조금만 남게 되었습니다. 그렇게 농사를 지을 농토가 없게 되니 남산 밑을 개간해서 강냉이 같은 것을 심게 되었습니다. 논도 조금 남겨주었지만, 우리 집에서는 아무도 농사를 지어보지 않았기 때문에 어떻게 해야 할지 대책이 없었습니다.

소도 없고, 농기구도 없었습니다. 그래도 친척들이 조금씩 도와주어서 농사를 시작하게 되었습니다.

어머님은 돌밭을 일구고 일하시느라 엄청 고생을 하셨습니다. 그 당시는 사실 누구나 고생을 했습니다. 쌀은 대부분 일본으로 보내고, 소나무 껍질을 벗겨서 먹기도 했었습니다. 강냉이가 다 자라기 전에 뜯어서 먹기도 했습니다. 농사를 위해서는 종자가 될 씨만은 남겨야 하는데 그것조차 어려웠습니다. 우리 집은 그렇게 어렵게 살지 않다가 그렇게 되니 상대적으로 고생은 더 심하게 느껴졌습니다. 돈이 없던 사람들은 오히려 훨씬 나았을지도 모릅니다.

중학교를 진학하게 되어 순천에 가서 시험을 치게 되었습니다. 집에 와서 집안일을 도와주면서 생각하니 아무래도 안 되겠다는 생각이 들었습니다. 땅이 있어야 농사라도 지을 것인데 그럴 형편도 안 되었습니다. 평양에 가서 직장을 구해야 했습니다. 학습 강습소를 다니다 보니 철강소에서 일할 공원을 모집하는 광고가 났는데, 훈련을 시키면서 일한다는 것이었습니다. 지원 장소는 강서제련소였습니다. 가서 보니 이것은 완전히 군사훈련이었습니다. 목총을 가지고 제식훈련까지 시켰습니다. 새벽이면 일어나서 추운 강가에 가서 냉수 목욕을 시켰습니다. 이렇게 처음 한 달을 훈련을 받았습니다. 오후에는 철강소에서 일을 하게 되었는데, 많이 배웠습니다. 기술자를 소련에 보내서 공부하고 돌아오게 하는 그런 프로그램이 있었는데 내가 뽑히게 되었습니다. 공부하러 가는 유학이 아니고, 기술을 배워오는 기술 훈련생으로 뽑혔던 것입니다. 여권이랑 다 만들어져서 떠날 준비가 되었습니다.

어머님이 제일 고생하던 모습, 돌밭에서 강냉이를 심고 일하시던 모습을 아직도 잊을 수가 없습니다. 내가 집을 떠난다고 해도 땅이 없으니까 어머님도 저를 잡을 수가 없는 형편이었습니다. 소련으로 간다고 하니 승낙은 했지만, 어머님은 그렇게 서운하게 생각하셔서 가지 말라고 말렸습니다. 그래도 간다고 하니 어머님이 새벽밥을 해 주었습니다. 그 밥을 먹고, 이제 작별을 하고 떠나게 되었습니다. 동구 밖까지 오셔서 저를 배웅해 주셨던 어머님을 잊을 수가 없습니다. 기차 정거장에 가니 기차가 못 간다는 것입니다. 전쟁이 나서 지금 남쪽에서 쳐들어오기 때문에 어쩔 수가 없다는 것입니다. 어처구니가 없지만 어쩔 수 없이 집으로 돌아오는 수밖에 없었습니다. 공교롭게 소련으로 가던 날이 6.25가 일어나는 날 아침이었던 것입니다.

한국전쟁의 시작과 월남하기 전까지

집으로 다시 돌아오면서 탕자의 비유를 깨닫게 되었습니다. 탕자의 비유에서 아버지는 아들이 돌아오는 것을 보고는 다른 것은 생각할 겨를이 없었습니다. 저희 어머님도 다른 것은 생각할 겨를이 없었습니다. 어머님은 전쟁이 났다는 소식에는 아랑곳도 안 하시고 내가 돌아온 것만 기뻐하셨습니다.

전쟁이 일어났기 때문에 국군이 들어오기 전에는 젊은이든 늙은이든 무조건 하고 군대로 끌고 갔습니다. 나는 숨어 살아야만 했습니다. 처음에는 산에 가서 있어도 봤지만, 그것도 쉬운 일이 아니었습니다. 공산군 세포가 마을에도 있기 때문에 그것도 경계를 해야 했습니다. 결국은 다시 집으로 돌아와서 숨어 있게 되었습니다. 마침 우리 집에는 누에를 치던 방이 있었는데, 그 밑에 숨어 있을 수 있는 일종의 지하실이 있었습니다. 국군이 들어오기까지 3개월을 거기에서 숨어 지내야 했습니다. 하루에 한두 번 밤에 어머님은 동생들도 모르게 먹을 것을 갖다 주었습니다. 동생들이 알게 되면 밖으로 말이 나갈 염려가 있기 때문이 었습니다. 국군이 들어오면서 모든 것이 해결되었습니다. 9.28에 서울 이 수복되었으니까 우리 마을에 국군이 들어온 것은 시월 초였을 것입니다.

3개월을 땅속에 살다가 나와서 처음 하늘을 보고 세상을 보게 되니, 그 아름다움이란 말로 표현할 수가 없었습니다. 하늘이 그렇게 맑은지 처음으로 깨닫게 되었습니다. 3개월을 땅속에 살다가 나왔더니 처음에 는 눈이 시려서 눈을 뜰 수가 없었습니다. 세상이 이렇게 아름다운 곳이구나 하는 것을 처음 느꼈다고 해도 과언이 아닙니다. 호박꽃을 전에는 쳐다보지도 않았지만, 그 꽃까지도 그렇게 아름다울 수가 없었 습니다.

국군이 들어오고 12월까지는 정말 좋은 시간이었습니다. 전쟁 중이 니 할 일이 없었습니다. 다만 자치 방어를 한다고 조를 짜서 총을 가지고 보초를 섰을 뿐입니다. 그렇게 동네 청년들끼리 몰려다니면서 살았습 니다.

남으로 남으로 피난길

하루는 보초를 서고 있는데 동생이 지금 공산군이 다시 오고 있으니 빨리 집으로 와서 피난을 가야 한다고 했습니다. 그날 밤으로 떠나야 했습니다. 모든 것을 그냥 남겨놓고 아무것도 안 가지고 당장 떠나야 했습니다. 그야말로 출애굽인 셈입니다. 평양 쪽으로 7살이 된 막냇동생 을 어머니가 업고 떠나게 되었습니다. 평양까지도 며칠이 걸렸습니다. 눈이 쌓여 있어서 그랬습니다. 나는 미군 군복을 주워 입었습니다. 만년

필도 들어 있었습니다. 해군(navy)이라고 쓰여 있었는데 제법 따뜻한 옷이었습니다. 평양에 도착하니 비행기 폭격이 시작되어 시가지가 불바다가 되었습니다. 다리도 폭파가 되고 있었습니다. 어머님은 도저히 더 갈 수가 없다고 또한 같이 오던 친척분 중에 임산부도 있어서 그분과 같이 고향으로 돌아가시게 되었습니다.⁵

아버님하고 나하고 동생, 셋이 남았습니다. 제트기가 나타나서 기총소사를 하기 시작하니까 동생은 무서워서 더 이상 오지 못하고, 아마도 친척하고 다시 돌아간 것 같습니다. 저만 아버님하고 이남으로 남하하기 시작했습니다. 그때 고생한 것은 도저히 상상할 수도 없습니다. 아무것도 안 가지고 나왔기 때문에 딴 사람 것을 들어주고 얻어먹는 형편이었습니다.

중공군과 국군이 대치하던 경계선까지 해주 쪽으로 왔습니다. 국군이 나타나서 미군들이 진남포로 상륙해서 안전하니 집으로 돌아가라고 했습니다. 잘 되었다고 생각하고 뒤로 돌아서 사리원으로 왔는데, 이상하게도 하룻밤을 자는데 총소리가 계속해서 났습니다. 아침에 보니 사람 하나 없고 개미 하나 얼씬하지 않았습니다. 알아보니까 공산군들, 즉 중공군이 내려오고 있었습니다.

계속 걸어서 내려왔습니다. 임진강 북쪽에서 큰 싸움이 일어났는데 정확하게 어디인지는 잘 생각이 안 납니다. 거기까지 오니 몇백 명이 와서 기다리고 있었습니다. 남한의 군대가 보초를 서고 있었습니다.

---

5 이 박사님의 어머님은 남을 긍휼히 여기고 돕는 사랑을 실천하신 분이었던 것 같다. 친척을 위해서 피난 길에 함께 돌아갈 정도로 말이다. 그런 어머님의 고생과 사랑에 대한 기억이 이 박사님에게는 남달랐고, 어머님과의 관계가 성경에서 야곱과 리브가처럼 돈독했던 것 같다.

미국 사람들이 있기에 북쪽으로 올라가서 기다리고 있었습니다. 12월 7일에 떠났는데 성탄을 지나 설날, 12월 31일이 되었습니다. 국군 쪽에서 폭탄을 던지기 시작했습니다. 중공군들이 가까이 오고 있었습니다.

남한의 군대들이 후퇴하면서 총을 쏘기 시작했습니다. 무조건으로 남쪽으로 가다 죽으면 죽는다고 생각하고 내려왔습니다. 임진강에는 시체들이 즐비하고, 피가 있고, 형편이 없었습니다. 임진강을 건너니 남쪽의 헌병들(MP)이 이번에는 받아주고, 환영해 주었습니다. '살았구나.' 그때까지는 이북에 대한 것, 어머니, 하나도 생각이 안 났습니다. 그래서 그때 '자기 자신의 삶이라는 것이 이렇게 중요하구나' 하고 깨닫게 되었습니다.

대포를 쏘고 대포알이 날아오는 것까지 다 보이니까 사람들이 한 집 안에 20명, 30명 모여 있었습니다. 참 이상한 것이 모두 다 중간(center)으로, 안으로 들어가려고 합니다. 이상하게도 생각(mentality)이 그렇게 되어서 그런지 모르지만, 모두 가운데 중심(center)으로 들어가려고 합니다. 자기 생명을 구하기 위해서는 어떤 일이든 다 했습니다. 아무리 중심으로 가려고 해도 그것이 무슨 소용이 있겠습니까? 궁극적으로 중심은 없는 것이라고 깨닫게 됩니다.

아버님 동창생과 제2국민병 그리고 탈출

남한으로 피난을 와서 보니 믿을 것은 가족밖에 없었습니다. 가족이라고는 형님과 누님밖에 없는데 남한으로 피난을 와서 찾으려고 했지만, 도저히 찾을 수가 없었습니다. 그래서 결국에는 더욱 남쪽으로 내려가게 되었습니다. 마산 바로 가기 전에 아버님의 동창생이 함안에 있다고 하시면서 그곳으로 찾아갔습니다. 함안을 찾아갔더니 김갑동인지, 그런 분이 계셨습니다. 집안이 아주 잘 사는 분이었고, 그 지역의 유지였습니다. 밥을 해주는데 정말 만찬이었습니다. 얼마나 맛있게 먹었는지 모릅니다.

그분이 아버님에게 "형님은 동창생도 있고 하니 어떻게 되겠지만, 둘이서 다니면 힘듭니다. 자네는 지금 취직도 안 되니 오히려 제2국민병으로 들어가라"고 추천을 해 주었습니다. 그분 집 바로 옆에 있는 곳에 자원해서 제2국민병으로 들어간 것입니다. 나중에 알고 보니 다 피하려고 하는 길인데 자원해서 들어간 격이었습니다.

그곳에서 얼마나 고생했는지 모릅니다. 배급을 받아서는 윗사람들이 다 팔아먹고 주는 것은 소금물 타서 주는 밥이 전부였는데 그것도 제대로 안 줍니다. 나는 처음에는 미국 해군 군복을 입고 다녔는데 이것 입으면 군인으로 알고 쏴 죽이니까 주의하라고 했습니다. 그 군복에 있던 만년필을 팔아 떡을 사 먹었습니다. 그런데 그 떡을 변소 안에 들어가서 먹어야 했습니다.

다행히 아버님 친구가 있어서 한두 번 밖에 나가서 먹을 수가 있었습니다. 소대장이 나중에 형이 군대에 있다는 것을 알고 그나마 잘해주어서 겨우 살아남을 수 있었습니다. 얼마나 혹독하게 훈련을 시키는지, 겨울에도 팔굽혀펴기를 한 시간 이상을 시키니 손이 새까맣게 됩니다. 40세나 된 사람도 껑껑 울고 그럽니다. 옷을 잘 빨지 않으니 이가 너무너무 많았습니다. 이따금 한 번씩 농약(DDT)을 하얗게 뿌리는데, 지금 생각하면 그게 독약인데, 아무튼 그렇게 살았습니다. 그것을 때로는 몸에다 비비기까지 했습니다.

그러다가 제2국민병 소문이 하도 나쁘게 나고, 죽어 나가는 사람들이 너무 많아서 잘 보이지 않는 딴 곳으로 이사를 갔습니다. 조금 지나서 제2국민역이 아예 폐지가 되었습니다. 그러면서 마산으로 갔다가 제주도에 가서 훈련을 받고, 현역군인으로 갈 수 있다고 하니 얼마나 좋아했는지 모릅니다.

마산도 그나마 조금 알게 되었고, 제주도에 가서 보니 군대에 더 이상 가기가 싫어졌습니다. 핑계를 대고 안 들어간다고 했습니다. 그때 평양에서 온 분이 상관이었는데, "가기 싫은 모양이지? 내가 다 알아" 하면서 자기가 그냥 사인을 해 주면서 맘대로 하라고 했습니다. 그래서 배를 타고 다시 마산으로 와서 오래 기다리게 되었습니다. 알아봤더니 제대한 사람들을 전부 탄광으로 끌고 가는 것이었습니다. 탄광으로 가느니보다는 오히려 현역군인으로 가는 것이 더 낫다고들 했습니다.

그때 고향에서 알던 사람, 형의 친구를 만나게 되었습니다. 탄광으로 가려면 차라리 군대가는 것보다도 못한데 도망치자고 의기투합을 했습니다. 마산에 있었기 때문에 조금 안다고, 아버님 동창생인 김백동 씨 집을 찾아가자고 했습니다. 마산에서 둘이서 도망쳐서 함안으로 갔습니다. 그때 갔더니 알아보고, 아버님이 밀양의 손 씨 집에 가 있다고 알려주었습니다. 가보니 꽤 잘 사는 집이었습니다. 그때 같이 갔던 형의 친구는 자신의 형이 포병장교로 있다고 형을 찾아갔습니다. 나중에 찾아갔더니 그분은 포병학교를 가서 중령인가 되었습니다.

밀양에 가서는 참 고생을 많이 했습니다. 아버님의 친구분의 부친이 있었는데, 그분이 아주 힘이 있는 분이었습니다. 면사무소, 경찰들도 다 자기 손 밑에 있다고 했습니다. 첩이 둘이나 있었습니다. 그 손자는 서울에서 공부를 했는데, 공산주의를 너무 좋아해서 북한으로 가서 일하고 싶어 했습니다. 공산주의에 심취해 있어서 항상 그것밖에 말하는 것이 없었습니다.

나는 뭐 할 일이 없었습니다. 아버님 동창생은 제게 추천하길 자기 아버님을 간호해 드리면 좋겠다고 했습니다. 그런데 그 일은 언제나 그 할아버지 옆에 꼭 붙어 있어야만 했습니다. 연세가 많으니 가래를 뱉으면 그것을 받아내야 했습니다. 조금만 다른 곳에 있으면 저를 불러서 오라고 하곤 했습니다. 그 노인은 항상 "네가 이렇게 하면 내가 공부시키고 다 해 줄 테니까 우리 집에서 일만 하면 된다"고 했습니다. 그때 종이 된다는 것이 어떤 것인지를 정말로 체험으로 배우게 되었습니다. 기독교 정신을 제대로 이해하게 되었습니다. 예수님은 종이 되는 것 그 이상의 굴욕적 경험을 하신 것입니다. 종이 되어 보는 것이 중요합니다. 지금도 하나도 후회함이 없고 좋은 체험이었다고 생각합니다.

3개월 정도 거기서 그 할아버지 시중을 들면서 있었는데, 도저히 희망이 없었습니다. 아버님이 오셔서 보고는 "너 이러면 안 된다"고 했습니다. 내가 잘못 인도한 것 같으니 도망가자고 하셨습니다. 아버님이 비가 오는 날 오셔서 저를 데리고 함께 도망을 나왔습니다. 비가 오는 밤에 떠나서 부산으로 왔습니다. 그런데 있을 데가 어디 있습니까? 다리 밑에서도 자고 그랬습니다. 새벽에 가서 줄을 서서 일을 찾았습니다. 무엇 먹을 것이 있습니까? 길거리에서 팥죽 사서 먹고 하면서 일을 해 봤습니다.

부산에서 형님과의 재회와 피난 생활

그때 했던 기억에 남는 두 가지 체험이 있었습니다. 첫째는 아이스크림을 먹다가 잡혔던 기억입니다. 사람들이 캔을 열어서 먹다가 밤에

캄캄한데 다 도망가고 말았습니다. 아이스크림을 먹다가 영국 사람인지, 미국 사람인지에게 잡혀서 사무실로 끌려갔습니다. 나는 아니라고 손짓 발짓으로 이야기했습니다. 이 사람이 신사(gentleman)였습니다. 아이스크림 한 통을 다 주고, 다 먹으라고 했습니다. 조금 먹었더니 자꾸 더 먹으라고 했습니다. 그것이 벌이었습니다. 그것이 제 인생에서 처음으로 아이스크림을 한 통 다 먹은 경험이었습니다. 나중에 배가 아팠습니다. 둘째는 미군들이 와서는 오자마자 샌드위치를 던져 주곤 했습니다. 좋은 의도가 아니었습니다. 아이들이 손 내놓고 뭐 주기를 바라니까 개에게 던져 주는 것처럼 샌드위치를 하나씩 던져 주었습니다. 제가 하나 받았는데 햄샌드위치였습니다. 얼마나 맛이 있었던지 모릅니다.

부산에서 일본의 와세다대학을 나와서 비즈니스를 하는 아버님의 친구를 만났습니다. 너도 해보겠냐고 했습니다. 그래서 무엇이든 하겠다고 했습니다. 손수레를 끌고 다니면서 과일 장사를 하는 것입니다. 시장에서 파는 것입니다. 그런데 장사를 해 본 경험이 있습니까? 단속하는 사람이 오면 도망하면서 팔지도 못하고 과일이니까 조금 지나면 썩고 맙니다. 몇 주일도 못 하고 그만두고 말았습니다. 그것도 하나의 경험이었습니다.

그다음에 형님을 만났습니다. 형님이 전투 중에 부상을 당하고, 고생을 많이 한 것을 알게 되었습니다. 형님과 방을 얻어서 함께 살게 되었습니다. 형님은 언제나 권총을 옆에 놓고 잤습니다. 육군본부에 근무하고 있었습니다. "왜 권총을 옆에 놓고 자냐?" 아버님도 걱정을 하셨습니다. 형님은 소리만 나면 총에 손이 간다고 했습니다. 아버님은 "너 총 가지면 총에 죽는다는데, 총을 팔아버리라"고 했습니다. 아마 지금 생각하면 형님이 전쟁의 상처로 외상 후 스트레스 장애(PTSD)6를 겪었던 것 같습니다.

형님은 전쟁 중에 고생을 참 많이 했습니다. 중공군에게 잡히게 되었을 때 권총으로 자살하려고까지 했답니다. 다 포위되어서 소대장으로 죽으려고 해도 총의 방아쇠를 격발할 수가 없었다고 합니다. 도저히 죽으려고 해도 죽을 수가 없었답니다. 그래서 중공군에게 잡혀서 있다가 중공군 장교를 만나게 되었는데, 그 관계를 통해서 많은 것을 느끼고 배웠다고 합니다. 적이었지만 직접 만나서 말해보니까 정말 인간적이었다고 합니다. 문자를 써가면서 필담으로 대화를 했습니다. 중공군 대위였는데, 그 밑의 부하가 자꾸 헤어지기 전에 총을 가지고 형님을 죽이고 가려고 했답니다. 그렇지만 그 상관이 그냥 가자고 해서 형님이 살게 되었다고 합니다. 형님은 이런 경험을 통해서 '인간끼리 일대일로 자연스럽게 만나면 적이 없는데, 제도적으로 적이 된다'를 깨닫게 되었다고 저에게 이야기해 주었습니다.7

남한으로 피난을 나오기 전, 국군이 후퇴하기 전에 우리 동네 사람들 많은 분들이 강간을 당했고 또한 죽임을 당했습니다. 형님이 중공군에 잡혀 있었던 그다음에 공산군들이 물러가고, 국군 동료들이 왔습니다.

---

6 외상 후 스트레스 장애(Post-traumatic Stress Disorder)는 전쟁이나 테러, 화재, 신체적 폭행, 성폭력 등 생명이나 신체를 위협할 정도의 극심한 스트레스를 겪은 후에 나타나는 정신적 질병이다. 형님은 자다가도 일어나서 위협을 받는다고 생각해서 총을 잡는 현상은 외상 후 스트레스 장애의 전형적인 특징이 나타난 것이다.

7 이 박사는 개렛신학교에서 공부하면서 입학처를 담당했던 교수가 두 번이나 D를 주어서 절망했던 경험을 이야기한다. 그 일 후에 자신이 왜 점수에 집착하는지를 깨닫고, 교수와 화해하지 않으면 목사가 될 수 없을 것이라고 고백한다. 그 경험을 회고하면서 형님의 이야기를 한다. 즉, 형님의 깨달음은 이 박사에게 용서와 화해의 삶을 살아야 한다는 원칙으로 내면화되었음을 발견하게 된다.

그 국군들이 여자들을 데려다가 강간하고 그랬답니다. 형님은 이제 자신이 대한민국 국군이라는 생각도 부끄럽다고 했습니다. 이런 군대에 속한 것이 죄스럽게 생각된다고 회고했습니다. 우리 국군이 베트남 가서도 그런 부끄러운 역사가 있었습니다. 비도덕적인(immoral) 짓을 한 것입니다. 한국 사람이 원래 그랬는지 아니면 군인과 전쟁이란 상황 때문에 그렇게 되었는지 모르지만, 많은 생각을 하게 됩니다.

형님을 만난 다음에 처음에는 공장에서도 일하게 되었습니다. 영도에 있었던 배터리 공장이었습니다. 그야말로 막노동이었던 셈입니다. 납을 색깔이 빨갛게 될 때까지 가열을 시켜야 했습니다. 그런 작업을 계속하면 코가 빨갛게 되었습니다. 몸에도 안 좋았을 것입니다. 그런데 거기서 일하던 공원들이 배터리를 훔쳐다 팔기도 하고 그랬습니다. 이런저런 고생을 겪은 다음에 서울로 올라오게 되었습니다.

서울로 그리고 미국 유학 준비, 남산 체험

서울에 올라오니 이제는 공부를 하고 싶은 생각이 들었습니다. 모두 전쟁 중에 피난을 나왔으니 모든 증명 서류들을 다 새롭게 작성해야 했습니다. 아버님이 그런 것은 연줄이 많으셔서 고등학교 졸업장을 만들어 오셨습니다. 사실 따지고 보면 저는 고등학교를 제대로 다닌 적도 없습니다. 그때 외무부에서 실시하는 유학 시험을 준비하게 되었습니다. 촛불을 켜고 밤을 새우면서 열심히 공부를 했습니다. 그리고 다시 문교부에서 실시하는 시험도 봐야 했습니다. 둘 다 합격이 되어서 최종적으로 유학을 떠날 준비를 하게 되었습니다.

그 기간에 저는 어떤 종교적인 체험을 하게 되었습니다. 어렸을 때 교회를 나갔던 것을 제외하고는 거의 교회에서 떠나 있었습니다. 태평양(대동아)전쟁 중에 교회가 문을 닫았고, 해방 후 북한의 혁명적인 변화와 6.25의 와중에서 피난을 다니면서 교회에 다녀볼 기회가 없었습니다. 한 친구가 집회에 참석하자고 권했습니다. 미국에 가게 되니까 그런 것을 경험해 보는 것도 좋을 것이라고 권유했습니다. 그때 남산에서 천막 집회가 계속되고 있었습니다. 그때 나는 남산감리교회에 다니고 있었습니다.

모두 모여서 통성기도를 하고, 찬송을 계속해서 부르는 한국 특유의 부흥 집회였습니다. 저녁도 먹지 않고 밤새도록 찬송하고, 기도하고 하는 것이 계속 반복이 되었습니다. 이것은 엑스터시(ecstacy, 황홀경)를 느낄 수 있게 하는 일종의 방법이라고도 할 수 있을 것입니다. 이렇게 반복해서 찬송하고 기도하면서 밤을 꼬박 새우게 되면 누구나 어떤 기대감을 갖게 됩니다. 그리고 동이 터 오르기 시작했습니다. 그때에 강사가 나타났습니다. 그분이 어떤 그런 심리를 잘 알고 이용한 것인지도 모르겠습니다. 강사는 계속 비전을 보라고 강조했습니다. 사도 바울도 비전을 보고 그의 삶의 일대 전환이 일어났습니다. 사막의 교부들도 마찬가지였습니다. 물론 예수님도 그러셨습니다. 신학적인 면에서 본다고 해도 이런 체험은 매우 중요하다고 생각합니다. 인디언들에게 있었던 일종의 비전 서치(vision search)인데 지금은 점점 없어지고 있습니다.

저는 비전을 본 것은 아니었고, 냄새를 맡았습니다. 먼저는 송장이 타는 냄새가 나서 견딜 수가 없었습니다. 그렇게 역할 수가 없는 냄새였습니다. 옆에 같이 갔던 친구에게 물어보았으나 여기에서 왜 그런 냄새가 나겠느냐고 면박만 당했습니다. 그렇게 얼마 동안 그런 냄새가 계속

나다가 없어졌습니다. 그다음에는 좋은 냄새로 바뀌었습니다. 솔솔 냄새가 나기 시작하는데, 그 냄새가 그렇게 좋았습니다. 어떻게 말로 표현할 수가 없었습니다. 그렇게 향기로운 냄새일 수가 없었습니다. 이 세상에서는 맡을 수가 없는 냄새였습니다. 그때도 다른 사람들에게 물어봤지만, 다른 사람들은 맡지를 못했습니다. 하늘나라에 가면 이런 냄새를 맡을 것이란 생각을 하게 되었습니다.

그 강사는 와서 예수님이 강림해서 성령이 쏟아지고 있다고 말했습니다. 그분이 자꾸 비전을 보라고 했는데, 그런 것이 있는가 보다 생각했을 뿐입니다. 그런데 지금 가만히 돌아본다면 그때 냄새를 맡았던 것이 제 생애에서 크게 영향을 미쳤습니다. 지금 내가 왜 목사가 되었을까를 생각해 본다면, 궁극적으로는 그때의 체험이 결정적인 영향을 미쳤다고 볼 수 있습니다. 왜 목사가 되려고 했는가? 그 체험이 결국에는 궁극적인 결단(ultimate decision)을 내리게 한 어떤 확신으로 작용한 것입니다. 우리의 삶에 있어서 믿음의 체험이 굉장히 중요한 것입니다. 종교학적으로 본다면 이런 경험은 무속적인 백그라운드에서 오지 않았나 생각하게 됩니다.

고향과 종교적 체험들

어렸을 때 굿을 많이 따라다니고, 굿하는 데 옆에 앉아서 밤새도록 보고 그랬습니다. 보통 굿은 2, 3일을 계속해서 하니까 어떤 감명이 있었습니다. 굿은 정말 옷도 그렇고, 욱작욱작 꽹과리를 치고 하는 것, 이런 것에 저도 관심과 호기심, 흥미가 많았습니다. 이것은 진정한 종교적인 체험이었습니다.[8] 루돌프 오토(Rudolf Otto)가 말하는 두렵고 떨리는 종교적인 체험이었습니다. 그런 면에서 자꾸 엑스터시를 찾으려고 하는 그런 마음이 우리 속에 있습니다. 성령의 인도하심을 구하는 것도 한국 사람들이 가진 어떤 영적인 성향이 아닐까 생각하게 됩니다.

성령의 체험이라고 하는 것이 그런 종교 체험의 유형(type)을 말하는 것입니다. 샤머니스틱한 것에는 별로 관심이 없고, 불교적인 것에 흥미가 있고 잘 맞는 사람도 있습니다. 스님들이 돌아다니면서 수도 생활을 하고, 조용한 가운데(calmness) 깊은 곳에서 올라오는 어떤 것이 불교에는 있습니다. 둘 다 우리에게 미치는 어떤 영향이 있지만, 샤머니즘은 궁당궁당하고 시끄럽게 합니다. 내가 남한에 와가지고 고생하고 하면서 인생에 대한 것을 이해하고, '불교에서 하는 말도 이치에 맞는 것이 많구나' 하고 생각하게 되었습니다. 나도 모르게 이런 모든 것이 영향을 미쳤던 것입니다.

일본이 망했을 때, 아직 중학교도 졸업을 못 했었습니다. 그러니까 제대로 공부를 할 수가 없었습니다. 저는 그런 혼란스런 상황 가운데서 정상적으로 공부를 할 수가 없었습니다. 북한에서는 러시아어를 배우기도 했습니다. 한국에 와서 영어 공부해야 한다고 한 5개월 배웠는데 뭐 얼마나 배운 것이 있었겠습니까?

아버님은 남한에 내려온 다음에 족보를 다시 만들었습니다. 기억과 남은 자료를 찾아서 수안 이씨가 어디서 와서 어떻게 되었는지 파보를

---

8 루돌프 오토(1869~1937)는 『거룩함의 개념』(*Das Heilige, The Idea of the Holy*)이란 책에서 거룩의 개념을 초자연적인 신비로, 두렵고 떨림의 감정으로 표현했다. 오토는 이런 누미노스 체험은 자연인은 경험하거나 알 수 없는 신비적 사건으로 설명했다. 이런 종교적 경험은 인간으로 하여금 자신이 피조물임을 자각하게 하여 참된 자기를 찾게 한다고 주장했다. 오토는 종교 현상학의 길을 예비했다고 할 수도 있다.

만든 것입니다. 아버님은 종친회의 회장을 하기도 하셨습니다. 그래도 일가친척 가운데는 성공한 사람들도 있었습니다. 예를 들면 멀지 않은 친척 중에 대법관도 있었습니다.

우리 집안에서 형은 그래도 특권을 많이 누렸습니다. 형에게는 새로 나온 것, 겨울에는 스케이트도 사주고 했지만, 저는 주로 형이 쓰던 것을 물려받아서 썼습니다. 공산군들이 들어와서 실시한 토지개혁으로 우리 집은 몰락은 했지만, 그래도 우리 집의 남은 논을 갈 때는 이웃이 다 도와주고 그랬습니다. 아직도 유교 사상이 많이 남아서 영향을 미쳤던 것입니다.

보통은 남성이 중심이 된 집안이 되는데, 우리 집안은 그렇지 않았습니다. 증조할머니가 집안을 완전히 쥐고 있었습니다. 집안이 독자로 죽 내려오다 보니까 어쩔 수가 없이 그렇게 된 것 같습니다. 아버지, 할아버지, 오대를 독자로 내려왔습니다. 남자 어른들이 일찍 돌아가셔서 그렇게 되었는지 남자가 힘이 별로 없었습니다. 할아버지가 일찍 돌아가셨으니 자연스럽게 할머니가 힘이 있었습니다.

유교 사당은 그대로 모시고 제사는 다 지냈지만, 우리 집안에는 두 가지 종교가 상호작용을 했습니다. 그런 가운데 샤머니즘은 늘 희생이 되었습니다. 기독교가 들어와서도 유교는 그렇게 공격하지 않았지만, 무당 종교는 거의 사탄 취급을 했습니다. 우리 집안에서는 증조할머니, 어머니가 신앙생활을 열심히 하셨습니다.

아버님은 배재에서 세례까지는 받았지만, 기독교인이라고 할 수는 없습니다. 보통 아버님은 기독교에 대해서는 말씀도 안 하셨지만(no comment), 저희 고향 교회는 우리 집안에서 세운 것입니다. 선교사들과의 직접적인 접촉이 있었는지 모르겠고, 처음에 어떻게 세워졌는지 그 연원을 잘 모르겠습니다. 백 년 가까이 되었는데, 북한 기독교 역사의 초창기인데 어떤 접촉이 있었는지 역사적으로는 정확히는 모르겠습니다. 장로교회였고, 틀림없이 하나의 초기 교회였습니다.

제가 태어나기 전, 지금부터 80여 년 전에 교회가 세워졌을 것입니다. 그 교회의 초기 역사가 발굴된다면 좋은 연구 주제가 될 것입니다. 제가 있을 때 젊은 전도사님이 왔지만, 그 훨씬 전에 20년 이상 전부터 평안남도 순천군 자산면, 면소재지에서 전도사님이 살면서 자전거를 타고 오곤 했습니다.

고향의 신학과 어머님, 내 신앙생활

고향의 신학을 제가 특별하게 발전을 시키지는 못했지만, 한 2, 3년 전에 발표해 보기는 했습니다. 한국인은 고향에 대한 애착이 많습니다. 제 체험으로 본다면 삶에서 풍파를 많이 겪고, 고생을 많이 하고, 사회적으로 배척을 받고, 그러면 그럴수록 더욱 고향을 그리워하고, 고향의 품속으로 안기고 싶어 합니다. 한국인들은 근대사에서 보더라도 중국이나 일본이 관여하는 국제정세에 영향을 받으면서 국가와 민족의 운명까지도 흔들리는 변화의 격랑에 휩쓸려야 했습니다. 그런 속에서 대인관계도 다 없어지게 되었습니다. 그럼에도 불구하고 그래도 변치 않고 남았던 것은 고향입니다. 고향만이 아무 불평 없이 우리를 받아주는 것입니다. 모국이라고 하듯이 고향은 어머님과 같습니다. 늘 받아주고, 환영하고, 언제나 적대적인 것이 전혀 없습니다(It is like mother. Always welcome, there is no hostile feeling at our sweet hometown). 저도 처음에는 잘 못 느꼈는데 미국에서 살수록 고향 생각이 더 납니다.

아마도 북한을 안 갔으면 더 좋은 인상이 계속 제 속에는 남아 있었을 것입니다. 고향은 완전하고(perfect) 이상적인 곳입니다. 고향에서 한 것은 고생이 아니라고 생각하기에 고향은 우리의 파라다이스입니다. 죽어서 갈 곳이 어디입니까? 고향입니다.

그래서 본향이라고 그러지 않습니까? 정말 가고 싶은 곳은 자기가 난 곳으로 돌아가는 것입니다. 본능적으로 고향에 가서 파묻히고 싶은 것입니다(returning to the origin). 과거에 대한 낭만주의(romanticism)라고 볼 수도 있지만, 앞으로 나가다 보니까 과거가 더 그립고, 옛날에 대한 기억(memory)이 미래에 대한 소망(hope)보다 더 중요하다고 저는 생각합니다.

하나님이 내게 준 선물은 지혜도, 학술도, 친구도 아니고, 부모도 그렇지만 궁극적으로 '내 체험'입니다. 그때의 그 체험은 거룩하고 성스러운 것(sacred)입니다. 솔직히 말해서 성경보다 더 거룩한(sacred) 것은 내 체험입니다. 그 내 체험에 하나님이 같이 있었다면, 그것이 궁극적으로는 내게 제일 중요한 것입니다. 하나님께서 주신 그것은 내가 혼자 갖고 있다 죽어야 하는 것이 아니고, 나눠야 할 의무가 있습니다. 그렇기 때문에 내가 한 체험은 나 혼자 가지고 있으면 안 됩니다. 하나님이 준 것은 궁극적으로 내 체험, 그것밖에 없습니다. 죽어도 그것만은 갖고 가게 되어 있습니다.

우리가 앞을 바라보고 살아야 하기 때문에 희망도 중요합니다. 그렇지만 앞을 바라보고 산다고 해도 제가 생각하기에는 과거의 체험이 더욱 중요한 것입니다. 그 메모리가 중요한 것입니다.

저는 신학적으로 보더라도 뒤로 돌아가는 것(backway)을 더 중시합니다. 내 신학에는 소망(hope)은 그렇게 중요한 역할을 하지 않습니다.

미국 사람들같이 앞으로 계속해서 목적을 중심으로 전진하는 것이 아니라, 목적이 없는 자연을 따라서 돌아가는 것을 더욱 중시하게 됩니다. 과거의 체험이 굉장히 도움이 되었고, 자연을 동경하는 것은 자연과 같이 살아 보았기 때문입니다.

　밖에 나가서 봐도 자연적인 것, 공원에 가서 보면 지금까지 갖고서 씨름하던 문제가 다 해소가 되는 것 같습니다. 어디나 그렇게 차이는 없는 것 같습니다. 저는 자연에 대해 자꾸 신경을 쓰게 됩니다. 자연에 파묻혀 있어서 그런지 고향은 자연과 동일한 것입니다.

　도시에 사는 사람들에게 고향은 어디가 있겠습니까? 발전이라는 것은 손실이 많은 것입니다. 인간의 지능은 부모의 관계도 중요하지만, 자연과의 인간과의 관계, 사랑이라고 할까… 그것이 더 큰 것 같습니다. 우리도 모르게 그것 때문에 희망이 있는 것입니다. 그래도 나를 환영해 주는 자연(mother earth, nature), 우리 세대 사람들은 나의 살던 고향을 그리워하는 것입니다. 요새 사람들은 그렇지 않을 수도 있습니다.

　우리 집안은 남자분들은 유교적인 영향(Confucianist)이 컸었고, 여자분들은 무속적이었습니다(Shamanist). 그래서 모계를 중심으로 기독교와 연결된 것입니다. 부계에서도 기독교에 대한 거부감이 별로 없었습니다. 한국기독교 형성 초기의 과정에서 남자들의 활동이 제한되어 있었던 것을 그대로 보여준다고 볼 수 있습니다.

　저에게 기독교의 영향이 많은 이유가 어머님이 신앙을 받아들이셨고, 제 관계가 어머님하고 더 가까웠기 때문입니다. 아버님이랑 관계가 더 좋았다면 그저 유교 사상 따라다니고 했겠지만, 어머님이 기독교인이었기 때문에 기독교인이 되었습니다. 유대교가 왜 그렇게 어머님의 믿음을 강조하는지 이해할 수 있습니다. 아버지는 유대인이지만, 어머니가 유대인이 아니면 자녀들은 유대교인이 되지 않는 경우가 많습니다.

이런 새로운 패러다임을 발견하면 기독교에 좋은 모델이 될 것입니다. 어머님이 교회를 가야 한다니까 아버지가 아무리 막으려고 해도 안 됩니다. 불교도 마찬가지입니다. 제 신앙에 있어서는 나도 모르게 해야 된다는 의무는 하나도 없었고, 어머님의 영향이 있었습니다. 미국에 와서 목회의 길을 걷기로 결단할 때도 아버님이 반대를 하셨어도 따르지 않은 이유도 아버님의 영적 리더십이 저에게는 영향을 미치지 않았기 때문입니다. 어머님으로부터 받은 영향으로 저의 영성이 형성(spiritual formation)되었다고 할 수 있습니다.

제가 쓰는 방법도 여성적인 방법(feminist approach)입니다. 내가 강의하는 스타일도 될 수 있으면 학생들의 말을 잘 들어주고, 학생들에게 기회를 주어서 발표하게 하려고 했습니다. 어머님의 영향이 컸던 것입니다. 그런 면에서 남산에서의 종교 체험은 무속적인 영향이 분명히 있었습니다. 제 신앙은 어머니, 증조할머니에게서 왔던 것입니다. 그런 의미에서 지금도 한국에서 성공하는 목사님들에게는 무속적인 측면이 없으면 안 되는지도 모릅니다.

고향의 노래

선생님
뉴저지 드루대 교정을
걸으시던
쓸쓸한 뒷 모습이
허나
수줍은 환한 미소가,
영어인지 모국어인지
목소리가 들릴듯,
아니 보이는듯.
마음의 언어로
소박한 소리로.

한반도의 북녘 땅
서해에 가깝고
평양에서 북서쪽으로 철도 놓아
중국으로, 러시아로
세계로 연결되던
식민지 땅,
해방의 기쁨으로
피어났던 땅,
공산정권의 수립으로

새 기운 돌던 땅,
전쟁으로 떠나야 했던
바로 그 고향 땅

남쪽으로는 경의선 철마로
한양으로 이어지던,
기독교의 본산지로
삼일운동의 횃불을 들었던 곳,
선생님의 고향 땅.

뒤로 병풍처럼
산이 둘리고
생수 솟던 샘골,
할머님이 정성으로 세운
교회당,
하늘의 이야기가 들어와
영원의 무늬 새겨 놓은
신비와 기적 일어났던
마음의 고향 지성소였지.

할머니 어머니를 통해서
세워지고 전해졌던
길고 긴 정성과 기도의
깊은 신앙의 원형

어머니와 새벽에
무릎 꿇던 터.

한반도 땅
자리했던 모든 것들
사랑하고 그리워하는
그 깊고 깊은 속정의
바로 그 고향 땅,
어머니 그리워
남쪽에서 미국에서
수없이 꿈에서나
그려보던
바로 그 땅.

어머님 손수 지어준
새벽밥 먹고
소련 땅 유학하러
기차타러 떠나며
이별했던 그 고향 땅,
6.25 전쟁 시작되던 날
다시 돌아오면서
기뻐 환호했던 그 땅,
전쟁의 날들에
숨어 숨어

지하에서 빛없이
지내야 했던
어둠의 땅.

남쪽 향해
아버님과 함께
피난길 떠나며
어머님과 이별했던 땅.
오십 년이나 지나
미국에서 한 번
다시 찾아왔던
바로 그 땅.

수십 년의 세월로
옛 모습 간 곳 없고
어머님도 떠나시고,
고독한 선생님의 마음
아프고 쓰리게 했던 땅,
옛 기억 찾을 수 없어
차라리
오지나 말 것이라
되뇌었던 그 고향 땅,
탈향의 비애서린
마음의 고향.

봄에는 울긋불긋

진달래 피고

여름에는 하얗게

망초 피고

들로 산으로

이리 뛰고 저리 뛰던

행복과 기쁨의 동산

선생님의

고향이었네.

2장

소명과 화해,
목회와 학문의 길
— 미국행부터 공부하고, 가르치며, 목회하며

제자들의 질문

두 번째 시간의 신학과 삶의 이야기는 1996년 1월 18일에 이루어졌다. 제2장은 이정용 박사가 국비유학생으로 미국으로 와서 오하이오에 있는 핀들 레이대학(Findlay College)에서 화학을 전공하게 되는 이야기를 들려준다. 문화적 충격을 느끼면서 주말에는 일을 하면서 유학 생활을 하게 된다.

학부 졸업생으로 컬럼비아대학원에서 입학 허가를 받고 준비하고 있던 차, 며칠 고심하다 소명을 확신하고 새로운 길을 가게 된다. 그다음, 목회자가 되기 위해 개렛신학교의 신학생이 되었고, 오하이오 연회에서 목사 안수를 받고, 미국 교회에서 목회하였다. 그 과정에 케이스 웨스턴대학에서 도서관학 석사를 마치게 되고 그런 인연으로 하워드대학에서 사서로 1년을 근무하게 된다.

다시 보스턴신학대학원에서 박사 과정을 마치고, 교수 생활을 오터바인대학에서 시작한다. 가르치면서 동양학과 종교학을 공부하고 그런 방법론을 가지고 신학적 작업을 하게 된다. 노스 다코타의 주립대에서 종교학과 동양학, 세계종교를 가르치면서 목회 생활을 통해 교회를 계속해서 섬긴다. 그 후에 뉴저지의 드루신학대학원에서 교수 생활의 마지막을 감당한다. 이때까지 축적된 연구들을 통해 신학적 저작을 쏟아내게 된다.

모든 장을 위한 회합이 이루어지기 전에 한국신학연구원의 학생들이 모여서 이 박사님께 드리는 질문을 만들고 했지만, 제2장과 제3장은 질문지가 없었다. 실지로 없었는지 아니면 구두로 말씀을 드렸는지, 세월이 지나서 확실하게 기억이 나지 않는다. 아마도 자연스럽게 제1장에서 이어지는 이야기이기 때문에 선생님이 이야기를 연속해서 자연스럽게 진행시켰던 듯하다.

이야기가 진행되면서 학생들의 질문과 반응이 자연스럽게 일어났다. 미국에 와서 문화적인 충격 속에서 이루어진 에피소드 등 이정용 박사는 너무도 열정적으로 자신의 과거 생활을 쏟아 놓으셨다. 그의 이야기 속으로 들어가 보자.

미국으로 가는 길

저는 미국으로 올 때 비행기를 타고 왔습니다. 한국전쟁이 끝나고 2년이 지난 다음인 1955년이었습니다. 그때는 배로 오는 분들도 많았습니다. 김포에서 팬암(Pan-Am airline) 비행기를 타고 동경으로 갔습니다. 그때는 김포공항에서 하루 한 편 팬암기밖에 없었습니다. 오후에 김포를 떠나 동경으로 갔는데, 비행장에서 아는 분이 있어서 전화를 했습니다. 10년 동안 일본어를 안 썼기 때문에 어려서 배운 것이라 다 알아는 듣겠는데 혀가 안 풀려서 말이 떨어지지가 않았습니다. 그분이 와서 픽업을 해 주셨습니다.

저를 데리러 오신 분은 유명한 과학자인데, 맥아더 장군이 미국으로 데려가려고 했던 분입니다. 동경대학교 바로 옆에 사셨는데, 그 집에 있으면서 일주일 정도 머무르게 되었습니다. 대학교에도 가 보고, 다방에 가서 앉아 있기도 하고 그랬습니다. 한 4, 5일 지나니 일본어를 말할 수가 있게 되었습니다. 어떤 학생이 큐슈에서 오지 않았느냐고 물었습니다. 아마도 내 일본어가 큐슈 지방 사람들의 억양으로 들렸던 것 같습니다. 한국에서 왔다고 그렇게 대답했습니다.

일본을 떠나서 웨이크 아일랜드(Wake Island)에 내려서 얼마 있다가 기름도 넣고, 하와이까지 왔습니다. 하와이에 도착하기 한 시간 전에 비행기가 흔들리고 그랬습니다. 미국인들도 당황했는데, 한국 사람들은 5명 정도 타고 있었습니다. 승무원이 너무 걱정하지 말라고 했습니다. 하와이에서 내리니까 호텔을 정해 주었고, 처음 미국에서 저녁 식사를 하게 되었습니다. 와이키키 해변에서 가까운 곳이었습니다. 호텔에 들어가서 목욕도 했습니다. 타월도 큰 것이 있었지만, 어떻게 써야 하는

지도 몰라서 우왕좌왕하고 그랬습니다. 작은 수건들도 있었는데 써 본 적이 없었기 때문에 큰 수건으로 모든 것을 다 하곤 했습니다.

그곳에서 비행기를 정비해서 그다음 날 샌프란시스코에 도착했습니다. 일본에서 함께 왔던 한국 사람들은 거기서 헤어져야 했습니다. 밥이나 먹고 헤어지자고 식당으로 들어가서 가장 싼 것으로 먹자고 했습니다. 싼 것을 찾다 보니 정식 요리가 아닌 디저트를 주문했는데 알고 보니까 아이스크림이었습니다. (에피타이저인 줄 알고) 그걸 먹고 기다렸는데 아무것도 안 나왔습니다. 나중에야 이런 사실을 알게 되었습니다. 공항에서 안내방송이 나오는데 영어 같지도 않고, 일본말도 아닌 것처럼 들렸습니다.

아무튼 앉아서 기다리다가 시카고로 오게 되었습니다. 한국에서 들을 때 시카고에는 갱단들이 많다고 해서 꼭 짐을 가지고 다녀야 했습니다. 시카고에는 그때 이미 자판기(vending machine)가 있어서 콜라를 사 먹었습니다. 제 최종적인 목적지인 오하이오의 톨레도(Toledo)까지 왔습니다. 한국 분이 마중을 나왔는데 저보다 10살이나 위인 35살이나 되는 김한조 씨가 나오셨습니다. 이분은 나중에 매우 유명하게 된 분입니다. 코리안 게이트에 박동선 씨랑 관련된 분인데, 저희 형님의 친구였습니다. 그분이 저보다 먼저 와서 공부하고 있었습니다. 저는 이분을 한국에 있을 때부터 잘 알고 있었습니다. 식당으로 데리고 가서 아이스크림을 제일 큰 것으로 사주었습니다. 그러니 그날은 계속 아이스크림만 먹은 격입니다. 7월이었습니다.

미국 생활의 시작 — 문화적 충격

그때는 미국에 오려면 재정 지원자(financial supporter)가 꼭 있어야 했습니다. 제도적으로 그랬습니다. 저를 재정적으로 지원해 주었던 한 분은 감리교 목사이고, 다른 분은 식료품점을 하는 분인데, 부동산도 하고 해서 백만장자인 분이었습니다. 함께 저녁 식사를 하러 갔는데 김한조 씨가 자기는 돈이 없다고 저 보고 돈을 내라고 해서 냈습니다. 사실 50불을 가지고 갔을 뿐이었습니다.

재정 스폰서를 해주는 분이 자기 집이 좋다고 했습니다. 막상 가서 보니 집이 좋다고 했지만, 겉으로 보면 꼭 판잣집(하꼬방) 같았습니다. 그래도 안으로 들어가 보니 괜찮았습니다. 그 집에 가니 한국의 집이 생각이 나서 울었습니다. 감정이 폭발해서 억제를 못하고 막 울게 되었습니다. 아마도 며칠에 걸려서 도착했고, 마음이 조금 놓여서 그랬던 것 같습니다. 저를 지원하기로 한 분은 제가 우는 것을 보고 자기를 싫어한다고 오해해서 또 다른 집으로 보냈습니다. 참 문화적인 충격이 컸습니다.

또 한 가지 생각나는 것은 그 집 아이가 있었는데 이름이 톰입니다. 그런데 조그만 놈이 자기 아버지 이름을 막 불러 댔습니다. 나보고도 "정"이라고 불렀습니다. 그렇게 부르는 것을 보면서 문화적 충격을 느꼈습니다. 조그만 놈이 무례하게 아버지 이름을 함부로 부르고, 제 이름도 "정, 정" 하고 부르는데 속이 많이 상하기도 했습니다.

저는 핀들레이대학(Findlay College)에 다녔는데, 그 학교에 또 다른 한국인 한 분이 있다가 다른 곳으로 갔습니다. 김한조 씨도 공부를 도저히 못 하겠다고, 1년을 더 공부하고 졸업을 못 하고 워싱턴으로 갔습니다. 나중에 저도 그 집에 가보았는데 정말 잘살고 있었습니다. 화장품 회사를 한다고 했습니다. 사업이 잘되어서 상원 의원과도 사귀고 했습니다. 제가 다녔던 핀들레이대학(Findlay College)[1]은 지금은 유니버시티가 되었고, 대학원도 생겼습니다.

기숙사에서도 있다가 감리교 목사님 집에도 가서 얼마 있었습니다. 또 그 목사님 교회인 감리교회를 다니게 되었습니다. 이분은 독일계였고, 부인은 아일랜드에서 왔습니다. 겉으로 보기에는 두 분이 정말 잘사는 것 같습니다. 그런데 집안에서 살림하는 것을 보니 도저히 상상할 수 없는 것도 많았습니다. 이따금 남편이 아내를 때리기도 했습니다. 부인이 벌벌 깁니다. 이따금 때리고 싸울 때는 거의 죽일 것처럼 때리는 것 같았습니다. 아이들이 둘인데, 딸이 중학생이었습니다. 그 집에 살면서 설거지도 하고 그렇게 했습니다.

학교에 있을 때는 청소를 해서 돈을 벌었는데, 변소 청소도 했습니다. 그 당시에는 지금도 비슷하겠지만, 주당 20시간은 학생비자를 가지고 일을 할 수가 있었습니다. 주말에는 주유소에서 차를 닦는 것을 했습니다. 그때는 차를 닦는 것은 아주 도사가 되었습니다. 차를 보기만 해도 모든 것을 알 수 있었습니다. 시간당 75센트를 받았습니다. 지금 가격의 1/10정도 되는 것 같습니다. 5센트, 15센트면 아이스크림을 먹을 수 있었습니다. 학자금은 모두 장학금을 받았습니다. 그렇게 주말이나

---

1 핀들레이대학은 오하이오주의 작은 도시에 위치하고 있는 하나님의교회 총회 (Churches of God General Conference)가 1887년에 설립한 기독교계 사립대학이다. 현재도 4천여 명의 학생이 등록하고 있는데, 특히 35개국에서 온 외국인 학생들이 500여 명에 이른다. 아마 이런 영향으로 이정용 박사도 이 학교에서 공부하게 된 것이 아닐까 추측하게 된다. 환경, 안전, 건강 관련된 학과들로 유명하다. 수의대를 가고자 하는 학생들이 선호하는 프로그램이 있다고 한다.

방학 때면 일하면서 공부할 수 있었습니다. 일하러 갈 때는 자전거를 타고 다녔습니다.

소명 체험과 신학교로

이른 봄 목사님 집에 있을 때였습니다. 자꾸 이상하게도 어머님이 나타나고, 꿈을 꾸고 하던 경험이 있었습니다. 어머님이 나타나기도 했고, 하나의 교회의 이미지가 나타나기도 했습니다. 천사가 나타나서 불렀습니다. 꿈이기도 하고, 어떻게 보면 비몽사몽간에 고민과 번민을 한 것입니다. 한 3일 정도를 계속해서 잠을 통 못 잤습니다. 이것을 지금 생각해 보면 하나의 소명(calling)입니다. 꿈이라기보다도 비몽사몽간에 고민을 계속했다고 할 수 있습니다. 그러다가 이것이 소명이라는 것이 느껴져서 목회를 해야겠다고 결정을 하게 되었습니다. 신기한 것은 그렇게 결정을 하고 나니까 씨름하던 것들이 깨끗하게 다 사라지게 되었습니다. 학교에 가서 지도교수에게 이야기하니 기독교 학교였지만, 한 번 더 생각해 보라고 했습니다. 이 경험이 계기가 되어서 소명을 확인하고 신학교를 가겠다고 결단을 하게 되었습니다. 그렇지만 모든 것이 쉽게 풀린 것은 아닙니다. 오히려 소명을 확인한 다음에 일들이 더욱 꼬여갔습니다.

그다음에 오벌린(Oberlin)대학에서 있었던 회합(conference)에 참여해서 자문(consultation)을 받았는데, 신학교를 가지 말라고 했습니다. 신학 분야로의 진로 설정(orientation)이 잘 안 되어 있다고 했습니다. 그때 대학원을 가려고 뉴욕의 컬럼비아(Columbia)에 지원해서 입학 허가를 받은 상태였습니다. 그렇기 때문에 뉴욕에 있는 유니온신학교

(Union Seminary)를 알아보라는 제안이 있어서 그 학교에 편지를 썼습니다. 유니온신학교에서는 자격이 안 되어서 입학을 받아줄 수 없다는 편지를 받았습니다. 학부에서 신학을 위해서 한 것은 철학도 안 했고, 종교에 대한 과목을 하나를 들은 것뿐이었습니다. 그렇기 때문에 목사가 되려고 신학교에 오는 것을 추천할 수 없고, 받아줄 수도 없다고 하니 너무도 실망이 되었습니다.

그때 잠시 그 집에서 살았던 목사님께 말씀을 드렸습니다. 신학교를 가고 싶은데 받아주는 곳이 없을 것 같다고 솔직하게 말씀을 드렸습니다. 그랬더니 자신이 다녔던 신학교에 지원해 보라고 해서 개렛신학교(Garret Evangelical Theological Seminary)[2]에 편지를 쓰게 되었습니다. 그 학교의 총장은 제가 쓴 지원 에세이(statement)를 읽고 감동을 받아 입학을 허가해 주었고, 아주 환영했습니다. 총장이 장학금을 주고, 또 채플린이 10명을 뽑는 십자군 장학금(crusade scholarship)을 받게 해 주었는데, 은인이 되어 도와주었습니다. 개렛신학교에 오니까 학교가 아담하고 좋았습니다. 목회자 양성을 주로 하는 신학교니까 오히려 잘된 것입니다. 개렛신학교를 간 것은 지금 생각해도 참 잘했던 선택이라고 생각합니다.

그때 핀들레이대학의 총장이 추천서를 써 주었습니다. 이분이 신학 쪽을 잘 모르니까 3년을 공부해야 한다고 했더니 그러면 박사 과정(Ph.

---

2 1853년에 세워진 중서부의 최초의 미연합감리교 신학대학원이다. 노스웨스턴대학교(Northwestern Univ.)를 세웠던 이들이 함께 세운 학교였다. 처음에는 고등교육에 대한 감리교인들의 반대와 의심도 있었지만, 고등교육에 헌신했던 감리교 전통을 보여준다. 이 학교는 성경학교, 직업학교, 신학교가 연합해서 이루어진 신학대학원이다. 흑인, 여성 교육에 헌신한 전통이 강하다. 흑인 신학자였던 제임스 콘(James Cone)은 이정용 박사와 함께 공부한 동료였다.

D.)으로 받아주라고 추천서를 쓴 것입니다. 그러면서도 총장은 자꾸 신학교를 가지 말라고 조언해주었습니다. 제가 그냥 화학을 계속 공부하는 것이 좋겠다고 했습니다. 그렇지만 저는 소명을 받았기에 개렛신학교로 가게 되었습니다.

한국에 아버님, 형님에게 편지 썼더니 목사가 되려 한다고 반대하셨습니다. 그때는 신학교를 제일 낮은 학교로 생각했습니다. 신학교는 다른 대학을 다 떨어지고 공부를 못하는 사람들이나 가는 것으로 생각했습니다. 아버님은 기독교인도 아니니까 더욱 반대를 하셨습니다. 나중에 형님에게서 편지가 와서 아버님이 마지막인데, 아직 늦지 않았으니 아버님께 편지를 드려서 화해하라고 했습니다. 그렇지만 저는 그렇게 할 수가 없었습니다. 집이랑 완전히 떨어지게 된 것입니다. 즉, 어떤 단절을 경험하게 된 것입니다. 사실 이 과정이 얼마나 외롭고 힘들었는지 모릅니다. 그렇지만 제가 소명을 확인하고 결정한 길이기에 어쩔 수가 없었습니다.

신학교에서 배운 화해의 길

한번은 개렛의 하워드 채플에서 기도하고 고단해서 잠을 잤는지 잘 모르겠습니다. 같은 방을 함께 쓰던 친구들 세 명이 저를 데리고 온 적도 있었습니다. 그 친구들이 "너 뭐라고 자꾸 말하곤 했다"고 했습니다.3 친구들은 그 당시에 대부분이 과학을 공부했던 사람들이었습니다.

---

3 이 부분은 무슨 일이 일어났는지를 정확하게 묘사하지는 않으셨다. 일종의 트랜스 상태에 빠져서 기도하셨던 것은 아닌지 짐작할 뿐이다. 방언으로 기도했던 것은 아닌지 하는 질문을 할 수도 있다.

2차대전 후에 자기 뜻을 찾기 위해서 무엇이 인생인가를 묻다가 치과를 공부하던 사람들, 위스콘신에서 기계공학을 전공한 엔지니어, 화학을 전공한 엔지니어 등등이 신학교를 온 것입니다. 저랑 아주 가깝게 늘 함께 다니곤 했던 일본인 3세도 있었는데, 이 친구는 화학을 전공했으며, 스탠퍼드 출신이었습니다. 나랑 같이 다니면서 노스 웨스턴의 기술 연구소가 있는데 냄새가 난다고 하면서 자신이 가지고 있는 지식을 은근히 자랑했습니다. 스탠퍼드를 나왔고, 그만큼 자기가 안다는 것을 드러내고 싶어 했습니다. 저는 그런가 보다 했고, 스탠퍼드가 좋은지 나쁜지도 그때는 잘 몰랐습니다. 그 당시는 신학교를 온 사람들 대부분이 과학이나 의학을 공부하던 분들이 많았습니다. 그때 공부하면서 철학을 한 과목 들어야 했는데, 노스 웨스턴에서 들었습니다. 주로 언어 분석하는 것이었습니다. 필수과목이기 때문에 택했을 뿐이고, 신학을 위한 철학이었지 다른 것은 아니었는데, 사실 본격적인 철학 공부도 아니었습니다.

마지막 졸업하기 전에 입학 담당 디렉터(Admission director)였던 교수에게서 윤리(ethic) 과목을 필수로 들어야 했습니다. 그런데 그분 과목을 택하지 말고 시카고로 가서 공부하라는 소문이 있었습니다. 그런데 시카고에 가서 수업을 택하면 거의 하루 종일이나 걸립니다. 그래서 저는 그냥 그 교수님의 과목을 택했습니다. 강의하고 시험을 치는데, 케이스 스터디였습니다. "만일 어떤 사람이 총을 가지고 들어왔다고 하면 총을 쏘겠냐, 안 쏘겠냐?"에 대해 에세이를 쓰는 것인데, 이런 것은 어떻게 쓰든 보통은 다 통과시켜 주는 것입니다. 그런데 의외로 저는 페이퍼에 F를 받았습니다. 그때는 학생회도 없고, 항의를 할 수 있는 여건이 안 되었습니다. 찾아가서 왜 F를 주었냐고, 내가 쓴 답안지를 읽어보라고 했습니다. 교수는 단어도 스탠더드가 아니고 여러 이유를 말했지만 도저히 이해가 안 되었습니다. 그분이 설명해 준 것은 사실 페이퍼랑 아무 관계가 없는 것이었습니다. 다음 페이퍼는 D+를 주었습니다. 그래서 그 학기 전체 평점이 D가 되었습니다. 그때 조직신학 분야는 이 윤리 과목 이외에는 모두 (straight) A를 받았습니다.

다음 학기에 또 그 과목을 다시 택해서 재수강을 했습니다. 거의 똑같은 강의였습니다. 문제도 똑같았습니다. 그래서 나도 똑같이 에세 이를 냈습니다. 그런데 다시 똑같은 점수를 받게 되었습니다. 우리 학교 는 미시간호수 바로 옆에 있었습니다. 막상 두 번이나 D 학점을 받게 되니 사실은 얼마나 절망이 되었는지 모릅니다. 신학교에 있을 맛이 안 났습니다. 미시간호수에 물이 들어왔을 때 달빛 가운데서 깊은 고민 과 번뇌를 하게 되었습니다. 그렇지만 그때 그 경험을 통해서 나는 어떤 깨달음(enlightenment)을 얻게 되었습니다.

가만히 생각하니 신학교에 점수를 받으러 온 것이 아니었습니다. 그런데 학교에 오게 되면 이상하게 점수에 얽매이게 됩니다. '부름을 받아 목회하러 여기에 왔는데, 이것 때문에 절망하냐?'고 자문자답을 하면서 안 되겠다고 결단하게 되었습니다. 모든 것이 하나님의 은혜라 는 것을 깨닫고 보니 이상하게도 감사하는 마음이 제 속에서 생겼습니 다. 그 교수를 만나고 싶었습니다. 그런데 만날 수가 없었습니다. 사실 만나서 나는 감사를 드리고 싶었습니다. 모든 것이 은혜(Grace)라고 생각하게 된 것입니다. 감사하기 위해서 만나려고 하는 것인데, 그 교수 가 자꾸 피해서 만날 수가 없었습니다.

D 학점을 받았어도 괜찮다고 생각하게 되었습니다. 그 교수를 만나 려고 계속 시도했는데, 한번은 저쪽으로 그분이 왔습니다. 교수는 계속

피하고 좀처럼 말을 하려고 하지 않았습니다. 그러나 막상 만나서 직접 말을 했더니 모든 것이 달라졌습니다. "인간은 적으로 생각하지만, 직접 만나보면 그런 것이 없다"고 한 형님의 말을 떠올리게 되었습니다. 그 교수님과 이야기를 나누면서 새로운 관계를 시작하게 되었습니다. 자기도 고의로 그렇게 했으니 양심이 있으니까 미안한 점이 많았던 것입니다. 이분과 화해를 한 것이 내게 많은 도움을 주었습니다.

이분과 화해를 할 수가 없다면 나는 목사가 될 자격이 없다고 생각했습니다. 그래서 화해를 했던 것입니다. 그 후로 그분이 모든 것이 변했다고 합니다. 그 후에 그분 밑에서 공부했던 분들이 그렇게 말했습니다. 졸업식을 할 때 그 교수는 제 옆에 앉아 있으면서 정말로 가까운 친구가 되어 주었습니다. 그 후에 외국인 학생들에게도 잘해 주는 분이 되었다고 합니다. 이것이 마지막으로 화해하게 된 신학교 때의 경험입니다.

도서관 사서와의 인연과 도서관학 공부

신학교에 있으면서 도서관에서 계속해서 일을 했습니다. 책을 수리하고, 카탈로그를 만들었습니다. 그때 도서관의 사서 가운데 한 분이 저를 좋아해서 좋은 관계를 맺게 되었습니다. 이분은 저에게 목사는 골치만 아프니까 도서관 사서가 되는 것이 괜찮을 것 같다고 자꾸 권유했습니다.

이분이 저랑은 상의도 하지 않고 릴리 재단(Lilly Foundation)에 장학금을 신청해서 1,000불의 장학금을 받아 주었습니다. 그때 그 돈이면 1년 동안 충분히 공부하고 살 수 있는 돈이었습니다. 그는 도서관학을 하라고 했습니다. 그래서 오하이오의 클리브랜드에 있는 케이스 웨스턴대학교(Case Western University)에서 도서관학을 공부하게 되었습니다. 시카고대학교를 가게 되면 2년이 걸려서 그 학교를 가게 되었습니다. 이것이 제게는 행운이었는데, 그때가 도서관학에서 컴퓨터 시스템(computer system)을 막 도입하는 시기였습니다. 그 학교에는 이 분야에 전문적인 교수가 있었습니다. 교회를 맡아서 목회를 하면서 1년 만에 도서관학 석사를 끝마치게 되었습니다.

그때 그 학교에서 경제학을 공부하던 한국 친구가 한 분 있었습니다. 저랑 함께 있자고 자꾸 강청을 했습니다. 그래서 이분이랑 함께 아파트를 쓰게 되었습니다. 그런데 이 친구가 한국에서 돈이 안 온다고 자꾸 등록금을 빌려 달라고 했습니다. 저는 그때 받은 장학금이 있고 해서 빌려주었습니다. 나중에 이분이 강의를 한다고 해서 꿔준 돈을 갚으라고 하니까 딱 잡아떼면서 없다고 안 주었습니다. 그런 일도 있었습니다. 제가 너무 순진했던 것입니다.

목회의 길로 — 고난과 차별

그때부터 오하이오의 클리블랜드(Cleveland)에서 목회를 하게 되었습니다. 열 교회가 도심목회협의회(Inner city council)를 구성해서 함께 일을 했습니다. 봉급은 거의 못 받고 받은 파송이었습니다. 그때 헤이즌 워너(Hazen Graff Werner)[4] 감독이 한국에 대한 관심이 많아서 자주

---

4 헤이젠 워너 감독은 미시간의 디트로이트 출신으로 1924년에 목사 안수를 받고 지역 교회 목회를 했고, 드루에서 실천신학 교수도 했으며, 1948~1964년까지 오하이오 연회의 감독으로 있었고, 1964~1968년은 홍콩과 대만의 교회를 관할하는 감독으로 섬겼다.

만나게도 되었고, 크리스마스 때는 초청해 주어서 함께 보내곤 했습니다. 그분이 있을 때에 연회에 정회원이 되어야 했는데 문제가 많이 생겼습니다. 지금으로 본다면 인종차별(racism)입니다. 자격은 다 되는데 안수심사위원회(Board of Ordained Ministry)에서 통과를 시켜주지 않는 것입니다. 실질적으로 감독이 파송을 하려고 해도 받아줄 곳이 없기 때문에 생기는 문제였습니다. 자격은 다 되는데 연회의 정회원으로 받아줄 수는 없다고 하는 것입니다.

안수심사위원회에서 인터뷰를 잘 하고 모든 것이 다 통과되었습니다. 정회원 안수를 받을 수 있는 자격은 다 되는데도 안수를 줄 수 없다는 것입니다. 파송할 교회가 없기 때문에 안수를 주고 정회원으로 받아줄 수 없다는 것입니다. 안수심사위원회 의장이 그러면서 "너도 알지 않느냐?"(You know)라고 말했습니다. 그래서 제가 단도직입적으로 물었습니다. "내가 동양인이라(Yellow) 그러느냐?" 사실은 그렇다는 것입니다. 감독이 파송을 해야 하는데 할 수 없기 때문에 안수(ordination)만 받고, 정회원(membership)은 될 수 없다는 것입니다.

그 해 오하이오 연회에서 워너 감독이 한국의 유형기 감독을 초청했습니다. 워싱턴의 주재 감독하고 워너 감독이 저를 보고서 한국에서 와서 처음 연회 정회원이 된다고 유형기 감독에게 자랑을 했습니다. 그래서 제가 목회안수위원회에서는 그렇게 말하지 않는다고 대답했습니다. 감독이 파송을 책임을 져야 하기 때문에 교회를 맡는다고 주장하지 말고, 그냥 일단 정회원으로 들어오라고 했습니다. 걱정하지 말고 다시 가서 말하라고 감독이 저에게 말했습니다. 그래서 안수위원회 의장을 찾아가서 감독이 이렇게 말씀하셨으니 재고해 달라고 요청했습니다. 목사안수위원회 의장이 5분 만에 찾아와서 그렇게 하자고 "오케이, 오케이" 했습니다. 그렇게 해서 이런저런 우여곡절 끝에 안수를 받고, 연회 정회원으로 들어가게 되었습니다.

유형기 감독이 제가 목회하던 교회에 오셔서 설교를 하신 적이 있었습니다. 저는 한국에 가서 목회를 하는 꿈이 있었습니다. 한국에 가서 목회할 생각이 있다고 했더니 "한국 나가서 뭐를 하겠어? 너, 정신 나갔니? 그런 생각은 하지도 말고 여기 있어. 그게 훨씬 나아. 내 말 듣고 꼭 여기 있어라."

유형기 감독은 평안도 분이고 저보다 나이가 굉장히 많으셨습니다. 그 당시 사정에서 한국에 간다는 것을 종합적으로 볼 때 추천할 수가 없었던 것입니다. 자녀들의 교육 문제도 쉽지 않고, 한국의 여건을 볼 때 도저히 가보라고 추천할 수가 없으셨던 것입니다. 그렇지만 목회에 대한 열정으로 소명을 받고 살던 저에게는 감독님의 말씀이 여간 충격적인 것이 아니었습니다. '감독님이 어떻게 저렇게 말씀하실 수 있는가' 하는 생각이 들기까지 했습니다. 솔직히 말하면 저는 너무너무 낙담이 되었습니다. 저는 한국에 가보려고 생각했는데 그것도 안 되고, 파송을 받아야 하는데 클리블랜드 가서 목회를 하면서 파송해달라고 했는데도 잘 안되었던 것입니다. 그래서 도서관학으로 대학원을 해버리고 말았던 것입니다. 이렇게 제 인생은 제가 의도하지 않았던 방향으로 진행이 되는 경우가 많았습니다.

안수를 받은 다음에 파송을 요청했더니 감리사가 좋은 자리가 있다고 전화를 했습니다. 그런데 목회 자리가 아니고, 큰 대학 교회(University UMC)의 청소원(janitor) 자리였습니다. 사실은 교회에서 건물을 관리하는 자리라는 것입니다. 그래서 지금도 그런 일은 할 수 있었습니다. 좋게 생각하면 목회자의 봉급을 주면서 미국 교회 경험을 하게 하려는 의도였다고 할 수 있습니다. 그렇지만 저는 신학을 공부하고, 안수를 받고, 복음을 전하는 목사가 되려고 한 것인데 그런 자리(position)로는 갈 수 없다고 대답했습니다. 그렇지만 지금 다시 돌아보면 제가 후회를 많이 하게 됩니다. 그때 그 자리로 갔다면 더 많이 배울 수 있지 않았겠나 하는 생각을 지금도 합니다. 사실 그때는 목사를 해야 하고, 목사가 되어서 교회를 담임해야 한다는 것밖에는 다른 것을 잘 몰랐습니다.

그 당시에는 대부분의 목사들은 백인들이었습니다. 동양인은 나 하나였습니다. 만날 때마다 "언제 한국에 가냐?"(When are you going back to Korea?)고 늘 그렇게 물었습니다. 한 번은 내가 너무 화가 나서 선교사가 한국에 오면 우리들은 그렇게 묻지 않았다고 대답을 했습니다. 다음부터는 나오지도 않겠다고 했더니 그렇게 물었던 목사 얼굴이 빨갛게 되었습니다. 그 후로는 저에게 인사를 하지도 않았습니다. 조그만 교회가 나와서 결국에는 파송을 정식으로 받게 되었습니다. 작은 교회였지만, 역사가 오래된 교회였습니다. 담임 목사가 아프리카로 선교사로 떠난 교회였습니다. 그 교회에 감독이 저를 정식으로 담임목사로 파송하게 되었습니다.

파송 받은 목회의 길 ― 무위(無爲)의 리더십

교인들이 "우리가 목사님을 이해하도록 노력하겠으니, 걱정하지 마십시오"(We try to understand you. Don't worry)라고 하면서 저를 받아 주고 환영해 주었습니다. 그 교회에서 3년을 목회를 굉장히 열심히 했습니다. 거기 있는 분들은 대부분 가난한 사람들이었습니다. 원래는 스웨덴인들이 모인 교회였고, 100여 년 역사가 되는 교회였습니다.5

교회 나오는 사람들은 한 스무 명에서 삼십 명 정도 되는 교회였습니다. 교회가 위치한 그 지역 사람들은 나오지도 않고, 그 지역 사람들을 전도할 생각도 안 했습니다. 도시가 변하니까 교인들이 교외로 나간 도심 지역이었습니다. 제가 목회를 시작하고 조금 지나서 교회가 위치한 지역에 있는 사람들을 전도하자고 했더니 좋다고 할 수 있으면 하자고 그렇게 말했습니다.

저는 사실 아침 먹고, 길가에 나가서 왔다 갔다 했습니다. 또 들어와서 점심을 먹고 다시 길가에 나가서 왔다 갔다 하면서 소일을 했습니다. 물론 제가 결혼도 하기 전이었습니다. 그 옆에는 비료 공장이 있는데, 돌아다니면서 동네 모든 사람을 알게 되었습니다. 조금 익숙하게 되니 저에게 "무엇을 하느냐?"고 물었습니다. 목사라고 했더니 처음에는 다 이상하게 봤습니다. 우리 교회에서 예배가 있고 미팅이 있으니 오라고 초청을 했더니 관심이 있는 사람들이 나오곤 했습니다. 길거리를 다니면서 관계를 맺게 되니 아이들과 친구가 되었습니다. 그리고 그 아이들이 교회에 나오기 시작했습니다. 아이들이 나오니 부모가 교회를 따라 나오기 시작했습니다. 성탄 때에 많은 분이 나와서 교회 지하실이 다 차고도 넘쳤습니다.

---

5 사실 미국 교인들과도 조금만 이야기를 해 보면 이민 온 분들의 자녀들이란 것을 알 수 있다. 부모님들이 비밀 이야기를 할 때는 독일어로 이야기를 했다는 교인도 있었다. 영국에서 직접 이민 와서 미국에서 사신 교인도 있었다. 런던, 파리에서 살던 이야기를 하시는 교인들을 심방한 적도 있었다. 이 박사님이 처음 담임했던 교회는 스웨덴 이민자들이 세운 교회였고, 클리브랜드 도심이 공동화되면서 대부분이 교외로 이사를 나갔던 교회였던 것이다. 이 박사는 도심을 떠나지 못했거나 다시 도심으로 들어온 교회 주위에 사는 이들과 관계를 맺으면서 그들을 교회로 전도한 성공적인 목회의 모델을 만들었던 것이다. 지금은 이제 미국 교회에 파송을 받아서 많은 한국 1세 목사들이 목회하고 있지만, 이런 성공적인 목회를 감당하는 것은 쉽지 않다.

하루는 술에 취한 한 사람이 들어와서 냄새가 지독하게 났습니다. 한 평신도가 저에게 와서 목사님이 이 사람을 내보내라고 요청했습니다. 저는 그렇게 못한다고 대답을 했습니다. 이런 사람들을 위한 교회인데 "어떻게 내가 이분을 내보낼 수가 있느냐?"고 오히려 제가 반문을 했습니다. 우리가 그렇게 할 수가 없다고 했습니다. 피아니스트도 열심히 하고, 교회가 점점 부흥이 되어서 차기 시작했습니다. 그렇게 하다 보니 동네 사람들을 제가 거의 다 알게 되었습니다.

교회 앞에 술집으로 사용되는 건물을 사자고 제안했습니다. 교육관이 필요하게 되었기 때문입니다. 감리사에게 이야기하니 연회에서 반을 지원해 주기로 했습니다. 그래서 그 건물을 사게 되었습니다. 교회에 건축가도 있고, 평신도 지도자들이 서약헌금(pledge)를 해보자고 했습니다. 어느 주일 아침에 설교하고 교육관을 사기 위해서 작정헌금을 하자고 했더니 대부분의 교인들이 다 서약해서 예상했던 금액 이상이 단 한 번의 헌금으로 나왔습니다. 그때 그 교회에서 제가 목회를 계속했어야 한다는 생각을 가끔 하게 됩니다.

그렇지만 감리사가 저를 그렇게 좋아하지 않았습니다. 교회는 사례비도 올려주려고 해도 별로 그런 방향으로 이끌지를 않았습니다. 3년 후 나갈 때에 그 주위에 한국 사람들도 이따금 우리 교회에 나왔습니다. 한국교회가 필요하다는 그런 생각도 했습니다. 그때만 해도 중북부 지역에는 한인 교회가 시카고한인제일교회 한 교회밖에 없던 시절입니다. 그 교회에서 목회를 3년 했을 때 하워드대학(Howard University)6에서

---

6 1867년 설립된 흑인 대학으로 어떤 흑인 대학보다 많은 120개가 넘는 학과를 갖고 있는 연구 중심 대학이다. 남북전쟁 후에 흑인 목회자들을 교육하기 위해 세워졌으며, 학교를 세우는 프로젝트를 진행하면서 대학까지 포함하게 되었다. 남북전쟁의 영웅

임시 사서(acting librarian)로 오라는 제안을 받았습니다. 그때는 젊었고, 여러 경험을 하고 싶었기 때문에 워싱턴으로 가고도 싶었고 해서 그 제안을 받아들였습니다.

제가 떠나면서 구역회의(charge conference)[7]를 열게 되었는데 교인들은 제발 더 있어 달라고 했습니다. 그 교회가 처음으로 부흥하는데, "목사님이 계속 있어 달라"고 요청을 했습니다. 딴 목사님이 오면 어떻게 되겠냐고 했습니다. 교인들이 "목사님은 한 마디로 이거 하라, 저거 하라고 하지 않았지만, 목사님이 원하는 것을 저희가 하게 되었습니다"(We did everything that the pastor wanted to do without saying a word) 라고 그렇게 말했습니다. 교인들도 이구동성으로 그것을 인정해 주었습니다. 부족했지만 제가 무위(non-doing)의 리더십을 발휘했던 것은 사실입니다.

제가 떠나기 전에는 교회의 성격이 완전히 달라졌습니다. 성가대 지휘자가 피아니스트도 하고 혼자 다 했는데, 정말로 열심히 했습니다. 어린이 설교도 평신도가 맡아서 했습니다. 사실 저도 고생도 많이 하고, 인종차별도 많이 경험했습니다. 가정에서 문제가 생기면 찾아가기도 했습니다. 유혹(temptation)도 있었고, 제가 아끼던 초등학교, 중학교

이고 총장이었던 설립자 하워드(Oliver Otis Howard) 장군의 이름으로 학교 이름을 명명하게 되었다. 공교롭게도 하워드는 백인이었고, 나중에 1926~1960년까지 모르드개 존슨(Mordcai Wyatt Johnson) 박사가 최초의 흑인 총장이 되었다. 학생 수가 현재 12,000명 정도가 된다.

7 구역회의는 감리교회에서 각 개체교회의 일 년 단위로 열리는 행정을 처리하는 중요한 회의이다. 임원 임명, 유급 직원들의 봉급, 예산 결산 등의 보고와 처리 등이 이루어진다. 감리교회는 위원회(목회협력위원회, 재단이사회, 재정위원회) 제도이기 때문에, 주로 위원회 책임자들이 모인다. 장로교회의 당회(堂會)에 해당한다.

학생들이 많았습니다. 이 학생들이 학교에서 연극을 한다고 저더러 꼭 와야 된다고 초청을 했습니다. 간다고 약속을 했습니다. 그 행사가 있는 날 학교까지 서너 블럭을 걸어서 가게 되었습니다. 점심시간이 끝나는 시간이었습니다. 학교에 가까이 가니까 학생들이 점심을 먹고 오다가 "중국 놈이 온다"(China man is coming out)라고 하면서 야단을 쳤습니다. 가만 생각해 보니 내가 목사인데 내가 가서 조롱거리가 되면 우리 학생들에게 차라리 가지 않는 것이 좋겠다는 생각이 들었습니다. 그래서 가다가 그냥 돌아온 적이 있었습니다. 물론 60년대 초였으니까 이제는 아주 옛날이야기가 되었습니다.

워싱턴에 오다 ― 한국농촌 목회자 평생교육 지원재단 설립

그렇게 아쉬웠지만 교회를 떠나서 하워드대학의 사서로 워싱턴에 왔습니다. 막상 워싱턴에 와 보니 오하이오와는 분위기가 많이 달랐습니다. 하워드는 흑인 대학이었는데, 이 대학에 와서 저는 참 좋은 경험을 많이 했습니다. 무엇보다도 흑인들과 잘 지냈습니다. 교수들과도 잘 지냈습니다. 중앙 도서관(main library)에서 일을 해달라고 했습니다. 학교에 오게 되니까 제 마음속에 공부를 하고 싶은 마음이 생겼습니다.

그때 제가 워싱턴이 있으면서 한국의 농촌 목회자들의 평생교육을 지원하는 재단(Fund for continuing education for Korean Ministers)을 만들게 되었습니다. 한국의 농촌 목회자들의 교육을 지원하기 위해서 모금하고 정기적으로 지원하는 목적의 재단이었습니다. 그때 저를 도와주는 앤더슨 박사(Dr. Anderson)와 맥 케이 박사(Dr. McKay)의 인증 (endorse)을 받아서 그 지역에서 유명하다는 분들의 지원으로 재단

(foundation)을 정식으로 등록하게 되었습니다. 일을 하려고 하니 은인들이 나왔습니다. 그분들 가운데는 변호사도 있었고, 이따금 한국에도 나가서 도와주었고, 목사님들과 평신도들을 모아서 이사회(board)를 만들었습니다. 재단을 잘 설립해서 한국으로 정기적으로 돈을 보내게 되었습니다.

건국대 국문학과 교수가 된 분이 있었는데 이기용 교수였습니다. 하버드대학과도 관계가 있었고, 아버님의 유언도 있고 하니 이 일은 자기가 재단 일을 맡아야 한다고 했습니다. 아버님의 유언을 따라 나보고 편지도 써 달라고 해서 며칠을 고생해서 도와주기도 했습니다. 그때에 핀들리에 있을 때 만났던 이원설 씨도 재단 일을 맡고 싶어 했습니다. 그분은 가 보면 성경을 갖다 놓고 그 태도가 정말로 기독교인 같았습니다. 제가 케이스 웨스턴대학(Case Western University)에서 공부할 때도 함께 공부했던 인연이 있었습니다. 이분이 맡았으면 잘했을 것이라는 생각도 합니다.

한국에 나갔을 때 저는 그 재단의 지원을 받는 사람들을 실제로 만나 보기를 원했습니다. 그 혜택을 받는 사람을 보고 싶다고 했더니 농촌인데 가기도 어렵고, 꼭 볼 필요가 없다고 했습니다. 서울에 와서 보니까 그 일을 하던 분이 자기 집을 산 것을 보니 이 사람이 돈을 유용했다는 것을 알게 되었습니다. 미국 사람에게 뭐라고 할 수도 없었습니다. 차라리 이원설 씨를 믿고 주었으면 좋지 않았을까 하는 생각도 해 봤습니다. 그분은 클리블랜드에서도 갈보리 교회 땅을 사기도 했습니다. 저는 그때까지만 해도 사람들의 본성을 너무도 몰랐던 것 같습니다.

한국에서는 감신대를 나오고, 세종대학 학장을 하기도 했던 분이 있었습니다. 제가 하워드에서 보스턴으로 공부하러 가게 되고 하니 그분에게 이 재단의 일을 맡겼습니다. 돈이 들어오게 되면 한국에 보내야 했습니다. 이분은 웨슬리신학교에 들어가 공부하면서 돈을 보내겠다고 했습니다. 제가 결혼식을 하고 축의금으로 들어왔던 몇천 불을 전부 다 이 재단에 기부를 했습니다. 그 당시에는 큰돈이었습니다. 한국에 보낸다고 체크가 있는데, 저에게 사인하라고 해서 물러났으니 이제는 당신이 하라고 했습니다. 그분은 그래도 아직 그렇게 하지 않겠다고 했습니다. 그런 것이 다 일종의 올무였습니다. 자기는 자기 맘대로 할 수 없다고 하면서 나중에는 저를 비난하는(accuse) 근거가 되었습니다. 그 사람은 나중에 세종대 학장도 했습니다. 그분은 재단의 한 이사(board member)가 돌아가셨을 때 미국까지 왔습니다. 그분은 아버지도 없고, 어머니도 없다고, 그 돌아가신 분을 아버님(daddy)이라고 불렀습니다. 저는 그분의 장례식에는 못 갔습니다. 그래도 그분이 나중에는 성숙해진 것 같았습니다. 그분이 처음으로 신세를 많이 졌다고 하면서 한국에 나오면 대접하고 싶다고 그랬습니다. 이 재단은 제가 정성과 헌신을 많이 드렸던 곳인데 제 손을 떠나니 잘되지 않아서 안타까웠습니다.

워싱턴에 있을 때 마틴 루터 킹 주니어가 제게 많은 영향을 주었습니다. 워싱턴 백만인 행진은 정말 감동적인 행사였습니다. 그해 여름은 날씨도 너무 좋았습니다. 같이 행진하고, 마지막에 마틴 루터 킹이 연설을 했습니다. 그분은 정말로 매력이 넘치는 인물(charismatic person)로 깊은 감명을 주었습니다.

그 후에 제가 일하던 하워드대학에 보스턴대학교의 입학 담당자(admission director)가 방문했습니다. 그분이 아는 사람이 없고 해서 제가 그분의 일정을 영접하게 되었습니다. 여러 이야기를 나누면서 이분이 보스턴에 와서 공부할 생각이 없느냐고 물었습니다. 저는 원래 목회 자리로 돌아가려고 생각하고 있었습니다. 다만 1년 동안 신학석사(Sacred Theological Master) 공부하고 싶다고 하니 성적이 어떠냐고 물었습니다. 윤리학(ethics) 외에는 성적은 좋다고 하니 그것은 이해만 시키면 문제될 것이 없다고 말했습니다. 모든 것이 인연이었습니다. 보스턴 신학대학원8의 하워드 헌터(Howard Hunter)라는 분이 저를 인정해 주었습니다. 석사학위만 하나 더 하고 목회로 돌아간다고 생각했었습니다. 보스턴의 신학대학원의 디 위프 교수가 굉장이 리버럴하고 교과서도 쓰고 하신 분인데, 석사만 해서 뭐하겠냐고, 박사 과정(Ph. D)을 하라고 권유를 했습니다. 학교에 오니 공부하고 싶어서 그럼 박사 과정(Ph. D)으로 가겠다고 했습니다.

결혼과 보스턴신학대학원에서의 박사 과정

공부는 나름대로 잘할 수 있었습니다. 논문들도 나름대로 괜찮게 썼습니다. 그래서 박사 과정으로 직접 올라가게 되었습니다. 1년을 마치고, 오하이오에 교회를 맡아서 일단 돌아왔습니다. 그때 결혼을 하게 되었습니다. 제 아내의 고모부님이 저희 형님하고 한국전력에서 함께 일을 했었습니다. 제 아내의 고모부님은 한국전력에서 재정부장을 맡고 있었고, 저희 형님도 한국전력에서 비슷한 직급에서 일하셨습니

---

8 정식 명칭은 Boston University School of Theology이다. 13개 미연합감리교회 신학교들 중의 하나이다. 1839년에 세워졌으며, 처음에는 성경학교에서 시작되었다. 침례교인인 마틴 루터 킹이 공부하고 박사학위를 받은 것으로도 유명하다. 보수적인 침례교 출신인 마티 루터 킹이 인권운동을 할 수 있었던 배경은 바로 감리교의 전통 속에서 훈련되었기 때문일 것이다. 감리교는 사회적 성화를 지향하기 때문이다.

다. 두 분 사이에 이야기를 하면서 저희들 결혼 문제에 대한 의논이 있었습니다. 형님에게서 연락이 와서 아내를 만나게 되었고, 결혼을 하게 되었습니다. 1965년에 결혼을 하고, 오하이오에 큰 교회의 부목으로 가게 되었습니다. 좋은 기회가 되었는데, 1,500명 정도 모이는 교회의 부목사로 파송을 받아서 일하게 되었습니다. 그때는 큰 교회들이 많았습니다. 1년 동안 일하면서 사실 차별을 많이 받았습니다. 제게는 교인들은 괜찮았는데, 항상 목사님들이 문제였습니다.

그 담임 목사는 조금만 무슨 일이 있으면 저에게 책임을 지게 했습니다. 제가 설교할 때 사람들이 많으면, 사람들이 호기심이 있어서(curious) 그렇다고 합니다. 이분은 그런 것에 굉장히 민감했던 분이었습니다. 어떻게 보면 이분은 인격이 도저히 목사라고 할 수가 없었습니다. 미국 목사들이 한국교회에 대해서 별로 좋지 않게 말하기도 했습니다. 저는 심방을 주로 하고, 설교는 한 달에 한 번만 했습니다. 심방을 많이 시켰는데, 심방할 때도 딱 두 부류로 갈라서 하라고 지시를 했습니다. 이 사람들은 세 번, 네 번 가야 한다고 했습니다. 그때 제가 이분을 알아보게 되었습니다. '이분은 정말로 형편없는 목사구나' 그렇게 생각하게 되었습니다. 그분은 모든 것을 비즈니스식으로 생각하는 분이었습니다. 그러더니 이분은 정말 1년을 마치고는 목회를 완전히 떠났습니다.

저는 다시 공부하러 보스턴으로 오게 되었습니다. 아내가 매사추세츠 주립대학의 실험실에서 일을 하게 된 덕분에 저는 전적으로 공부에만 전념을 할 수 있어서 코스워크를 빨리 마칠 수가 있었습니다. 등록금의 차이가 많아서 도저히 철학 박사 과정(Ph. D)을 할 수가 없어서 신학대학에 소속된 신학 박사 과정(Th. D)으로 전과를 하게 되었습니다. 사실 공부하는 것은 똑같았습니다. 언어 시험을 위해서 하버드에서 여름

언어학교를 마치고 종합시험을 마쳤습니다. 이런 모든 과정을 1년 반 만에 다 끝냈습니다. 그리고 학위 논문도 빨리 끝낼 수 있었습니다. 그러니까 졸업하려면 시간이 남아서 직장이 필요했으니까 브라운 책 출판사에서 일을 하게 되었습니다. 육체 노동자로 일을 한 것입니다. 책을 나르고, 노동자들하고 같이 일을 했습니다. 그분들이 하는 말, 행동은 제가 살던 세계와는 전혀 달랐습니다. 5개월 동안 그분들과 어울려서 노동을 했습니다. 짱꼴라가 와서 일한다는 말도 들었지만, 많이 배웠습니다. 어떤 책은 잘 나가고, 어떤 것은 나가지 않고 그랬습니다.

제가 공부할 때는 신정통주의가 한창 맹위를 떨칠 때였기 때문에 학위 논문은 원래 틸리히와 불트만의 상징론을 비교하려고 했습니다. 그러나 지도교수인 로버트 넬슨(Robert Nelson)9은 다른 사람들이 다 하는 그런 주제가 아니라, 자신만의 방법론을 가지고 신학의 큰 문제를 다뤄보라고 요청했습니다. 넬슨 박사는 에큐메니컬 운동에 헌신했던 분이고, 그 당시 보스턴신학대의 학장이었습니다. 그전에는 일찍이 밴더빌트에서도 학장을 이미 했던 분입니다. 유럽 출신의 다른 교수는 부심을 맡았습니다. 이분은 저에게 어떻게 그렇게 빨리 논문을 쓰느냐고 자꾸 물었습니다. 뭐를 먹느냐고도 물었습니다. 커피밖에 먹은 것 없다고 대답을 했지만, 이분이 제가 마약이라도 먹는 것은 아닌지를 물었던 것입니다. 그래서 너무 화가 났던 기억도 있습니다.

학위 논문을 쓰면서 전문가들이 비평하고 추천하는 저널(referral

---

9 로버트 넬슨(J. Robert Nelson, 1920~2004)은 윤리학자로 학교 행정을 맡았던 감리교 신학자였다. 예일대를 거쳐 스위스의 취리히(Zurich)대학에서 박사학위를 받았다. 기독교 학생운동과 에큐메니컬 운동에 헌신했었다. 유전자 복제와 기독교 윤리 문제에 관한 책을 쓰기도 했다.

Journal)인 「스카티쉬 신학저널」(*Journal of Scottish Theology*)에 "교회교의학에서 바르트의 유비"(Karl Barth's Use of Analogy)라는 논문을 출간했습니다. 이것이 제가 논문과 책을 많이 쓰게 되는 계기가 되었습니다. 석좌 교수직을 받으려고 하면서도 추천 저널에 논문 한 편이 없는 경우도 많습니다. 이런 추천 저널에 논문을 출간하는 것이 굉장히 중요합니다. 하나를 출간하게 되니 자신감을 갖게 되었습니다. 그다음에 바로 "불트만의 실존주의적 해석과 악의 문제"(Bultmann's Existentialist Interpretation and the Problem of Evil)가 「종교사상 저널」(*Journal of Religious Thought*)에 또 나오게 되었습니다. 이런 저널들에 출간하니까 그다음에는 글을 쓰고 발표하는 데 자신감을 얻었고, 그렇게 되니 자꾸 많이 쓰게 되었습니다.

교수의 길로, 목회의 길로

저는 원래 목회의 소명 때문에 신학 공부를 하게 된 것입니다. 그렇기 때문에 공부를 하면서도 계속 감리사에게 파송을 해달라고 해도 편지를 냈지만, 연락이 안 왔습니다. 그래서 할 수 없이 졸업을 한 다음에 학교로 교수직을 잡아서 나가게 된 것입니다. 그때 보스턴신학대학원에는 한국인들이 많았습니다. 함성국[10] 목사님 등 여러분이 있었고, 김대실이란 여자분도 있었습니다.[11] 오터바인대학(Otterbein University)[12]의 학장

---

10 함성국 박사는 보스턴에서 구약학 박사학위를 받았고 연세대에서 교수를 역임하기도 했고, 미연합감리교회 세계선교부 총무로 일하면서 정의, 평화, 통일을 위해서 북한을 지원하는 일에도 많은 공헌을 하셨다.

11 대실 김 깁슨(Dae Sil Kim-Gibson)으로 더 알려진 미국에서 다큐멘터리 필름을

이 오라고 해서 가서 시험 강의를 하게 되었습니다. 칼 바르트에 대해서 강의를 했습니다. 학생들이 내 강의가 완전히 소화가 된 것이어서 에센스가 있다고 그렇게 평가를 했다고 학장이 말해 주었습니다. 영어가 아무래도 문제가 될 수 있었겠지만, 그것은 그렇게 문제가 되지 않았습니다. 다섯 명이 최종 인터뷰를 했는데, 제가 채용이 되어서 가르치게 되었습니다. 주로 기독교 신학과 세계종교(world religion)를 가르치게 되었습니다. 돌아보면 교회에 파송을 해 주지 않아서 학교로 가게 된 측면도 있습니다. 제 의지와는 상관없는 방향으로 가게 되는 것이 제 인생의 길이었습니다.

오터바인대학에서 가르치면서, 동시에 그때 한인 교회를 개척하게 되었습니다. 오하이오에 한국 사람들이 그래도 상당이 많이 있었습니다. 서울서부터 잘 아는 분이 그곳에서 살고 있었습니다. 그분이 목사님 오셔서 잘 되었다고, 그래서 함께 교회를 개척하게 되었습니다. 찬송가

만드는 독립영화감독이었고 또한 작가였다. 황해도 신천 출신으로, 일제강점기에 신여성이었고, 해방 후 월남해서 감신대를 졸업하고, 이화여고에서 가르치기도 했다. 보스턴신학대학원에서 "이레니우스의 인간론"으로 박사학위를 받고, 마운트 홀리옥(Mount Holyoke)대학에서 가르쳤다. 그 후 다큐멘터리 작가로서 1991년 LA 폭동, 이민자의 현실과 미국, 북한 등을 다룬 수많은 작품을 만들었다. 『미국 되기』(*America Becoming*, 1991), 『침묵을 깨고: 한국인 정신대 여인들』(*Silence Broken: Korean Comfort Women*, 2004), 『모국: 쿠바, 한국, 미국』(Motherland: Cuba, Korea, USA, 2006) 등이 있다.

12 오하이오주의 웨스트빌(Westerville)에 있는 1847년에 연합형제교단(Church of United Brethren in Christ)에 의해서 세워진 기독교계 사립대학이다. 학생 수는 2천명 남짓이다. 1968년에 연합감리교회가 탄생할 때 연합감리교단에 속하게 된다. 주로 독일계 감리교 전통으로 다소 보수적인 특징을 가지는 교단의 목회자 자녀들이 많이 다니고 있었다. 학교 이름은 형제연합교단의 창립자인 오터바인(Rev. Philip William Otterbein) 목사님의 이름에서 왔다.

와 성경도 사게 되었습니다. 의사인 대여섯 명 장로님들도 있었습니다. 이분들과 함께 콜럼버스의 브로드웨이(Broadway) 교회를 빌려서 예배를 드리게 되었습니다.

브로드웨이 교회 목사가 스미스(Smith) 씨였는데, 웨슬리신학교의 부학장도 했던 분이었습니다. 제가 사실은 한국 설교도 잘 못 하고, 교회를 어떻게 운영하는지도 잘 몰랐던 시절입니다. 그럼에도 불구하고 학생들이 많이 나왔습니다. 오하이오 감리교 신학대학원(Methodist Theological School in Ohio), 오하이오 웨슬리안대학 등에서 공부하는 한국 학생들이 많았습니다.

제 인상에 남는 것은 그때 데이톤(Dayton)에 있는 연합신학교(United Seminary)에서 공부하던 정진홍 교수가 와서 설교를 하곤 했습니다. 정진홍 교수는 문학적으로 소설을 쓰듯이 설교를 하는데, 정말 감동적인 설교를 했습니다. 목사들이 도저히 따라갈 수 없다고 할 정도로 사람들에게 감동을 주는 설교를 했습니다. 씨드웰 박사(Dr. Seedwell)라고 한국에 선교사로 갔다 온 분이 있었습니다. 이분은 한국말도 잘하셔서 오셔서 설교를 해 주셨습니다.

교회를 시작해서 한 1년이 지나니까 문제가 생기기 시작했습니다. 교회에 나오는 교수가 하나 있는데, 저에게 질투를 내기 시작했습니다. 교인들이 목사를 따르니까 자기들끼리 자기 집에 모여서 파티를 하고 자기 힘을 보여주면서 나를 격리(isolation)시키려고까지 했습니다. 그때 교회는 잘 되어서 부활절 때 신문에도 나고, 한 50여 명이나 모였습니다. 그때 상황에서는 굉장히 많이 모인 것입니다. 그런데 신문사에서 기자가 오면 목사인 나랑 인터뷰를 하지 누구랑 합니까? 그런데 이분이 자꾸 자기 얼굴을 내고 싶은 것입니다. 그래서 자꾸 충돌이 생기게 되어서 저는 나와서 빠지고, 딴 사람, 즉 씨드웰 박사에게 나 대신 맡아서 해보라고 했습니다. 그리고 1년이 지난 다음 노스 다코타(North Dakota) 주립대13로 가게 되었습니다.

그 당시에 작은 학교들은 문을 닫게 된다고 하는 그런 위기가 찾아왔습니다. 제 친구가 캐나다의 위니펙대학(University of Winnipeg)에서 가르치고 있었는데 저보고 와 보라고 해서 갔다가 노스 다코타로 가게 되었습니다. 그래서 교회는 감리교 신학대로 가서 학장까지 했던 염필형 교수가 학생일 때 맡게 되었습니다. 그 당시 김상백 목사님이 찾아와서 "신시내티에 교회를 시작해야 하는데 괜찮습니까?" 하고 물었습니다. 그분이 저에게 허락을 맡아야 한다고, 데이톤이나 신시내티에서 목회를 하려면 당연히 허락을 받아야 한다고 생각을 했던 시절이었습니다. 그분은 신시내티에서 아직 목회를 잘하고 계십니다. 염필형 교수는 아직 학생이라 그랬던지, 교인들의 주장으로 그 교회는 감리교회가 아니라 장로교회가 되고 말았습니다.14

제가 세운 교회가 중부에서는 시카고 다음으로는 첫 한인 교회였습니

---

13 노스 다코타주가 공식적으로 이루어지기 전 6년전 1883년에 노그 다코타주의 경계 지역에 설립되었다. 노스 다코타주에서 의대와 법대가 있는 유일한 대학교로 연구 중심 대학이다. 1930년대 대공황기에는 학생들에게 학교에서 일하는 조건으로 기숙사를 무료로 제공하기도 했다. 경제적으로 궁핍한 학생들에게 시민들이 음식을 무료로 제공하기도 했다고 한다. 2차대전 후에 등록생이 급격하게 증가했다. 지금은 225개 분야에 걸쳐 학부생에게는 108 전공이 제공되며, 81개의 석사 37개의 박사학위가 제공된다. 이정용 교수는 오랫동안 종교학과 학과장을 맡았다. 그렇게 좋은 분들이 없었다고 회고하곤 하셨다.

14 이 박사가 콜럼버스에서 개척했던 교회는 지금은 콜럼버스한인교회(Korean Church of Columbus)가 되었다. 그 교회 웹사이트에는 염필형 목사님은 언급되어 있지만, 교회 창립자인 이정용 박사에 대한 역사는 기록되어 있지 않다.

다.15 큰 교회를 짓고 했는데, 한번 들려보고 싶은데 아직 들려보지를 못했습니다. 제가 있었을 때 있던 분들은 아마도 다 돌아가셨을 것입니다.

노스 다코타 주립대로 가게 되면서 자연스럽게 그 교회를 떠나게 되었습니다. 노스 다코타 주립대는 원래는 농업대학으로 시작했습니다. 학생들이 10,000여 명이 되고 법대와 의대가 다 있으니까 대학원에도 참여하고 참 좋았습니다. 학교가 연구 중심 대학이니까 연구하고 저술하는 데 지원도 많고, 분위기도 너무 좋았습니다. 또한 교회적으로는 연회에도 참여하고 활동하려고 노력도 많이 했습니다. 노스 다코타의 감독은 저에게 감리사도 하고 그러면 좋겠다고 했었습니다. 총감독회의(College of Bishops)에 자문도 하고 컨설턴트로 한국에서 오는 분들 허입하는(transfer) 문제 등 이것저것 도와주고 그런 기회가 많았습니다. 총감독회의에서는 한국에서 학위를 받은 사람들을 어떻게 받아들이고 통과시키는지를 의논하고 했습니다. 저에게 조그만 교회가 나왔는데 설교를 하겠냐고 해서 좋다고 했습니다.

그 미국 교회(Concrete UMC)에 가서 설교하는 것이 계기가 되어서 미국에서 가장 큰 공군기지가 있는 그랜 포크(Grand Fork)에 한국에서 온 분들이 많았는데, 그분들에게 연락이 왔습니다. 그분들이 성경 공부 좀 해야 되겠는데, 에어 베이스로 와서 도와 달라고 했습니다. 가서 보니 자기들이 어떻게 하는지 다 알고 진행하고 있었습니다. 공군기지

---

15 시카고 한인 제일연합감리교회는 1919년 8월에 세워졌다. 이정용 박사가 오하이오의 컬럼버스에서 1969년에 교회를 개척하신 것은 역사적인 일이었다. 1965년에 이민법의 개정으로 아시아인에게 이민 문호가 개방되어서 한인들이 이미 들어 왔지만, 1969년까지 아직 교회설립이 거의 이루어지지는 않았던 듯하다. 중북부에서 1919년에 세워진 시카고 한인 제일연합감리교회 다음으로 한인 교회를 개척하셨으니 그 역사적 의미를 가늠해볼 수 있다.

에서 성경 공부를 하다가 이제는 예배를 드리자고 했습니다. 채플에서 모이기보다는 밖에 나와서 모이면 좋겠다고 했습니다. 그때 노스 다코타대학에 한국인 교수들이 5명이 있었습니다. 이분들도 여기에 교회를 세우자고 했습니다. 저는 그때 미국 교회인 웨슬리 교회를 다니고 있었습니다. 그 교회에서 오후에 예배를 보기 시작했고, 나중에 작은 성공회(Episcopal) 교회의 작은 채플에서 예배를 보게 되었습니다. 7년 동안 그렇게 모였습니다. 사실 작은 교회였지만, 저는 대부분의 시간을 그 작은 교회를 목회하는 데 다 보냈습니다. 학교에서는 세계종교(World religion)를 가르쳤는데, 학생들이 너무 많았습니다. 제가 관심과 취미가 있어서 신비학(mysticism) 등을 가르치곤 했습니다.

작은 교회 목회의 실제

학교에 가서는 일하고 월급을 받았으나 실제로는 교회에서 더 많은 일을 하게 되었습니다. 제가 목사가 되는 것을 소명으로 여겨서 그런지 그것이 저에게는 너무도 좋았습니다. 학교의 비서가 "뭐를 하시는 거예요?"(What are you doing?) 하고 가끔 묻곤 했습니다. 주보를 만들고 복사를 하는데, 학교 일이 아니어서, 제 비서를 시킬 수가 없어서 제가 했기 때문입니다. 그렇지만 교회에서는 사례금을 한 푼도 안 받았습니다. 자비량 목회를 했습니다. 두 가지 이유가 있었습니다. 학교에서 월급 받으니까 경제적으로 자립할 수 있었기 때문이고 또한 교회에서 사례금을 받게 되면 아무래도 교회에 매이게 될 수밖에 없었기 때문입니다. 나는 자유롭게 목회를 하고 싶었습니다.

연합감리교단에서 자꾸 지원금(grant)을 신청하라고 했습니다. 다 나오게 되어 있었는데도 그 지원 절차를 진행하다가 취소(Cancel)를 해 버리고 말았습니다. 도움을 받지 않는 교회가 성장하지, 도움을 받으면 성장하지 못한다고들 했습니다. 학교는 연구 중심 대학이어서 연구하고 출판(publication)을 많이 하면서도 목회를 했던 것이 제게는 너무 좋았습니다. 조금 지나서는 파고(Fargo)까지 내려갔습니다. 교인들이 아침에 예배를 드리고 같이 내려가곤 했습니다. 과거에 오하이오에서 일하던 아는 동생이 있었는데, 질투가 생겼습니다. 이상하게 한국 사람들이 그렇게 질투가 많았습니다. 본인이 평신도 대표가 되고 싶어서 여러 문제를 일으키다가 1년 뒤 안 오게 되었습니다. 그래서 주로 그랜포크에서 목회를 하게 되었습니다. 공군기지를 처음에는 이상하게 생각했지만, 그분들에게 정말 필요한 것이 교회였습니다.

그 교회에 한 똑똑하게 보이는 여자분이 있었습니다. 성경을 열심히 읽는 진실한 교인이었습니다. 교회에 와서 설거지도 하고, 성경 공부를 계속해서 참여하고 했습니다. 공군기지 안에서 사는 분들이 많았는데, 사실 기지 안으로 들어가려고 하면 여러 가지 절차를 거쳐야 하고, 복잡했습니다. 가서 기다려야 하고, 그런 절차가 까다로웠습니다.

기지 안에서 사는 사람에게 성경 공부를 맡기려면, 그분에게 집사를 주자고들 했습니다. 그래서 그분을 집사로 임명을 했습니다. 저는 그런 제도를 잘 모르고, 그렇게 관심이 있지도 않았습니다. 그런데 집사를 줬더니 이분이 교만해지기 시작했습니다. 이상한 소식이 들려왔습니다. 성경 공부를 하다가 어떤 구절이 나오면 자기 혼자 방에 들어가 기도를 한다고 합니다. 하나님께 기도를 해가지고 응답을 받고 나와서 이런 뜻이라고 말한다고 합니다. 그때 평균 교육 수준이 초등학교 3학년밖에 안 될 정도였습니다. 이분은 하나님과 통하는 사람이라고 불렸습니다.

저에게 교인들이 그렇게 말을 했습니다. "그 집사가 직접 하나님하고 통하는데, 목사님도 앞으로 무슨 일을 할 때 그분에게 물어보고 해야 되겠습니다." 저는 처음 듣는 말이었습니다. 이분을 신성히 여기게 된 것입니다. 그다음에 이분이 우리 집에 왔는데, 처음에 집에 들어오지 않았습니다. 성경 공부를 하러 온 것인데, 들어오라고 해도 들어오지를 않았습니다. 밖에서 기도하고 있다는 것입니다. 말하면 할수록 내가 하는 것을 자꾸 부인하려고 했습니다. 그래서 이분이 잘못되었구나 하고 생각하게 되었습니다.

사교 집단(cult)이 이렇게 생기는 것입니다. 그래서 앞으로 성경 공부를 할 때 내가 같이 가서 참여하든지 아니면 내가 직접 인도하겠다고 선언을 했습니다. 그 이유는 아무래도 성경의 해석이 중요하니까 목사가 직접 주관하겠다고 했습니다. 그런데 이분은 내가 옆에 있으면 안 된다고 했습니다. 얼마 후에 이분은 완전히 포기하고(give up) 물러났습니다. 그리고 교회에 더 이상 나오지 않게 되었습니다. 그 여자분은 갈등이 생기니까 물러난 것입니다. 내가 맡게 되니(take up) 성경 공부에 2명 밖에 안 나왔습니다. 몇 시간 강의를 해도 물 하나 마시라는 소리도 없었습니다. 목사로서 내 임무가 있으니까 계속해서 성경 공부를 두세 사람이 모여서 했습니다. 그다음에 다른 분들이 조금씩 정신이 돌아오게 되었습니다. 한 달 이상 지나니 정신들이 완전히 다 돌아왔습니다. 이분들이 자기들이 그런 분위기에 빠진 것을 몰랐다고 고백하게 되었습니다. 이 사건을 통해서 무당의 방식이 아직 통하는 것을 깨닫게 되었습니다.

또 하나의 에피소드는 불교 신자로 나온 분이 있었습니다. 제 설교를 들고, 꿈을 꾸고, 은혜를 받은 분이 있었습니다. 그분이 와서는 아직 불상을 모시고 있다고 고백을 했습니다. 그리고 한 달 후에 자기가 준비가 되었다(I am ready)고 말했습니다. 거기에도 왕초처럼 주동하는 분이 있어서 저녁에 목사님 오신다고 모두 함께 모였습니다. 저녁에 그 집을 가서 예배를 드리게 되었습니다.

가서 보니 이분이 일연종정(남녀호랑객교)을 모시고 있었습니다. 제단이 있는데, 망치를 가지고 부숴 달라고 요청을 했습니다. 종이를 불사르고, 찬송을 했습니다. 〈십자가 군병들아〉(Christian soldiers)를 함께 불렀습니다. 그러고는 제가 짧은 설교를 하고, 이제 이분이 자유의 몸이 되었다고 선포했습니다. 그리고 망치로 그분이 모시던 단을 부숴 버렸습니다. 그랬더니 그분이 너무 기뻐했습니다. 아직도 내 마음에 그때 제가 잘했는지, 잘못했는지를 다시 생각하게 됩니다. 궁극적으로 옛날 의식이었던 것입니다.

훗날 당시 교인 중에 한 분이 이런 고백을 했습니다. 자신이 로스앤젤레스에 가서 살아 보기도 하고 했는데, 신학적인 단어를 안 쓰고 평범한 말로 드리는 예배가 그렇게 좋았다고 했습니다. 그분은 아무리 찾아보아도 그런 곳이 없었다는 그런 말씀을 했습니다.

저는 이런 경험을 통해서 '어쩌면 신학교 안 다니는 것이 목회를 하는 데 오히려 잘될 수도 있겠구나' 그런 생각도 하게 되었습니다. 그렇게 목회를 하다가 드루로 오면서 그 교회를 떠나게 되었습니다. 그렇게 그때를 그리워하면서 다른 목회자를 아무리 구하려고 해도 없어서 결국에는 그 교회는 침례교로 갔다고 합니다. 한국 사람하고 결혼한 미국분들도 꽤나 있었는데, 그다음에 지금은 어떻게 되었는지 모르겠습니다. 이것이 한인 교회에 대한 제 경험입니다.

그러니까 나름 고생도 꽤 했습니다. 자비량 목회였는데, 차라리 그것이 맘이 편했습니다. 교수로 텍사스서 온 분이 있었는데, 근본주의자(fundamentalist)였습니다. 그분은 성령님이 역사하시지 않는 것 같다고 했습니다. 그래서 영적인 것을 좋아하시면 영적으로 설교하는 교회를 찾아가시라고 똑 부러지게 말했습니다. "그러면 우리 교회 나올 필요가 있느냐?"고 그렇게 말해 주었습니다. 그랬더니 이분이 두고두고 얼마나 섭섭하게 생각했는지 모릅니다. 그 당시 시카고에 갔더니 헌금함을 놓고 헌금을 드리는 것을 알게 되었습니다. 저도 정성으로 헌금을 드리는 것을 중시했습니다. 그래서 우리 교회에서도 그냥 헌금함을 놓고 거기에 봉투를 넣는 헌금을 실천하게 되었습니다. 누가 얼마 낸 것, 이름 쓸 필요도 없습니다. 물론 회계가 보고하도록 했습니다.

시카고에서 목회자 수련회가 있었는데, 이것을 나누게 되었습니다. 다른 목사님들이 "이 교수님 그렇게 하면 목회를 못 합니다"라고 말했습니다. 그렇지만 그렇게 한다고 헌금이 안 나오는 것도 아닙니다. 정성에서 나오는 헌금이 되어야 합니다. "그런데 할 수 없이 남의 눈치를 보아서 내는 헌금이 되면 안 되지 않습니까?" 그렇게 제가 대답을 했더니 다른 분들이 "이름도 내주고 그 맛에 내지요?" 그렇게 대답을 했습니다. 그런 면에서는 제 목회는 실패한 것인지도 모르겠습니다. 그렇지만 독특한(unique) 목회를 한 것은 사실입니다. 연회에서 가라고 해서 설교를 시작했고, 동시에 한인 교회를 개척하는 목회를 시작했던 것입니다. 작은 교회가 오히려 큰 교회보다 더 나을 수도 있습니다. 교회 목회를 해야 하니 부대의 채플린과도 잘 사귀어 놓아야 했습니다.

미국 사람들이 한국 사람들에 대한 심리학적인 연구(psychological research)를 한다고 설문지에 답해 달라는 경우도 많았습니다. 미국

분들이 나오게 되니 이중언어로도 목회를 하게 되었습니다. 그랬더니 한국 사람들은 그냥 한국말로만 해달라고 요청하기도 했습니다. 성경 공부로 모인다고 하지만, 음식 해서 먹고 진정한 교제가 이루어졌습니다.

교인들 가운데서 남편들이 아내들이 공손하지 않으니까 힘으로 누르려고 하는 경우도 많았습니다. 여자분들 가운데 술, 담배를 하는 경우가 많았습니다. 그렇지만 심방을 가서 밥을 먹어야 했습니다. 어떤 집은 모든 것이 너무 지저분해서 음식을 먹기가 꺼려지는 경우도 있었습니다. 그렇지만 목사가 되니까 좋은 것도, 나쁜 것도 먹어야 했습니다.

한 번은 지역 신문에 한국에 갔던 경험을 보도하는 가운데 농촌에 가서 경험했던 옛날에 별로 좋지 않은 것을 보도한 적이 있었습니다. 우리 교인들이 나서서 항의를 하고, 사과하라고 데모를 했습니다. 어떤 경우에는 법원(courts)에도 여러 번 가서 응원하고 증언을 했습니다. 어떤 경우에는 미군이 한국에서 결혼을 하고 부인을 데리고 왔는데, 시어머니가 때리고 기절하면 물을 부어서 또 때리고 한 경우도 있었습니다. 버리고는 싶은데 그렇게 못하니까 추운 겨울에 고속도로를 가다가 중간에 맨발로 내려놓고 도망갔던 경우도 있었습니다. 교인들이 함께 법원에 가서 증언하고 돕기도 했습니다. 목회는 정말로 이런 귀한 경험을 저에게 허락해 주었습니다. 사실 쉽지 않은 목회였지만, 저에게는 너무 은혜로운 경험이었습니다.[16] 제가 받은 소명을 실천하는 것이었기

---

16 이 교회에서 이정용 목사가 설교한 것이 유튜브에 올라와 있다. 로마서 강해 설교로 7개의 설교가 올라 있다. 올린 분은 Jung Young Lee로 등록되어 있다. 1986년에 그랜드 포크에서 목회하시면서 설교하신 것이다. 한국어로만 되어 있는 설교가 있는데, 본문이 로마서 1:16-17(1986년 7월 20일)이며, 믿음에 대한 것으로, 너무 은혜롭다. Jung Young Lee sermons로 검색하면 찾기가 쉽다.

에 정말로 감사하고 기뻤습니다. 이런 귀한 목회의 길을 여러분들이
가실 수 있기를 바랍니다.

3 장

학문의 길, 가르침의 길

— 신학교에서 주립대까지,
신학에서 종교학까지, 다시 신학교로

제자들의 질문

원래 처음에는 제2장에서 이정용 선생님이 미국으로 유학을 오시는 과정의 이야기를 담고자 했었다. 두 번째 시간(제2장)을 통해서 미국으로 오시면서 공부하고 사시는 삶의 이야기를 들었다. 미국을 향해 한국을 떠나시는 것부터 미국에서 공부하고, 목회하고, 교수가 된 이야기를 전반적으로 들었다. 목회와 교수 생활의 전반적인 이야기를 들었지만, 학교에서 공부하신 것과 교수가 되어 가르치는 이야기, 즉 학문과 가르침을 좀 더 세부적으로 듣는 세션을 마련해야 한다는 의견이 있어서 마련한 것이 바로 제3장이다. 그렇기 때문에 제2장과 약간 겹치는 부분들도 있다.

이 장에 대한 질문지는 갖고 있는 자료에는 없었다. 실지로 없었던지, 잘 못 챙긴 것인지 정확하지는 않다. 의문을 갖는 문제들은 문서로는 아니어도 구두로 말씀을 드렸을 것이다. 중간중간에 자유로운 질문도 생겨났다. 아마도 제1장에서 그리고 제2장에 이어서 자연스럽게 발전시켜진 것이어서 질문지가 없었을 것이라고 생각된다.

보스턴신학대학원에서 만난 멘토, 아미야 차크라바르티(Amiya Chakravarty)

보스턴에서 박사 과정을 하면서 슈바이처 클럽에 속해 있었습니다. 이 모임에 함께 참여하면서 만난 분이 있었습니다. 현대에 정말로 예수님 같은 분이 누구일까 생각한다면, 제가 경험한 바로는 서슴없이 아미야 차크라바르티라고 말할 수 있을 것 같습니다. 그분이 지식이 많아서가 아니라, 인격적으로 예수님에게 가까이 간 분이라고 생각하게 되었습니다. 그분은 그렇게 겸손하셨습니다. 이따금 기숙사에 살 때 제가 사는 아파트로 올라오셔서 교제를 하곤 했습니다. 앉아서 이야기를 하다 보면 새벽이 되어도 시간이 어떻게 갔는지 잘 몰랐습니다.

한번은 비가 오는데, 완전히 젖어가지고 신학대학원의 컴몬(Common, 일종의 신학생들의 학생회관)에 있는데 저를 찾아왔습니다. 자신의 수업이 있는데 다른 미팅이 있어서 가야 하기 때문에 저에게 강의를 맡아달라고 했습니다. 제가 전혀 들어보지도 못한 과목이어서 어떻게 강의를 하겠냐고 하니 자네가 정 그러면 가서 가만히 앉아 있기만 해도 된다고 말씀을 하셨습니다.

아미야의 부인은 좀 살이 찌셨던 분이었는데, 강의 시간에 오셔서 끝까지 앉아 있기도 했습니다. 그리고 수업이 끝나면 바로 로간 공항으로 함께 가기도 했습니다. 나중에 알게 된 것은 이분은 거의 밝히지 않았지만, 인도의 네루 수상이랑 아주 가까운 사이였고, 그분을 대리해서 미국에서 어떤 역할을 감당했습니다. 인도의 대사를 통하는 공식 라인으로 하지 않고 중요한 것은 이분을 통해서 했습니다. 미국의 국무장관을 찾아가서 이야기를 나누고 하는 사이였습니다. 알고 보니까 이런 것 때문에 가끔 워싱턴에 가는 것이었습니다. 인도의 네루 수상의 비선 라인으로 미국 조야에 로비스트로 활동을 한 것입니다. 그렇게 왔다 갔다 하지만, 이분에게는 그런 것이 그렇게 중요한 일이 아니었습니다. 그러니까 참으로 특이한 분이었습니다.

　미국 사람들 같으면, 이런 경우라면 어디를 가든지 자랑할 것입니다. 그런데 이분은 전혀 그렇지 않았습니다. 진정한 힌두교도라고 할 수 있습니다. 우리가 사도 바울을 성인이라고 부르지만, 이분도 참 성인(saint)이라고 할 수 있습니다.

　물론 이분에게 사상적으로 그렇게 많은 영향을 받았다고 할 수는 없습니다. 이분은 알려진 분은 아니었지만, 사실상 인도와의 관계를 위해서는 컨택트 퍼슨(contact person)[1]이었습니다. 아직도 이분은 신학교나 교회에서는 가톨릭이었습니다. 이분이 제 멘토라고 할 수 있습니다. 오하이오의 오터바인대학에서 가르칠 때에 동아시아학(East Asian Study)에 이분을 강사로 초대한 적이 있었습니다. 윈치찬(Wing-tsit Chan)[2]과 드 베리(Wm Theodore de Bary)를 초청하기도 했었습니다. 드 베리는 자기가 중국인인 윈치찬보다 중국을 더 잘 안다고 주장을 했습니다. 그래서 이 두 분이 서로 잘났다고 논쟁을 벌였습니다.

---

1 양쪽 진영 사이의 대화나 협상에 있어서 정보를 제공하거나 대리인의 역할을 하는 사람, 아미야가 인도의 대통령인 네루를 대변하는 역할을 한 것이었다. 그렇지만 아미야는 이런 사실을 전혀 드러내지 않았다고 한다. 아미야는 토마스 머튼과도 매우 가까운 사이였고, 토마스 머튼의 *The Asian Journal of Thomas Merton* (New York: New Directions Books, 1975) 32에 머튼과 찍은 사진이 실려 있다.
2 윈치찬(陳榮捷, 1901~1994)은 1929년에 하버드에서 박사학위를 받고 다트머스대학에서 가르쳤다. 그는 『중국철학의 하나의 원자료』(*A Source Book in Chinese Philosophy*, 프린스턴대 출판부, 1963)를 편집했다.

그런데 아미야 차크바르트, 이분이 와서 말했을 때는 모든 사람이 자기도 모르게 영적으로 터치를 받았다고 고백했습니다. 제가 이분을 멘토로 만나게 된 것은 너무 감사한 일입니다. 어떤 사람들은 이분의 가치를 발견할 수 없었습니다. 이분과의 만남이 처음으로 내 인생에 있어서 어떤 터닝 포인트가 되었다고 할 수 있습니다.

서구적인 것에서 동양적인 것으로의 전환

대학에서 가르치기 전에 제게 어떤 계기가 있었습니다. 내가 처음에 출판한 것을 보면 서구적, 신학적인 것입니다. 제가 처음으로 출판을 하게 된 것은 「스카티쉬 신학저널」(Scottish Journal of Theology)에 "교회 교의학에서 칼 바르트의 유비(類比)의 사용"(Karl Barth's Use of Analogy in his Church Dogmatics)이란 논문으로, 1969년에 출간했습니다. 바르트 신학에서 신앙의 유비 문제를 다룬 것인데, 그 분야에선 어떤 스탠더드가 되었습니다. 드루에 있던 셀린저(Suzanne Selinger)[3] 교수가 이것을 저에게 이야기를 해 주면서 내가 쓴 것이 맞느냐고 물었습니다. 그 당시 상황에서 나름대로 제가 신학적으로 맞게 쓴 것입니다. 제가 서양 사람들에게는 입에 맞게 요리는 했는데, 그것이 내게는 잘 맞지 않았습니다. 오터바인대학에 갈 때도 최종 심사 강의에서 칼 바르트를 강의했습니다. 그 학교의 학장이 저에게 학생들의 반응을 전해주었습니다.

---

3 셀린저 박사는 드루의 신학 담당 사서로 도서관에서 근무했는데, 바르트에 관한 강의를 신학대학원에서 하셨었다. 이 박사님을 매우 좋아하셨던 분으로 기억한다. 이 박사님의 장례식 때 읽었던 내 조시를 드루 도서관에 전시를 해 주셨었다. 그런 관계로 만났을 때 바르트의 『로마서 강해』를 읽어봤냐고 물으시기도 하셨다.

제 강의가 다 소화되어서 나온 것이어서 인상적이었답니다. 제 나름으로 바르트를 소화하고, 잘 요리했던 것입니다.

서양적인 것에서 동양적인 것으로 전환하게 된 계기에는 지도교수였던 넬슨의 역할도 있었습니다. 내가 학위 논문을 써서 드렸더니 지도교수가 이런 말씀을 하셨습니다. "자네의 글 쓰는 스타일이 달라서 잘 이해하려고 이번에 세 번째 읽는데 자꾸 반복하는 경향이 있다"(round and round circling)고 말해주었습니다. "반복하기는 하는데 똑같이 반복하는 것은 아니라"고 하셨습니다. 동양 사람이기 때문에 스타일하고 인격이 함께 가는 것 같습니다. 자기 문화만 고집하게 되면 안 됩니다. 거기에서는 해방이 되어서 자유롭게 되어야 합니다. 제게 가르치면서 그런 계기가 온 것입니다.

오터바인대학에서의 도전과 전환

오터바인의 학생들의 질문은 기독교 사상, 조직신학을 가르치면서 어떻게 세계종교를 가르칠 수 있느냐는 것이었습니다. 기독교 사상보다는 저는 불교나 세계종교를 가르치는 것이 좋았습니다. 궁극적으로는 신학이었지만, 그 밑의 주제로서 세계종교를 가르치게 되었던 것입니다. 그것만 해도 이 사람들이 볼 때는 내가 자기들과 다르다는 것을 깨닫게 되었습니다.

오터바인대학은 150명 정도 학생들이 있었는데, 교과서를 내가 다 썼습니다. 폴 틸리히, 바르트를 박사 과정에서 읽어도 사실은 잘 몰랐다고도 할 수 있습니다. 오터바인대학에 가서 가르치면서 세계종교를 기독교 사상 안에서 가르쳤는데, 사실은 신학을 가르치는 것이었습니다. 내가 생각하기에는 에큐메니즘적인 접근이었지만, 그것을 쉽게 처음부터 받아들이긴 쉽지 않았을 것입니다.

그렇게 가르치는 과정에서 한 학생이 내 기독교 사상 강의에 들어와서 "당신이 어떻게 기독교를 알아가지고 가르칠 수 있느냐?"고 도전을 했습니다. 제가 얼굴 생김새부터 동양인이었기 때문에 내가 기독교에 대해 말할 때는 어떻게 말하든지 간에 콩으로 메주를 쏜다고 해도 잘 믿으려고 하지 않았습니다. 사실 일종의 인종차별주의(racism)였던 것은 사실입니다. 1968년 조그만 오터바인대학에서 가르칠 때에 처음 대립이 생긴 것입니다. 단도직입적으로 말하면 "당신은 동양 사람인데, 어떻게 기독교를 가르칠 수 있느냐?" 그런 질문이었습니다. 물론 내가 신학교에서 배우고 교육받은 것을 가지고 "내가 지금까지 신학을 공부한 전문가인데 왜 못 가르치느냐?"고 대답할 수는 있습니다.

그렇지만 이 학생들이 보는 기독교하고 내가 보는 기독교가 달랐습니다. 왜냐하면 기독교가 사상이나 사고가 아니고, 기독교는 그 자체가 실천(praxis)이고, 그 문화에서 자라지 않은 사람이 어떻게 가르칠 수 있느냐는 것입니다. 그 오터바인의 학생들의 70%가 연합형제교단(United Brethren)의 목회자들의 자녀들인데, 아무리 생각해도 뭔가 잘못되었다는 생각이 그들에게 들었던 것입니다. 가만히 생각해 보니까 내가 봐도 내가 신학을 가르치는 것이 뭔가 잘못되었다는 생각이 들었습니다.[4]

그렇지만 힌두교를 가르치면 제가 동양인이기 때문에 그런가 보다

---

4 이런 고민과 투쟁의 과정에서 이 박사가 교회를 개척했다는 것이 의미 있게 다가온다. 학교에서 가르치면서 쉽지 않은 도전 속에서 연구하고 가르치면서 살아야 했지만, 목회자로서의 소명을 그는 놓지 않고 살았던 것이다.

하고 생각했습니다. 힌두어라도 조금 한다면 이분들은 외적인 것 (external)을 좋아하기에 처음에 믿게 되면 그다음에는 모든 것이 그냥 되는 것입니다. 이것이 또 다른 도전(another challenge)이었습니다. 제가 동양 철학을 가르치면 도전하지 않고, 무조건하고 받아들이는 분위기가 되었습니다. 중국 것을, 즉 동양적인 것을 가르쳐야 하겠는데, 사실상 나도 아는 것이 없었고, 잘 가르칠 수가 없었습니다. 그래서 공부하게 된 것이 내 신학적 방향 전환의 시작이었습니다.

『주역』 연구의 시작

『주역』에 대해서 아버님에게 들었던 것이 있어서 원래 조금 관심은 있었습니다. 처음에는 한국말로 된 『주역』을 보니까 새로운 것이 하나도 없었습니다. 『주역』을 영어로 번역된 것을 주로 읽었습니다. 즉, 제임스 레게의 번역본5과 빌헬름의 영역본을 읽고 있었습니다. 한 학생이 와서 이야기를 하다가 『주역』을 공부하자고 했습니다. 다른 학교에서 전학을 온 학생이었습니다. 거기에 취미가 있다고 하면서 『주역』을 가르쳐 달라고 했습니다. 『주역』을 가르치기 위해서 미국의 주요한 사람들에게 편지를 내고, 접촉했습니다. 미국에서 『주역』을 공부하는

---

5 James Legge는 중국 선교사로서 1830년대에 중국으로 가서 중국의 고전들을 영역했다. 나중에 옥스퍼드에서 가르치기도 했다. 그가 번역한 『주역』(*The Yi King*)은 문자적인 축어적 번역이다. 그에 비해 Richard Wilhelm은 독일어로 주역을 번역했는데, 이것은 다시 영어로 번역되었고, 융의 친구이기도 했던 리차드 빌헬름이 번역은 보다 서구인들에게 의미가 통하는 번역으로 알려져 있다. 프린스턴대학 출판부에서 볼링겐 시리즈로 출판되었다(Richard Wilhelm, *The I Ching*, Princeton, NJ: Princeton University Press, 1950).

사람들이 거의 다 점치고 하는 것에 관심이 있었지, 철학적으로 공부하는 사람들은 거의 없었습니다. 나는『주역』을 철학적으로 접근하는 것에 관심이 있었기 때문에 세미나를 하자고 해서 그렇게 공부하고 가르치게 되었습니다. 기독교 사상은 기존에 배운 것을 가지고 강의하게 되었습니다. 그렇게 공부하다 보니 동양 사상에 대해서 자꾸 관심을 갖게 되었고, 신학을 그런 방향으로 발전시키게 된 것입니다.

『주역』에 대한 관심과 흥미가 있어서 그쪽으로 새롭게 공부를 시작했습니다. 또한 신학에 대한 것은 더 공부했다기보다는 예전에 공부한 것을 가지고 했습니다. 세계 종교를 중심으로 전환하게 된 것이 큰 도움이 되었습니다. 내가 쓴 것도 본다면 내 학문의 방향이 완전히 전환하게 되었습니다.『기독교적 인간의 개념으로서의 자아』(*The I: Christian Concept of Man*, New York: Philosophical Library, 1971)는 학생들에게 강의할 때 쓴 것인데, 꼭 신학적인 것만은 아닙니다. 강의한 것을 정리한 것이기에 음양에 대한 것을 이용해서 조금 도움을 줄 수 있는 정도였습니다. 그다음에 계속해서 세계종교에 대해서 관심을 갖게 되니까 생각이 근본적으로 바뀌게 되었습니다. 신학에서도 새로운 전환을 하려면 먼저 해왔던 것을 끊어버려야 합니다. 문제가 되는 것은 보통 사람들은 똑같은 패턴을 반복하게 됩니다. 그렇게 되면 새로운 것이 나올 수가 없습니다. 결국 궁극적으로는 반복이고 순환입니다. 다시 반복되고 합니다. 그렇기 때문에 새로운 것이 나오려면 완전한 단절, 비연속성을 경험해야 합니다. 끊어버리는 과정이 꼭 필요한 것입니다.

단절과 신학적 저술

신정통주의 신학에는 실존주의가 많은 영향을 미쳤습니다. 실존주의도 새로운 것 같지만, 새로운 것이 생기려면 반드시 단절(break out)을 경험해야 합니다. 그것이 정말 필요합니다. 그것을 못 하게 되면 새로운 것이 생길 수 없습니다. 쓰는 것도 마찬가지입니다. 글을 쓰는 데 있어서도 계속해서 쓰지 말고 얼마 동안 다 잊어버리고 멈추어 서 있는 것이 꼭 필요합니다. 그렇게 하지 않으면 궁극적으로 주를 달아야 할 것이 본문이 되는 것입니다. 어떤 연구를 읽어보면, 이것은 완전히 편집한 것으로 밖에는 보이지 않습니다. 글을 쓰면서 인용하고 또 인용하고 그렇게 글을 이끌어 갑니다.

이때까지 제가 연구하고 출간한 것을 돌아보면, 신학에 대해서는 거의 한 20년을 별로 쓰지 않았습니다. 신학을 포기했다고까지도 말할 수 있을 것입니다. 또 하나는 기본적인 단어까지도 잊어버리게 되었습니다. 그때 쓴 것하고 지금 쓴 것하고 비교해 본다면, 신학자의 입장에서는 제가 쓰는 글은 유치한 단어를 쓰는 것 같습니다. 그래도 20년 전 그때는 신학적인 표준적 논의를 따라가면서 쓰려고 노력했는데, 말을 해도 신학교에 있는 단어를 써 가면서 하려고 했습니다. 학문적 활동도 어떻게 보면 모방(imitation)인데, 저는 지금은 전문적인 용어를 거의 다 잊어버리고, 될 수 있으면 일상적인 언어(ordinary language)를 쓰려고 합니다. 저는 학교에만 있지 않았고, 내게 도움이 된 것은 교회였습니다. 그때로 보면 7년 전만 해도 교회에 대해서 연회와 여러 모임에 많이 참석했습니다. 7년 전인가 연합감리교의 장정에서 "교리적 표준과 우리의 신학적 과제"(Doctrinal Standards and our Theological Task)를 쓰는 특별위원회(task force)에 신학자로 참여하게 되었습니다. 가서 보니까 그분들이 쓰는 단어가 생각은 나는데 잘 통하지가 않았습니다. 그때 내가 신학 세계에서 완전히 떠나 있었구나 하는 생각을 하게 되었습니다. 그것이 인연이 되어서 드루신학대학원6에 오게 되었습니다. 그리고 드루에 와서 전적으로 신학적인 사고를 다시 하게 되었습니다. 그러니까 어떻게 보면 내 멋대로 신학을 한 것입니다. 그렇게 했음에도 불구하고 이때까지 배웠던 것이 또 나타나게 되지만 말입니다.

꼭 써야 하는 단어는 써도 되지만, 지금도 저는 일반적인 언어(ordinary language)를 쓰기 원합니다. 전문적인 신학자들이 내가 쓰는 언어를 본다면 꼭 어린아이가 쓰는 단어를 쓰는 것 같지만, 나는 그렇게 생각하지 않습니다. 내 사유의 깊이는 다르다고 봅니다. 이런 과정이

---

6 1867년 뉴욕의 재정과 철도 재력가였던 드루에 의해서 설립된 대학이다. 신학교 또한 연합감리교회 100주년을 기념해서 연합감리교회 총회가 설립한 신학교이다. 13개 미연합감리교회 신학교 중에서 총회가 설립한 것은 드루신학대학원이 유일하다. 물론 이제는 감리교와의 관계는 명목만이 남은 측면이 강하다. 프린스턴, 예일, 하버드가 종합대로 발전하게 되었을 때 드루는 신학교 중심적 체제를 유지했다. 드루가 좀 늦게 설립된 이유도 작용했다. 신학교의 명성은 뒤늦게 종합대로 발전시키려던 총장과의 갈등으로 60년대 후반에 홍역을 치르기도 했다. 이 갈등의 와중에 좋은 교수들이 대거 다른 대학교로 이직했다. 미국연합감리교회 100주년 기념으로 세워졌고, 초기 학생 중에 하나가 한국 감리교 최초의 선교사 헨리 아펜젤러(Henry Appenzeller)였다.
한국과의 관련으로도 유명하다. 드루대학교의 정문을 본따 서울 감리교신학대학 정문을 지었다. 또 이희호 여사에게 명예박사 학위를 수여하기도 했다. 한국 감리교회의 교수들과 목회자들을 가장 많이 배출한 신학교이다. 한국의 장로교, 성결교에서도 많이 공부하고 있기 때문에 드루는 한인 학생들에 있어서는 "두루두루" 에큐메니컬한 것으로 유명하다. 드루신학대학원은 미연합감리교회 13개 신학대학원 중에서 3번째로 오래된 신학대학원이다. 이정용은 가장 오래된 개럿신학교에서 목회학석사를 공부하고, 두 번째로 보스턴 신학대학원에서 박사학위를 하고, 세 번째로 오래된 드루에서 교수로 가르쳤다. 그는 맥락상 철저한 감리교 신학자였던 셈이다.

내 신학의 전환에 굉장한 도움이 되었습니다.

노스 다코타 주립대로: 나 자신을 찾아서 — 무속 연구

교수가 되어서 가르친 것들을 돌아본다면, 오터바인에 있을 때 세계 종교를 연구하고 가르치기 시작하였습니다. 그렇지만 1960년대 말에는 미국에서는 사립학교들의 위기가 왔습니다. 학교에서 가르치게 되니까 계속 가르치고 싶은 생각이 있었습니다. 그래서 다른 학교를 찾아보게 되었습니다. 그런데 사실 1960년대 말에 동양인들을 찾는 학교가 별로 없었습니다. 학교를 찾아가기 위해서 교수직을 위해 인터뷰를 하는 것은 정말로 고통스러운 경험입니다.[7]

내 학문 연구에서 첫 번째 터닝 포인트는 오터바인에서 가르치면서 받은 도전과 내 실존적이고 신앙적인 체험과 고민의 과정을 통해서 동양 것을 공부하고 가르치자고 생각하게 된 것입니다. 그래서 종교학, 인류학에 대한 것을 공부하기도 했습니다. 시카고에서 세미나가 있어서 엘리아데[8]가 인도하는 모임에 참여한 적도 있었습니다. 그런 연구들을

---

7 미국에서 테뉴어(석좌) 교수가 된다는 것은 정말 고통스러운 길이다. 늦게 미국으로 와서 종교학을 한 친구가 있다. 종교학으로는 가장 좋은 시카고에서 했어도 테뉴어를 못 받고 가르치고 있다. 저도 학교로 가려고 조금 시도한 적이 있었는데, 그때 그 친구가 자신은 이력서를 100개 학교에도 더 냈는데 인터뷰를 하자고 연락이 오는 경우도 거의 없다는 것이다. 너는 목회하고 할 것을 다 하면서 무슨 그런 생각을 갖느냐고 뭐라고 했다. 70년대 초에 동양인으로 교수직을 얻는다는 것은 희귀종에 속했던 것은 사실이다. 그렇지만 지금은 신학교에 한인 교수들이 흔하게 들어온다. 미국에서 자라난 2세대들도 막 밀고 들어오고 있다. 학장도 흔하게 된다.

8 미르체아 엘리아데(Mircea Eliade)는 현대 종교학의 아버지라고 할 수 있다. 루마니아 출신으로 젊은 시절 인도에서 공부하다가 소설을 써서 일약 스타덤에 오르게 되었다.

본격적으로 진행을 하기 전에 한국을 가게 되었습니다. 한국 사람으로서 내가 알아야 할 것은 무속에 대한 연구였습니다. 가만히 살펴보니까 무속도 한국의 무속은 서양 것과는 전혀 달랐습니다. 연구하니까 참으로 마음이 편했습니다. 무속을 연구하면서 원광대에 있었던 김태곤 교수를 통해서 많은 도움을 받았습니다.9 김 교수가 본인이 아는 분들을 소개해 주어 그런 분들을 만나고 하면서 많은 도움이 되었습니다. 저는 무속에 대한 관심이 있었고, 불교에 대해서도 더욱 알고 공부하고 싶은 마음이 많았습니다. 불교에 대한 것은 이기영 교수가 쓴 것을 주로 보았습니다.

두 번째 터닝 포인트는 나의 정체성을 찾기 위한 것이었습니다. 거기서부터 다시 종교적인 신학의 프레임 워크를 사용하게 된 것입니다. 길희성 교수가 하버드에서 학위를 하면서 불교를 연구했는데, 길 교수를 통해서 불교에 대해서도 함께 이야기하고, 연구할 수 있는 기회가 있었습니다.

한국에 다녀와서 무교의 의식에 대해서 논문을 발표하게 되었습니다. 그때 엘리아데가 한국 무속에 관심이 있어서 계속 연구하라고 격려해 주었습니다. 한국 무교에 대한 단행본 연구서(monograph)를 써보라고 격려했습니다.10 그것 때문에 시카고에도 몇 번을 가게 되었습니다.

가톨릭 신부가 되려고 하던 길에서 종교 사가(history of religion)가 되어 종교 현상학을 연구해서 현대 종교학의 거장으로 8개 국어를 구사하고, 요가, 샤머니즘, 신화 등에 대한 수없는 작품을 썼다. 나중에는 파리와 미국의 시카고대학교에서 가르쳤다.
9 김태곤 교수는 민속학자로 알려져 있고, 『한국무속연구』(집문당, 1981), 『한국민간 신앙연구』(집문당, 1983) 등의 저술이 있다. 원광대 교수로서 주로 무교 연구를 했고, 무교에 관한 자료들을 원광대 박물관에 수집 · 전시했었다.
10 이 박사는 *Korean Shamanistic Rituals* (The Hague, Paris, New York, 1981)를 엘리

또한 내가 한국인이라는 것보다도 미국에 있는 한인 신학자로서 해야 할 것을 찾은 것입니다. 나는 신학보다도 종교학적인 것에 취미가 있었고, 될 수 있으면 기독교가 전공이니까 그런 방향으로 가르치고 했습니다.

캐나다의 위니펙에 있는 매니토버대학교(University of Manitoba)에서 가르치고 있는 친구가 있었습니다. 그 학교에서는 동양적인 것을 연구하고 가르치는 것을 많이 했습니다. 사람이 필요하니까 자기 학교를 한번 구경을 오라고 했습니다. 이 학교에 갔더니 내 책을 보고 도전을 받아서 동양 것을 공부하겠다는 사람이 있었습니다. 내 친구는 위니펙에서 중국의 샤머니즘(Wooism)을 공부했고, 그분은 그런 분야에서는 나보다 훨씬 나은 분이었습니다. 중국어에도 정통했습니다. 그렇지만 가서 보고 여러 가지를 생각하게 되었습니다. 자녀들의 교육 문제도 있고, 캐나다에 가서 가르치는 것은 썩 마음에 내키지 않았습니다. 그렇게 이야기했더니 그분도 이해해주고, 동의해주었습니다.

그러면서 바로 밑에 노스다코타의 주립대학(University of North Dakota)에 친구가 있는데 종교학부를 발전시키려고 한다며 온 김에 거기 가서 그 친구를 만나보고 가라고 했습니다. 버스를 타고 바로 그 학교로 가게 되었습니다. 추울 땐데 그렇게 추운지도 몰랐습니다. 가보니까 조그만 학교에 그 학과에는 교수가 3명 밖에 없는데, 그렇게 좋은 사람들은 처음 만나 보았습니다. 강사 겸 도서관 사서는 『주역』에

아데에게 헌정하고 있다. 엘리아데의 자극으로 이 박사는 한국 무교를 연구해서 서구 학계에 처음 소개하게 된 것이다. 엘리아데가 서구 학계에 한국 무속을 소개한다면, 서구인들이 열광할 수 있는(fascinating) 주제라며 이 박사에게 권면했다고 이 책의 서문에서 밝히고 있다.

대한 관심이 있다고 했습니다. 그 학교에서는 제가 왔으면 좋겠다고 당장 제안을 했습니다. 노스 다코타가 시골이라고 할 수 있었지만, 매우 개방적이었습니다. 아내와는 의논도 안 하고 가겠다고 대답을 했습니다. 그때까지도 저는 완전히 한국식이었습니다.

그 학교는 그 지역에서는 가장 오래되었습니다. 학교가 아담하고, 학생 수도 만여 명이고, 법대도 있고, 의대도 있고, 모든 것이 평안했습니다. 비즈니스 스쿨도 있고, 종교학과가 있어서 좋았습니다. 그래서 이사하게 되었습니다. 갔다 와서 친구들에게 의논했더니 모두들 잘못 결정했다고 했습니다. 그래도 한번 약속하고 간다고 했는데 갈 수밖에 없었습니다. 그렇게 노스 다코타로 가서 17년을 있게 되었습니다.

노스 다코타 주립대에서의 가르침

주립대에 종교학과 대학원이 없으니까 종교학 관계로 들어오는 학생들은 1년에 2명 정도밖에 안 되었습니다. 너무 심심하고 그랬지만, 제가 가르치고 연구하기에는 더없이 좋은 환경이었습니다. 학교가 주립대였기 때문에 거기서 신학은 통 안 가르치게 되었습니다. 기독교학은 다른 사람들이 가르치고, 나는 완전히 동양학을 가르치게 되었습니다. 주립대가 연구 중심 대학이 되어서 연구하고 출판하는 환경은 정말로 좋았습니다. 오터바인대학은 어떻게 보면 신학교의 연장이라고 할 수 있었습니다. 학교가 교회와 관계가 있기 때문에 신학교 비슷했지만, 주립대는 완전히 달랐습니다. 신학적 접근과는 전혀 달랐고, 신앙 고백적인 차원에서는 전혀 가르칠 수가 없었습니다.

그렇지만 학생들은 저에게 당신이 믿는 것이 무엇이냐고 늘 도전을 했습니다. "예수를 믿느냐? 부처를 믿느냐?"고 단도직입적으로 묻곤했습니다. 내 사무실에 오면 개인적으로 이야기할 수는 있지만, 여기서는 그렇게 할 수 없다고 대답했어야 했습니다. 이런 모든 것이 내가성숙하고 자라는 데 도움을 주었습니다. 학교에서 신학을 가르치지는않았지만, 교회와의 관계는 계속하며 활동하게 되었습니다.

드루로, 신학의 고향으로 돌아와서

신학교에 오게 된 것은 모든 것이 노스탤저라고도 할 수 있습니다. 신학을 했는데, 거기에 대한 향수가 생겼다고도 할 수 있습니다. 노스다코타에서 17년을 있었고, 오터바인까지 합치면 드루에 오기 전에한 20년을 가르친 것입니다. 1968년부터 교수를 했으니까 20년가량을방황했다고 할까 그렇게 표현할 수 있습니다. 그런 면에서 완전히 신학과는 단절(break)이 있었다고 할 수도 있습니다.

내가 그동안 가르친 것을 보면 래디컬한 면이 많았습니다. 미국 사람이 좋아하는 신비학을 가르치곤 했는데, 초심리학(Parapsychology)과굉장히 관계가 있었습니다. 그리하여 초심리학에 관심을 갖게 되었고, 우주 종교(cosmic religion)에 관심을 갖게 되었습니다. 초월적 명상(Transcendent Meditation)[11] 단체가 아이오와에 와서 학교를 세웠는데,

---

11 초월명상은 인도의 마하리쉬 마헤시(Maharish Mahesh)가 가르친 명상법으로 미국에서 수많은 사람이 열광하면서 배우게 되었다. 보통 TM이라고 불린다. 초월명상이란 수면이나 꿈과 같이 인간의 생명 유지에 필요한 생리학적 상태로서 스트레스나 긴장, 두려움으로부터 벗어나게 하여 몸과 마음을 초월시켜주는 상태라고한다. 수행자 각자에게 맞는 만트라(주문)를 받아가지고 외우면서 명상하는 것을중심으로 하고 있다.

거기에 와서 강의를 해달라고 해서 강의한 적도 있었습니다. 그리고 정상적인 종교학보다는 마녀(witch)에 대한 세미나를 인도하기도 했습니다. 우리 학교 학생들이 마녀에 대해 관심을 가져서 그런 기회가 생기기도 했습니다.

제 생각에는 그렇게 하다가 신학교에 왔는데, 신학교로 오니까 옛날과는 달랐습니다. 와서 보니까 변한 점은 그렇게 많이 없지만, 내가 변했으니까 그래도 상당히 달랐습니다. 30년 전과 비교해서 본다면, 어떻게 보면 별로 변한 것이 그렇게 많지는 않다고도 할 수 있었습니다.

포스트모더니티의 시작을 칼 바르트로 보는 분들도 있습니다.[12] 어떻게 보면 그런 주장이 굉장히 일리가 있습니다. 사실 한동안은 언어게임(Language game) 이론을 주장한 비트겐슈타인에 굉장히 열광한 적도 있었습니다. 비트겐슈타인의 논의에 따르면 그래도 종교나 신학이 나름대로 자리를 잡을 수 있기 때문입니다. 신정통주의는 실존주의(existentialism)의 영향을 절대적으로 많이 받았습니다. 지금 와서 새로운 언어게임(language game), 텍스트(text)를 중심으로 조금 변화는 왔지만, 근본적으로는 헤겔과 하이데거에 의지하고 있다고 해도 과언이 아닙니다. 아무리 신학이 이런 철학적인 것에서 떠났다고 해도, 해방신학(liberation theology)를 이야기한다고 해도 그렇게 변화가 많은 것

---

12 다음 논문을 참고하면 이런 논의를 알 수 있다. Graham Ward, "Barth and Postmodernity," *New Blackfriars* Vol. 75, No. 877 (December 1993): 55-116. Ward는 바르트의 시대적 상황과 그의 위기의 강조를 포스트모더니티가 발흥하는 시대 정신과 괘를 같이 하고 있음을 지적하지만, 그것보다는 사상의 내적 구조가 포스트모더니즘과 바르트의 신학의 토대가 연관된다고 생각한다. 즉, 주제적으로 그렇지만 모더니티의 균열을 포착하고, 대응설적인 진리관이 더 이상 작동하지 않는 것을 주목한다.

같지는 않습니다. 조금 변했을 뿐이지 래디컬한 근본 개혁적인 변화는 없다고도 할 수 있습니다.

드루에 와서 처음에 이행 단계(transition stage)에서 신학적 퍼스펙티브(theological perspective), 신학적 이슈들(theological issues) 등을 가르치게 되었습니다. 그런 것은 저랑 조금 맞는 것입니다. 신학적 퍼스펙티브(Theological perspective)에서 내가 가르친 것은 악(evil)의 문제를 가르치면서 점진적 이행을 하게 되었습니다. 내 전공이 아닌데 사실 내 멋대로 하는 것입니다. 나는 해방신학과 새로운 방법론들을 많이 따라잡았고(keep up), 감당하게 되었습니다. 역의 신학을 가르치라고 오글츠리(Ogletree)[13] 학장이 말하였습니다. 오든(Thomas Oden) 교수도 그렇고, 지금 가만 돌아보면 드루에 오게 된 것은 연합감리교회 장정을 쓰는 특별위원회[14]에 있었던 관계가 작용을 했습니다. 오글츠리 교수가 인품적으로도 나에게는 항상 호의(favor)를 베풀어 주고서 예일대학교의 신학대로 떠난 것 같습니다. 올 때도 그분이 나를 발견해서 끌어주었다고 할 수 있습니다. 그래도 드루에서는 오글츠리 학장이 가장 개방적인 마음(open mind)을 가지고 있었다고 볼 수 있습니다.

연합감리교회 장정을 쓰는 특별위원회에 있으면서 오글츠리 교수랑 교제를 하게 되었습니다. 그 후에 미국종교학회 연례 회의에서 만났는데, 신학교에 와서 가르칠 생각이 없느냐고 물었습니다. 전도학 교수

---

13 토마스 오글츠리(Thomas Ogletree) 드루신학대학원 학장과 예일대 신학대학원 학장을 지낸 기독교 윤리학자이다.

14 연합감리교회는 미국에서 발전했지만, 아직 세계 교단으로 일하고 있는데, 4년마다 최고 의결 기구인 총회(General Conference)가 열리는데, 헌법에 해당하는 "장정"(The Book of Discipline)을 개정하게 된다.

를 찾고 있는데 마땅한 사람이 없어서 포지션을 바꾸려고 한다고 말해 주었습니다. 그런데 사실 드루에 오는 과정은 꼭 쉬운 것만은 아니었습니다. 인터뷰를 하면서 오든(Thomas Oden), 켈러(Catherine Keller),[15] 코트니(Charles Courtney)[16]와 신학적인 논의를 많이 하게 되었습니다. 오든 교수랑 신이 고난을 당할 수 있느냐는 문제의 결론은 합치할 수 없었지만, 접근하는 방법론에 있어서는 별로 차이가 없습니다. 오든 교수도 제가 접근하는 방식을 좋아했습니다. 켈러랑 오글츠리가 많이 이야기를 했는데, 코트니는 아무 말도 하지 않았습니다. 그렇게 인터뷰를 하고 돌아갔는데, 저에 대한 비난과 공격도 있었습니다. 이미 자리가 정해졌다고 저에게 연락이 오기도 하고 그랬습니다. 오글츠리 학장이 민감한 문제가 많으니까 자리를 피한 것 같습니다. 오글츠리 학장은 걱정하지 말라고, 그런 것은 아무 문제가 안 된다고 했던 것이 생각이 납니다. 그래서 오글츠리 학장이 영국에 가고 없을 때에 드루로 오게 되었습니다. 그때 코트니가 임시 학장을 하고 있었습니다.

---

15 캐더린 켈러(Catherine Keller)는 여성 신학자로, 과정신학자로 알려져 있다. 클레어몬트에서 존 캅 교수의 지도로 박사학위를 받았고, 몰트만 밑에서 공부를 하기도 했다. 여성 신학적이고, 문학적 터치로 포스트모던 논의까지도 커버하는 글들을 쓰고 있으며, 보통 구성신학자(constructive theologian)로 이야기된다. 종말론에도 관심이 깊다. 드루신학대학원에서 오랫동안 가르쳐 왔다.

16 찰스 코트니 교수는 드루의 전설적인 신학자 칼 마이클슨이 데려온 신진기예였었다. 노스웨스턴, 하버드를 거쳐 파리에서 공부하고 드루에 26세에 부임했었다. 칼 마이클슨이 비행기 사고로 돌아가신 후 그를 추모하는 "Hermeneutics and the Worldliness of Faith: A Festschrift in Memory of Carl Michaelson," *The Drew Gateway: A Journal of Comment and Criticism* Vol. 45, No. 1, 2, 3 (1974~1975)를 편집했고, 이정용 박사 사후에 그의 제자들의 논문들을 모은 *East Wind: Taoist and Cosmological Implications of Christian Theology*를 편집했다. 종교철학을 가르쳤다.

공부는 즐거움으로 해야

　책을 한 권 읽어도 그 본질을 파악하고 영향을 줄 수 있는 것이 필요합니다. 빨리하고, 많이 한다고 중요한 것이 아닙니다. 빨리 가서 1분을 아낀다고 해서 무슨 소용이 있습니까? 공부도 즐기면서 해야 합니다. 공부할 때도 될 수 있으면 여유를 가져야 합니다. 궁극적으로는 가르칠 때도 경제적으로도 그렇고 여유가 있어야 합니다. 공부할 때도 정말 여유를 갖고 해야 한다고 생각하게 됩니다.

　질적인 것을 중심에 두고 해야 합니다. 또 한 가지 지적하고 싶은 것은 꼭 그렇게 여유를 가지고 자신이 즐기면서 관심이 있어서 할 때만 남는 것이 있습니다. 책을 많이 읽는다고 되는 것도 아닙니다. 학교에서 수업 시간에 할당된 것을 다 읽는다는 것이 거의 불가능합니다. 교수들에게 읽으라고 해도 실제로는 못 읽습니다. 다른 교수들과 비교가 되기 때문에 학사 과정에 읽어야 할 과제를 그렇게 많이 내주는 경향도 있습니다.

　영적 형성(Spiritual formation)이 어떻게 되느냐가 상당히 중요합니다. 어떤 것이든 즐거움으로 해야 남게 됩니다. 대개 내게 영향을 준 것은 내가 관심이 있고, 취미가 있는 것입니다. 조금을 읽어도 진짜 관심을 가진 것이어야 합니다. 될 수만 있으면 학생들이 흥미를 가지고 할 수 있게 이끌어 주어야 합니다.

　제가 교수로서 한 가지 바라는 것이 있습니다. 신학교 교수는 책을 읽히고 토론하게 하는 어떤 코디네이터의 역할을 했는데, 그것보다 한 단계 더 나가야 한다고 봅니다. 프로페셔널 스쿨에 오게 되면, 교수의 역할은 설교(preaching)에서 말하듯이 자기가 알고 있는 것을 자연스럽게 드러나게 하는(self-disclose) 것이 필요합니다. 교수가 코디네이터의 역할을 하고, 객관적인 정보를 전달하고 하는 것보다 자신이 무엇을 공부했고, 어떻게 생각하게 되었는지를 학생들에게 전달해야 합니다. 옛날에는 교수의 역할이 객관적으로 지식을 전달하는 것이었다면, 요새는 학생들이 그것을 원하는 것이 아닙니다. 인터넷의 발달로 정보로서의 지식은 찾아보면 다 나옵니다. 교수는 그것보다는 그 근본적인 틀이나 사고방식을 어떻게 얻게 되었는지를 제시할 수 있어야 합니다.

내 학문적 활동에서는 계속해서 『주역』에 대한 것이 내 신학의 해석학적 패러다임으로 확고하게 자리를 잡게 되었습니다. 『마지널리티』를 본다고 해도 궁극적으로는 이상하게도 음양적 사고방식이 하나의 이론이라기보다 내 체험과 삶과도 꼭 일치하게 되었습니다. 내게는 이것이 굉장히 의미가 깊습니다. 내가 믿던 것과 연구해서 얻게 된 패러다임과 체험한 것이 일치하게 된 것입니다. 앞으로 신학의 방향이 어떻게 나갈지 모르지만, 한국 사람들이 미국에서 여러 가지로 공헌하길 원합니다. 여러분이 반드시 그런 일들을 감당해야 합니다.

4장

목회의 길에서

— 미국 교회 목회와 한인 교회 개척과
작은 공동체를 향한 열정

제자들의 질문

제4장은 제2장에서 미국으로 와서 공부하고, 목회하고, 다시 신학을 공부하여 교수가 되고, 교회를 개척하여 목회를 했던 이야기를 재론하면서 목회에 대한 부분을 더욱 심화시킨 이야기이다.

이정용 박사는 60년대 초에 미국 교회 목회를 연합감리교회에서 처음으로 감당하셨던 선구자 세대였다. 이 박사는 자신이 김하태 목사님 다음으로 연합감리교회에서 한국인으로서는 두 번째로 안수를 받았다고 생각하셨는데, 정확한지는 사실 확인하기가 쉽지 않다. 김하태 박사는 1940년대에 미국감리교회에서 안수를 받고, 목회를 하신 분이다. 또한 한국에 나가서 연세대와 목원대에서 가르치기도 하셨다. 특별히 유교와 기독교에 대한 연구는 독보적인 위치를 점하기도 하셨다. 이 박사님 세대에서 감리사를 하신 분들도 있었고, 꽤나 연배가 되셨던 분들도 있었던 것으로 안다. 누가 통계를 작성하는 것도 아니어서 이 박사님이 두 번째로 안수를 받으셨는지 확정하기는 어렵다. 이제는 미국 교회 담임을 하는 한인 목회자들이 거의 500명에 달하게 되었다. 뉴저지 연회나 뉴욕 연회 같은 곳은 미국 교회를 담임하는 한인 목회자들이 한인 교회를 담당하는 목회자보다 2배 이상이 되는 대다수를 이루고 있다. 최근에는 버지니아 연회에서 미국 교회를 담당하는 목사들이 100여 명에 이르고 있다. 시카고를 중심한 중부도, 로스앤젤레스와 샌프란시스코가 있는 캘리포니아도 미국 교회를 담임하는 한인 목회자들이 한인 교회를 목회하는 한인 목회자 수보다 훨씬 많아졌다.

윗 세대들의 눈물과 헌신의 열매들로 수많은 한인 목회자들이 미국 교회 목회를 감당하는 시대가 온 것이다. 이정용 선생님은 인종주의적인 차별과 편견이 지배하던 시간에 미국 교회 목회를 성공적으로 감당하셨다. 또한 한인 교회 개척을 봉급을 받지 않고 감당했던 독특한 목회 경력의 소유자이다. 그분은 그것이 자신의 소명이었기에 그렇게 감당했고, 그렇지만 얽매이지 않고 자유인으로 그것을 감당하고 싶었다고 회고하셨다.

　이 이야기가 있기 전에 학생들이 선생님에게 드렸던 질문들은 다음과 같다.

1. 미국 교회 목회에서 경험한 것을 전반적으로 평가해 주시기 바랍니다. 한국 교회와 다른 점은 무엇이며, 같은 점은 무엇인지를 말씀해 주시기 바랍니다.

2. 처음 목회를 결심하시면서 생각했던 이상적인 목회의 모습과 목회 체험을 통해서 느끼신 것은 무엇입니까?

3. 한국에 가서 목회를 하고 싶으셨다고 말씀하셨는데, 한국에 가면 어떤 목회를 하고 싶으셨습니까?

4. 목회에서 가장 중요한 것은 인간관계에 있다는 생각이 듭니다. 목회자는 어떤 리더십을 어떻게 발휘한다고 생각하십니까? 선생님은 목회에서 무위의 리더십을 발휘하셨다고 생각되는데, 한인 목회자들이 미국 교회로 꽤나 나가고 있는 경향이 있습니다. 특히 연합감리교회에서지요. 어떤 식으로 미국 교회를 위해 공헌할 수 있다고 생각하십니까?

5. 사모님에 대한 이야기를 들려 주시기 바랍니다. 목회 생활과 가르치시는 일에서 사모님은 어떤 역할을 하셨고 자녀들에 대해서도 말씀해 주시기 바랍니다. 최근 어떤 감독이 쓴 글에서 낚시도 많이 가고 가족들과 시간을 더 보내고 싶다고 썼다고 합니다. 선생님이 이런 면에서 하고 싶으신 이야기를 들려 주시기 바랍니다.

목회와 가르치는 일을 통해서 말하고 싶은 것들

미국에서 목회와 학교에서 가르치는 일들에 관해서 한두 가지를 말하고 싶습니다. 내가 보기에는 우리가 일생을 살아가는 모든 것이 관계성으로 이루어진다고 봅니다.

무엇보다 젊었을 때는 많이 해야 합니다. 그때 공부도 많이 하고, 연구도 많이 하고, 일도 많이 해야 합니다. 그렇지만 나이가 들어가면서 책을 쓰는 것도 적어지고, 다시 돌아가는 현상이 일어납니다. 제 경험에서 본다면 몸이 쇠약해지고, 병이 찾아오게 되니 죽음이 가까워 온다는 것을 느끼게 됩니다. 그렇게 되면서 오래 사는 것에 대한 욕망이 꽤나 질긴 것을 발견하게 됩니다. 어렸을 때는 빨리 커서 어른이 되고 싶어 합니다. 아직 크지도 않았는데 큰 것처럼 보이려고 합니다. 나이가 많아지면 이제까지 한 것을 견고하게 만들려고(solidify) 하는 특징이 있습니다. 그것을 못 하면 궁극적으로는 후회를 하게 됩니다.

나는 이제 죽음에 대한 두려움은 없지만, 지금까지 한 일들을 수습하려고 합니다. 가정이나 친척, 돌보는 사람들을 더욱 많이 생각하게 됩니다. 더욱 많이 일하고 싶은 욕망은 아직도 크고, 하고 싶은 것은 더욱 많아지지만, 끊어버릴 수밖에 없습니다(cut off). 저도 사실 아직도 하고 싶은 것이 참 많습니다. 제 친구 중에도 공부하고 논문을 쓰기보다는 골프 치는데 더 열정적인 분이 있습니다. 지금 몸이 쇠약해지게 되니까 그분이 오히려 잘했다는 생각도 듭니다.

학교에 있을 때도 신학에 대해서 가르치기보다는 동양적인 것을 연구하고 했는데, 신학적인 것을 버리려고 했다기보다는 서양적 신학 방법론에서 벗어나려고 애썼다고 할 수 있습니다. 즉, 신학 자체에 대한 반대라기보다는 지금까지 발전시켜온 서구적 신학, 그런 종류의 신학에서 벗어나고자 했을 뿐입니다. 궁극적으로는 정말로 참된 기독교 진리를 찾으려는 노력이었고, 그것을 한시도 포기한 적이 없었습니다. 궁극적으로는 다시 돌아오는 것인데, 동양적 사상, 주역, 음양 사상을 통해서 기독교 진리를 찾으려고 했던 것입니다.

참된 기독교, 기독교의 본질(essence of Christianity)을 주역에 근거해서 찾아보고자 했던 것입니다. 주역과 동서의 만남, 무교를 연구했던 것은 한국인의 정체성을 찾으려고 했던 것입니다. 그렇지만 기독교적 진리를 거부한 적이 없었습니다. 무의식적으로 기독교의 본질을 추구하고 찾으려고 했을 뿐입니다.

가르침의 이상

내가 학생들을 가르치면서 가졌던 이상적인 선생님상은 마지널리티와 종됨의 리더십(servanthood)에서 찾을 수 있다고 봅니다. 학자라는 것은 정당하게 학문을 위해서 목숨을 바칠 수 있는 사람입니다. 학문에 굉장한 관심과 취미가 있어야 하고, 밥이나 벌려고 한다면 다른 것을 하는 것이 차라리 낫습니다. 사실 교수는 월급도 적고, 현대인에게 매력적인 직업이 아닙니다. 또한 학문에 헌신하는 마음이 없으면 일급 학자가 될 수 없습니다.

내가 생각하기에 학자는 정보를 주고 강의를 하는 것보다 인격(who you are)과 삶이 더 중요합니다. 자기 자신이 강의를 해서 가르치는 것보다는 자기 자신의 삶과 인격을 통해서 학생들을 가르치고 이끌어야 하는 것입니다. 인격으로 자기 자신됨을 가르쳐야 합니다. 정보를 전달하는 것이라면 컴퓨터도 할 수 있습니다. 가르치면서 문제가 생기는 것은 학교에서 가르치는 선생들이 인격적으로 불안정하기(insecure) 때문입니다. 저희 아이들이 학교를 다니면서 선생님들의 태도와 인격 때문에 많은 상처를 받는 것을 경험했습니다. 자기가 인격적으로 불안하기 때문에 그런 영향을 학생들에게 미치게 되는 것입니다.

첫째로는 사람이 된 다음에 가르쳐야 합니다. 잘 가르치고 못 가르치고 하는 것이 문제가 아닙니다. 말을 잘하고 못하고 하는 문제가 아닙니다. 선생님은 꼭 종됨(servanthood)의 리더십을 가져야 합니다. 선생님은 학생들을 위해서 봉사하겠다는 자세가 꼭 필요합니다. 태도 자체가 문제가 됩니다. 교만하게 "내가 말하니까 들어라" 하는 자세로는 안 됩니다. 이것은 기독교의 정신과도 거리가 멉니다.

제 경험으로 본다면 대학 교수들은 교만하고, 그중에서도 가장 교만한 것이 신학교의 교수들입니다. 신학교 교수는 어떤 의미에서는 교조적(dogmatic)이기까지 합니다. 도그마가 있어서 그런지 모르겠습니다. 신학교 교수들은 권위를 찾으려고 합니다. 어떻게 보면 세속적인 학교의 교수들, 학자들보다 더 교만하다는 것 자체가 기독교와는 반대가 됩니다. 될 수 있으면 교수는 학생들의 의견을 존중하려고 해야 합니다.

근본주의적 태도

제가 가장 싫어하는 것은 근본주의적 생각(fundamentalist ideas)입니다. 근본주의적으로 생각하는 것은 교만한 태도에서 나오는 경우가 많습니다. 자기만 아는 것 같이 생각합니다. 그런 사람들이 많으면 분쟁이 일어나는 것입니다. 사실 늘 자신을 개방해야 하는 것이 진정한 교수의 자세입니다.

제가 학교에서 가르칠 때도 불만이 많았던 학생들도 있었고, 찾아와서 공갈을 치는 경우도 있었습니다. 한번은 경영학 석사(MBA)를 하는 학생이 와서는 "당신은 기독교인이 아닙니까? 감리교 목사인 줄 아는데 할 말이 있으니 만나고 싶습니다"라고 했습니다. 내 강의를 듣지도 않은 학생이었습니다. 그렇게 만나서는 꼭 웨슬리 목사님(John Wesley)에게 따지듯 도전을 해왔습니다. "중생을 믿습니까?"(Do you believe in born again?) 물론 "나는 믿는다"(Yes, I do)고 대답했습니다. 그러면 "당신은 신실하지 못합니다"(You are not sincere)고 말했습니다. 내가 하도 기가 막혀서 "너는 어떻게 아느냐?"고 반문했더니 "자기는 척 보면 안다"(Just by looking at you)고 대답합니다. 굉장히 배타적인 태도입니다. 자기같이 행동을 안 하면 잘못한다는 것입니다. 그런 신앙의 양태를 명제적 신앙(Propositional faith)이라고 부릅니다. 역동적인 삶 속에서 활동하고, 영향력 있는 신앙은 개방적이고, 믿음, 소망, 사랑의 열매를 실지로 맺습니다. 그러나 명제적 신앙은 딱 어떤 카테고리를 가지고 규정하려고 하고, 아주 배타적인 태도를 취합니다.

그렇기 때문에 "내가 너하고는 다르게 믿는 것이지, 안 믿는 것이 아니다"라고 대답했습니다. 오래 대화를 하자고 했었습니다. 딱 그어놓고는 막무가내의 태도는, 즉 근본주의(Fundamentalism)에서 나오는데 아무리 말을 해도 자기 편이 아니라고 생각하면 듣지 않습니다. 저는 어떤 때고 개방적 자세를 갖고 있었고(anytime I am ready to open), 그렇게 살고자 했습니다.

대학교에서 가르치면서 늘 개방하고 열린 자세로 다른 사람의 의견을 들으려고 했습니다. 말해도 안 들으니 그냥 놔두어야 합니다(leave alone). 친구처럼 얘기해야 느끼게 되어서 겨우 마음을 열고 듣게 되는 것입니다. 그렇지만 자꾸 토론을 하게 되면 그다음에는 조금씩 열리는데, 교수가 얘기하거나 강의를 하면 잘 되지 않는 시대가 된 것입니다. 근본주의자적 태도가 아니라면(Non-fundamentalist) 자기들끼리 대화를 하면 열리게 되어 있습니다. 자기들끼리 대화를 하면서 거기서 열릴 수가 있다는 것을 배우게 되는 것입니다. 더욱이 대학원은 자기들끼리 대화하면서 배우는 것입니다.

대화방식의 강의

강의하는 방식은 20세기 초의 유럽식 레토릭(rhetoric)입니다. 옛날 교육은 늘 대화였습니다. 플라톤이나 공자를 봐도 늘 대화로 나누는 것입니다. 그런 방법이 가장 좋지, 강의는 일방적이고, 하나의 방향만 있는 것입니다. 결국 이런 것은, 즉 강의는 다원적 사회에는 반대되는 격입니다. 각자가 배경과 환경이 다 다릅니다. 강의는 어쩌면 권위주의적 접근 방식(authoritarian approach)입니다. 내가 한국인으로서 강의한다는 것도 마찬가지입니다.

그렇기 때문에 강의를 잘한다고 해도 실제로 교육의 효과는 별로 없습니다. 학생들이 모두 다른 배경과 특징을 가지고 있기 때문에 서로 나누고, 토론이 이루어져야 합니다. 그래야 진정한 종합(synthesis), 새로운 조화가 일어나고, 새로운 아이디어가 나오게 됩니다. 자신의 실제적인 배경과 의견을 표현할 수 있게 됩니다. 그렇다고 해서 특별히 깊은 것이 나온다고는 보지 않지만, 그래도 지금 시대에는 그런 방법이 필요한 것입니다.

신학교육협의회(Association of Theological Studies)에 쓴 논문에서[1] 이런 것을 방지하기 위해서 "모든 사람에게 자유와 진실을 갖게 해야 합니다"(allow everyone to have freedom and integrity)라고 썼던 적도 있습니다.

신학자 자체도 나만 신학자가 아니고, 다른 사람도 똑같은 신학자인데, 학자로서 학문적인 논문을 못 쓰는 것뿐입니다. 달리 말하면 그것을 잘 표현할 수가 없을 따름입니다. 그렇다고 해서 그들이 신학자가 아닌 것이 아닙니다. 그런 면에서 본다면 교수는 자기의 종됨(servanthood)을 통해서 학생들을 위해서 봉사해야 하는 것입니다. 교수도 항상 배우려는 각오를 가져야지, 자기만 안다는 태도는 안 되는 것입니다. 그런 사고방식을 가지고는 제대로 가르칠 수가 없습니다.

미국 교회의 특징과 장점

미국에서 이민 생활을 하면서 15년까지는 자기 자신을 잘 모르고 모든 것을 미국의 기준(standard)에 맞추려고 노력했다고 할 수 있습니다. 그렇지만 그다음부터는 미국의 약점이 보이기 시작했습니다.

제가 미국 교회를 목회하게 되었는데, 그 미국 교회는 백인 교회였습

---

1 Jung Young Lee, "Multicultural and Global Theological Scholarship: An Asian American Perspective," *Theological Education*, Vol. XXXII, No. 1 (1995): 43-55. 이 박사는 단 브라우닝(Don Browning)의 하이데거와 가다머, 리꿰르의 해석학적 이론은 유럽적 지성의 발전만을 대변한다고 비판적으로 논의하면서 북미에서의 신학 교육의 특성과 기준은 지구촌적이고 다문화적이어야 한다고 주장한다. 또한 기독교적 해석학은 서양의 전통과 문화를 넘어서 예수 그리스도 안에서 해석학적 원리를 발견해야 한다고 주장한다.

니다. 흑인이 하나도 없었습니다. 그렇다고 돈 많은 부유층 백인은 아니었습니다. 제가 담임 목사였고, 그분들은 저를 목사님(minister)이라고 불러주었지만, 사실 동양인 목사(oriental minister)로 대했습니다. 60년대 초에 있었던 일이니까 충분히 그럴 수 있었다고 봅니다. 영어로 설교를 해야 하므로 설교 준비를 많이 해야 했습니다. 그렇지만 그분들을 만족시킬 수는 없었습니다.

미국 교회의 장점은 평신도 조직이 잘 발달되어 있고, 평신도들이 목회에 활발하게 참여한다는 것입니다. 목회자가 가고 새로 파송을 받아와도 별로 흔들리지 않습니다. 목사 중심의 교회가 아니고, 평신도 중심의 교회이기 때문입니다. 연합감리교회인 경우에 목사는 의례히 오고 가는 것으로 생각합니다. 평신도 리더십이 강해서 위원회 모임(board meeting, committee system)을 통해서 평신도들이 모든 것을 다 감당하고 결정하게 됩니다.

제가 파송을 받고 시간이 흐른 후 교회 리더들에게 전도하자고 했습니다. 멀리에 있는 사람들은 나오는데, 교회 가까운 곳에 사는 사람들은 나오지 않는 교회의 실정을 보고 이야기하였습니다. 오래전 교인들이 교회 주변 지역이 공동화되면서 흑인들이나 그런 저소득 계층이 들어오니 자신들은 멀리로 이사를 갔고, 그 동네 사는 사람들과는 접촉이 없었던 것입니다. 목사로서 저는 전도해보자는 아이디어를 내놓았는데 참 좋은 아이디어라고 맞장구를 쳐 주었습니다. 그리고 전도를 시작했고, 좋은 결과가 있었습니다.

제가 목회했던 지역은 가난한 이웃들이 있는 곳이었습니다. 제가 아직 결혼 전이었고, 혼자 사니까 밖에 나가서 돌아다니고, 아이들과 놀고 친구가 되었습니다. 젊은 아이들과 잘 지낼 수가 있었습니다. 그때는 제 나이가 젊었지요. 밥 먹고 나가서 거리를 왔다 갔다 하면서 이름을 아는 젊은이들이 많아졌습니다. 그들을 잘 알게 되었습니다. 그런 젊은 이들을 위한 프로그램을 만들었는데 사실은 저 혼자 한 것이 아니고, 교회 연합 활동(interchurch activity)으로 다른 교회들과 함께하게 되었 습니다. 함께 모여서 활동하고 놀게 하고, 함께 만드는 프로그램이었습 니다. 가까운 교회들을 방문해서 보고 교회로 돌아와서 이렇게 하자고 제안하기도 했습니다. 그렇게 하다 보니 유스 그룹(youth group)이 성장 하게 되었고, 부모들이 오게 되었습니다. 이렇게 교회를 개방하고, 어디 든 가서 배우고 놀고 공부하는 것에 열려져 있었습니다.

위원회 모임에서 재정적인 문제를 의논하면 평신도들이 다 감당해 주었습니다. 그렇게 교회가 성장하니 새로운 건물이 필요했습니다. 신용 대부(credit loan)을 해야 한다고 하면서 목사님은 광고만 해달라고 했습니다. 그래서 아침 예배에 광고를 하고, 헌금 작정(pledge)을 하게 되었습니다. 그런데 작정 헌금이 충분하게 나와서 그 프로젝트를 자연 스럽게 감당하게 되었습니다. 이런 모든 절차를 평신도들이 잘 감당해 주었습니다. 목사는 다만 영적 생활에 책임을 져야 한다고 평신도들이 말했습니다.

예배에서도 어린이 설교는 평신도 리더들이 맡아서 했습니다. 음악 도 맡아서 감당을 해 주었습니다. 목사는 평신도 리더들을 잘 조직만 하면 잘할 수 있었습니다. 평신도들이 목사를 돕고 함께 일하려고 했습 니다. 잘 구성되어 있고, 서포트를 하려고 했습니다.

제가 부목사로 일한 적이 있었습니다. 담임목사는 모든 것을 비즈니 스 마인드로 운영했습니다. 교인들을 분리하고, 헌금을 늘릴 생각만 했습니다. 그러니까 교회 안에서 파벌들이 생기기 시작했습니다. 목회자는 진실성과 신실함만 보여주면 된다고 생각하게 됩니다.

　내가 경험한 바로는 평신도는 문제가 되지 않았습니다. 나에게는 오히려 언제나 감리사, 감독 그리고 동료 목사들이 문제였습니다. 그들은 어떤 문제들을 자기들이 조종(manipulate)하려고 했습니다. 이렇게 보면 나는 백인 목사들과는 잘 지내지 못한 것 같습니다. 언제 한국에 가느냐고 그들은 늘 물었습니다.

　작은 교회의 교인들은 목사가 새로 왔다고 자기들끼리 정성으로 대해주었습니다. 목사로 인정해 주는 것은 내가 봉사를 하기 때문이었는지도 모릅니다. 그러나 어디나 편견과 질투는 늘 있기 마련입니다. 결혼, 장례식 이런 것들은 미국 사람들도 자기들과 감정이나 문화적으로 통하는 사람을 찾기 마련입니다. 그리고 그때는 60년대 초이기 때문에 미국이 아직 많이 개방적으로 변하기 전이었습니다. 장례나 결혼은 딴 목사를 불러서 시키기도 했습니다. 나에게는 곁다리 일거리만 시켰습니다. 그것이 교회 안에서는 별문제가 되지 않았습니다. 그러나 밖에 나가서 자신이 다니는 교회 담임목사를 자랑스럽게 소개하거나 그렇게 하지는 않았습니다.

한인 이민교회의 현실

　한인 교회의 문제는 참 많습니다. 이민을 와서 생활하면서 자신들이 갖고 있는 좌절을 모두 교회로 가지고 오니 당파 싸움이 일어납니다. 또한 학교 동창, 친척들이 똘똘 뭉쳐서 활동을 하니 새로 오는 교인들이 교회 안으로 들어올 수 없는 경우가 생기게 됩니다. 사실 교회는 개방적인 모임이 되지 않으면 안 됩니다. 대부분 한인 교인들의 경우에 한국과는 다른 신분을 갖게 되기 때문에 사회에 나가서 활동을 하지 못하게 되고, 이것 때문에 문제가 많이 생깁니다. 자기 자존심(pride)을 교회에 와서 인정받고, 보상을 받으려고 합니다. 그렇기 때문에 집사가 되고, 권사가 되고, 장로가 되려고 직책에 그렇게 집착하는 경우가 많습니다.

목사님의 태도까지 교인들이 꼭 자기들 마음대로 해야 한다고 생각하는 경우도 많습니다. 자꾸 자기들 식으로 컨트롤을 하려고 하는 것입니다. 그렇지만 자꾸 컨트롤을 하려고 한다면 갈등과 다툼이 많게 됩니다. 돈을 많이 낸다고 생각하는 분들은 자기들의 힘을 과시하려고 하게 됩니다.

물질적인 면에서는 저는 아주 특별한 목회를 했습니다. 십일조를 특별히 강조한 적도 없고, 누가 헌금을 얼마나 하는지도 몰랐습니다. 계속 자주 모이고, 예배하고, 그런 식의 목회가 꼭 필요한 것인지를 생각하게 됩니다.

제가 목회를 하면서 느끼는 것은 한국인들은 정이 많습니다. 목사에 대한 인정도 많고 대우를 잘해 주려고 합니다. 사실은 목회가 힘이 들지만, 그렇게 의미 있는 일도 없습니다. 미국 교회는 평신도 리더십이 장점이라고 하지만, 한인 교회와 같은 정은 없습니다.

사람이 많아지면 많을수록 문제는 많아지고, 관계가 인격적인 관계가 아니라 자꾸 기업가적인 태도를 갖게 될 수밖에 없습니다. 목회자의 월급을 줄 수 있을 정도가 되면 작은 교회도 충분히 건강한 공동체로서 역할을 감당할 수 있습니다. 자꾸 큰 교회를 지향하는 것은 무속적(shamanistic) 아이디어가 아닌가 하는 생각을 합니다.

미국 교회의 성쇠의 변화

미국 교회도 많이 변해왔습니다. 내가 60년대 초에 목회할 때만 해도 인종주의(racism)에 그렇게 신경을 쓰지 않았습니다. 특별위원회 (Action committee) 이런 것도 없었습니다. 소수의 사람들이 문제를 제기할 때가 되어야 신경을 쓰게 됩니다.

내가 안수를 받을 때에 있었던 일을 이야기해 보겠습니다. 연회의 목사안수위원회에서 모든 서류와 자격을 갖추어서 당연히 안수를 받고, 연회의 정회원이 되어야 했지만, 안수위원회는 저에게 안수를 주려고 하지 않았습니다. 이것은 명백히 인종차별이었지만, 현실적으로 문제가 없었던 것은 아닙니다. 동양인 목사를 파송할 교회가 현실적으로 없었던 것입니다. 위원회는 안수는 주지만 정회원 자격은 줄 수 없다고 저에게 통고를 했습니다.

사실 저는 그 당시 감독님과 매우 가까운 관계를 유지했습니다. 감독이 저에게 돈도 보내주고, 성탄에는 초대해 주어서 함께 지내기도 했습니다. 그렇기 때문에 감독은 제가 연회 정회원이 되어야 한다고 생각했습니다. 그러니까 멤버십(정회원)은 받으라고 했습니다. 그러나 교회를 받겠다고는 주장하지 말고 조건 없이 들어오라고 저에게 알려주었습니다.

어떻게 생각하면 미연합감리교회가 우리를 위해서 해준 것이 없다고도 할 수 있습니다. 나는 언제나 중심과는 관계가 없는 모퉁이(margin)에서 살아야 했습니다. 교회에 정식으로 파송을 받은 것도 전임자가 선교사로 갔기 때문에 준 것일 따름입니다.

흑인들은 연합감리교회가 되면서 중앙연회(central conference)에

속하게 되었습니다. 나중에는 모두 합쳐지게 되었지만, 어떤 경우에는 흑인들도 후회를 하고, 행복하지 않은 경우가 많습니다. 아직도 흑인들이 백인 교회에 파송을 받는 경우에 문제가 많이 생깁니다. 감독들은 많이 나오지만 사실상 인종 문제(racism)가 해결된 것은 아닙니다. 로컬 교회에서는 해결이 안 된 경우가 많습니다.

1965년 이후에 동양인들이 많이 이민을 왔고, 히스패닉들도 많이 오니 미국에서는 다문화적인 압력이 생기기 시작했고, 연합감리교회에서는 세계선교국(Board of global ministry)에 양념으로라도 소수인종들을 한 분씩 넣기 시작했습니다. 구체적으로 미국에서 한인 교회들도 생기기 시작했고, 손명걸, 함성국 등이 선교국에서 일하게 되었습니다. 60, 70년대에 전상의,[2] 윤길상[3] 이런 분이 교단 본부에서 일하게 되었습니다. 일본인, 한국인, 흑인들이 한 분씩 들어가게 되었지만, 실지로 밑에서부터(grass root)는 아직 해결이 안 되었습니다.

1980년대부터는 미국 교회가 소수인종 목사들에게 열리기 시작했습니다. 커뮤니티가 다인종적이 되었습니다. 히스패닉은 특별히 차별이 없고, 동양인은 그래도 되는데, 흑인은 힘이 드는데, 인종주의(racism)가 제일 문제입니다. 미국에서는 주일 11시에 인종적 분리(segregation)가 가장 심하다고 말합니다. 이따금 흑인들이 백인 교회에 가지만, 그렇게 잘 적응하지 못하는 것도 아직 사실입니다. 실지로 인종을 넘어서는

---

2 전상의 목사님은 연세대 신학과 출신으로 오하이오의 감리교신학교(Methodist Theological School in Ohio)와 에모리에서 공부하셨다. 연합감리교회 본부의 제자국에서 오래 일하셨다.

3 윤길상 목사님은 연세대 신학과 출신으로 연합감리교 본부의 고등교육사역부에서 목회자들에 관한 업무를 오랫동안 감당하셨다.

목회가 이루어지지 못합니다. 여전히 우리는 아직도 다른 인종들을 편하게 받아들이지 못하는 것도 현실입니다. 물론 인종차별(racism)이 바닥(grass root)에서부터 없어지게 되니까 파송이 잘 이루어지고 있습니다. 한국 사람들은 영어만 잘 할 수가 있게 되면 큰 문제는 없을 것입니다. 2세들에게도 좋은 기회가 열리게 될 것입니다.

미국 교회는 신학적으로 칼 바르트, 틸리히, 브루너의 신정통주의 영향이 컸습니다. 설교에도 실존주의와 신정통주의가 광범위한 영향을 미쳤다고 볼 수 있습니다. 지금도 아직 그런 경향이 없어진 것은 아니지만, 종족주의와 글로벌한 것이 영향을 미치고 있습니다. 감리교회는 개방적이 되었기 때문에 설교도 자유롭고, 교인도 새로운 인식을 가지고 듣고 있습니다. 설교 스타일도 성경을 주석하는(expository) 것이 아니고, 성경을 본문으로 잡기는 하지만 문제(issue)를 중심으로 설교하게 됩니다. 성경 본문을 가지고 직접적으로 논의를 하는 것은 설교에서 별로 안 합니다. 여성해방 운동도 성서적 해석을 위해서 본문을 중시하기보다는 해석에 더욱 치중하게 됩니다.

감리교회는 옛날부터 사회적 정의를 실천하는 행동을 통해서 인권과 정의를 증진시키는 데 앞장서 왔습니다. 감리교회는 옛날부터 이런 일을 계속 감당했지만, 이제는 이런 면이 많이 약해졌습니다. 지금은 감리교회가 많이 의례적(liturgical)인 교회가 되어가고 있습니다. 옛날에는 종교개혁적 전통(Reformed tradition)은 칼비니즘(Calvinism)에 가까워졌었고, 예복을 입고 하는 것은 그렇게 없었습니다.

예배학(Liturgy)을 강화하는 방향으로 가는 것은 권위(authority)를 강화하기 위해서는 그것밖에 없기 때문입니다. 저는 이런 것은 별로 좋아하지 않습니다. 개신교도 사실은 가톨릭과 비슷해지고 있다고 할 수 있습니다. 예수님은 사실 전혀 그렇지 않았는데, 이런 경향은 뒤로 가는 운동(backward movement)입니다. 감독이 권위를 얻기 위해서 그러는지 모르지만, 무슨 모임을 할 때면 큰 지팡이를 짚고 나타납니다. 교인들은 그렇게 하면 그런가 보다 하고 생각하게 됩니다. 일일이 설명을 다 하지는 못하지만, 감리교회는 인종주의의 문제에 대해서는 아주 민감하게 반응하는 편입니다. 그렇기 때문에 감독에 여성, 한국인, 일본인이 의도적으로 선출되고 있다고 할 수 있습니다.

교회에 대한 사랑은 내 평생을 지배해온 주제

노스 다코타 주립대에서 가르치는 동안 신학에서는 거의 떠나 있었다고 할 수 있지만, 그 세월 동안 교회 공동체를 위해 계속 일할 수 있었습니다. '교회가 실질적으로 전통적인 신학하고 무슨 관계가 그렇게 있는가?' 하는 생각을 하게 되었습니다. 결국 교회는 부활 신앙과 믿음으로부터 나왔고, 즉 사람들의 운동으로부터 파생되어 생겨났다고 볼 수 있습니다.

신학은 사실 어떤 구조라고 말하기도 어렵습니다. 신학이 진정으로 교회를 위한 것인지도 또 교회를 위해서 쓰여지는 것인지도 때론 의문이 듭니다. 신학은 어떤 생각들을 통제하려고 하지만, 저는 이런 데서 완전히 떠난, 순전히 우리의 삶의 차원에서 일어나는 것을 신학이라고 생각합니다. 우리가 어떤 신학적인 관점을 가지고 교회를 위해 목회를 하던가 믿는 것은 아니라고 생각합니다. 지금도 신학이 정말로 교회에서 어떤 역할을 하는가에 대해 정확하게 이야기하기가 어렵습니다. 현대 신학이 너무 전문화 내지는 학문화가 되면서 교회와의 관계는 멀어진 측면이 많기도 합니다.

교회에 대한 관심이 언제나 저를 이끌어 왔다고 할 수 있습니다. 설교는 좋은 설교, 나쁜 설교가 따로 있는 것이 아닙니다. 진정한 설교는 자신의 삶을 가식 없이 나누는 것입니다. 자신의 삶의 이야기를 나누는 것입니다. 어떤 자신의 신앙의 확신을 나누는 것입니다. 자신이 체험한 것을, 다른 사람이 체험한 것보다 좋고 나쁘고의 관점이 아니라, 순수하게 성찰하고 나누어야 합니다. 왜냐하면 우리의 삶이야말로 가장 진실한 것이고, 하나님께 받은 선물이기 때문입니다.

내가 생각하기에는 신학자라고 할까, 신학적인 것을 생각하기 시작하면 문제가 더 생긴다고도 할 수 있습니다. 저는 신학적인 방향이 자기 몸에 배어 있다면 특별히 생각할 필요도 없다고 봅니다.

저는 은퇴를 하고 나서 한 가지 하고 싶은 것은 그림을 그리고 싶습니다. 오랫동안 명상을 하다가 자기도 모르게 나타나는 것, 삼각형, 사각형이든가, 삐쭉하게 나온 것, 그냥 그려보는 것이 제일 마땅한 그림이 아닐까 하고 생각합니다.

자기가 나타난 자신의 삶의 느낌, 자기 삶이 하나님과의 관계성이 항상 있다고 생각하면 그것이 바로 설교가 되는 것입니다. 하나님의 계시, 계시라는 말 자체가 틀린 것 같습니다. 다 젖어서 사는 것인데, 어떤 범주를 지어서 신학자, 목사가 될 조건은 신학적이라는 것, 하나님에 대한 이해와 인간관계를 삶의 경험과 열린 자세로 대화를 할 수 있는 자세가 있으면 된다고 봅니다. 상극적인 관계로 사는 사람들은 신학이 필요할지 모릅니다. 내게 가장 귀중한 선물은 신학도 생각도 아니고, 그 삶의 체험이 독특한(unique) 것이기에 나눠야 한다고 봅니다. 지식이나 이런 것은 항상 있는 것입니다. 옛날부터 있던 것을 다시 쓰는 것입니다. 또 그것을 어떻게 표현하느냐의 문제이고, 시대에 따라서 다르게 나타날 뿐입니다.

설교는 내 삶의 이야기(my life story), 순전히 믿는 사람의 삶의 이야기(life story), 그것이 내가 생각하는 설교입니다. 나누지 않으면 그냥 파묻히고 맙니다.

믿음은 종교개혁(reform tradition) 전통에서 이야기하는 그런 유형의 믿음이 아니고, 그 이전에 모든 것의 바탕이 되는 믿음입니다. 즉, 기본 바탕이 되는 것입니다. 개인적인 이야기(personal story)는 독특합니다(unique). 한 가지 문제(limitation)가 되는 것은 내 이야기 하나만으로 계속 설교를 할 수는 없으니까 다른 사람의 삶의 이야기도 필요한 것입니다. 교회에 대해 제가 많은 시간을 썼던 것은 신학적인 것이 아니었고, 교회에 대해 그만큼 애정과 관심이 많았었습니다. 맨 처음 소명을 받으면서 목사가 되려고 했던 그 첫사랑에 충실했다고도 볼 수 있겠습니다. 여러분도 받은 소명에 충실한 삶을 살아 내기를 바랍니다.

광야의 노래

북의 고향에서
평양을 거쳐
걸어서 걸어서
찾아온 남녘 땅
어머님과 떨어져
아버님과 살던 땅,
미국으로 떠나기 전
젊음의 날
전쟁의 와중에서
실향민으로 살던 땅.

아버님 친구 찾아
남에서 또 남으로
걷고 걸어
찾아갔던 밀양,
차려준 밥상
굶주림에 느꼈던 진미.
제2국민병이 되어
죽다가 살아온 길,
거제도로 제주도로
군대로 탄광으로 가던 길,

도망쳐 나와
아버님 동창집 찾아가
몇 달여 살았던 종살이
자유의 의미 깨닫고
부산으로 갔네.
형과 만남
가난과 배고픔 속,
몸부림치던 가시밭길

미국 유학 떠나기 전
남산에 많은 이들 모인 집회에서
신비한 향기 맡았던 새벽,
신앙의 뿌리가 되었네.
원초적 신앙의 경험
고향이 되었네.
세상의 냄새
죄악의 냄새
송장썩는 냄새였지.
그 냄새 변해
하늘의 향기
온몸으로 느꼈던
황홀의 경지였네.

이십여 넌 지나

다시 찾아와,
대학 강단에도 서고,
무당의 굿마당을 찾아
노래하고 춤추며,
연구하고 배웠던 땅.

옛 조상들이
한반도에 들어와 살 때,
신앙의 노래
하늘과 땅
우주의 노래
부르던 이들,
무당들이었네.

한에 짓눌려
가난과 고난에 부서지고 깨어져
미신과 욕망의 화신으로
일그러지고 타락해
멸시에 아파하던 이들,
따뜻함으로
위로하고 끌어안던
젊은 날의 연구였네.
종교학자로
한반도를 순례했네.

주역과 정역을 배우고
한반도에 일어났던
종교 현상을
사랑하고 사랑했지.

엘리아데와
한반도 땅
무당의 노래 함께 불렀네.
신학적 상상력으로
노래했네.
고졸하고 소박해서
잘 드러나지 않는
그 노래를.

밑에서 위까지
따뜻함으로 사랑으로
끌어안고 가던,
깊고 깊은
순수하고 깨끗한
동심으로 가득한
하늘 님의 사자였네.

남쪽 한반도에서
6.25 전쟁의 현장에서

오십년대의 초반에,

산업화와 도시화의 언저리

칠십년대에

다시 찾아와

느끼고 경험했던

고난과 가난,

신학의 노래로

아름답게 피어났네.

5 장

이정용 박사학위 논문 이야기
— 신의 고통: 한국인이 발견한 하나님의 마음

제자들의 질문

모즐리(J. K. Mozley)가 1926년에 신의 수난불가 교리에 대한 역사적 개요를 저술하면서 이 주제에 특별히 집중한 두 작품을 발견했다고 밝혔다. 즉, 3세기의 그레고리 사우마투거스(Gregory Thaumaturgus)의 『신 안에서 고통을 고통당한다와 고통을 당할 수 없다에 관하여』(*De passibili et impassibili in Deo*)와 19세기 말에 마샬 랜들(Marshall Randles)의 『축복된 하나님』(*The Blessed God*)이다. 이 연구에선 신의 수난설에 대한 여섯 제안자를 논의하지만, 두 저자만이 이 주제에 책 전체를 할애했다. 즉, 기타모리의 『하나님의 아픔의 신학』과 이정용의 『하나님은 우리를 위해 고통을 당하신다』이다.*

박사학위 논문을 주제로 나눈 이번의 신학 이야기는 1996년 2월 2일 뉴저지 위퍼니에 있는 선생님의 자택에서 이루어졌다. 사모님이 차려준 식사를 마치고 식탁에서 가졌던 특별한 이야기였다. 사모님은 여러 가지 음식을 풍성하게 차려 주셨다. 진정한 의미의 식탁의 교제(table fellowship)였다. 밥상공동체의 나눔과 교제가 이루어진 시간이었다. 그때 사진 한 장 남기지 않았다는 것이 아쉽기만 하다. 아직 디지털카메라가 나오기 전이었다.

다음은 이 신학 이야기를 진행하기 전에 한국신학연구원의 학생들이 모여서 토론하고 만든 질문지이다.

---

* Warren McWilliams, *The Passion of God* (신의 수난) (Mercer University Press, 1985).

논문의 배경에 관한 질문들

1. 신의 고통에 관한 문제의식들을 어떻게 발전시키게 되었는지를 좀 자세하
   게 말씀해 주셨으면 합니다. 논문 주제를 정하고 연구를 진행시키면서
   주의할 점이나 당부하고 싶은 말씀도 아울러서 말씀해 주십시오.
2. 박사님의 논문에 신정통주의의 영향이 짙게 깔려 있습니다. 그 당시 미국
   신학계의 동향과 관련해서 박사님의 사고와 연구에 어떤 영향을 받으셨는
   지를 말씀해 주시기 바랍니다.
3. 이 논문의 어떤 기본적인 전제가 되는 것들을 기독교의 기본교리와 관련해
   서 말씀해 주시기 바랍니다.

논문의 내용과 체제에 관하여

1. 아가페를 신의 본성으로 정의하셨고, 이 아가페는 신이 역사와 세계에
   참여함을 상정하고 있습니다. 이 아가페에 대한 그리고 이것은 신의 심정
   (empathy)과 근본적으로 연결되는데 이 관계들을 다시 한번 설명해 주시
   기 바랍니다.
2. 고통의 문제를 이 논문에서는 인간들과 하나님과의 관계에서만 다루고
   계신다고 생각을 하게 됩니다. 이 고통의 문제를 환경과 세계에까지 확대
   한다면 요사이 생태학적 신학으로 발전한다고 볼 수 있는데, 이 부분에
   대한 생각을 듣고 싶습니다.
3. 신의 열정(pathos)을 일반적(generic) 개념으로 말씀하셨는데 좀 더 설명
   해 주시기 바랍니다. 또한 믿음의 유비(analogy of faith)를 존재의 유비
   (analogy of being)와는 근본적으로 다른 새로운 신학 방법론으로 사용

하고 계신데, 이 부분에 대해서도 좀 더 설명해 주시면 좋겠습니다.

4. 정진홍 교수가 선생님 책을 번역한 후기에 선생님을 매우 보수적인 분으로 묘사하고 계십니다. 물론 보수라는 개념도 다양하지만, 선생님의 그런 면이 이 논문에서는 더욱 두드러지다고 생각이 됩니다. 선생님이 성서를 인용하시는 부분을 유심히 보게 됩니다. 또한 성서적 전거를 매우 중요시하고 계십니다. 선생님의 성서 이해를 좀 더 말씀해 주시기 바랍니다.

이정용은 신이 인간의 고통에 참여할 수 있다는 논의를 학위 논문으로 썼으며, 이것은 나중에 『하나님이 우리를 위해 고통을 당하신다: 신의 수난가설에 대한 조직적 탐구』(*God Suffers for Us: A Systematic Inquiry into the Concept of Divine Passibility*, Martinus Nijhoff, Hague, 1974)로 출간되었다. 이 저서는 미국 신학계에서 신의 고통의 문제를 다룬 고전적 작품으로 평가되고 있다.

학위 논문의 주제를 정하기까지

제가 학위 논문을 신의 고통의 문제로 정하게 된 과정들을 이야기하 겠습니다. 원래 학위 논문으로 관심을 가졌던 것은 틸리히와 불트만의 상징론을 비교하려고 했습니다. 이런 생각을 가지고 지도교수를 찾아갔 습니다. 지도교수인 넬슨(Robert Nelson)[1] 박사는 유럽에서 공부를 했는 데, 에큐메닉스 활동에 주도적으로 참여했던 분으로, '신앙과 직제 위원 회'(Faith and Order)의 의장을 했던 분입니다. 그 당시에는 보스턴신학 대학원의 원장을 맡고 계셨습니다.

제 이야기를 듣더니 근본적으로 저에게 도전적인 제안을 하셨습니 다. "요새 학생들에게 그런 작업은 누구나 할 수 있으니까, 자네는 독창적 인 방법론을 가지고 기독교의 중심적인 문제를 새롭게 풀어볼 용기가 없는가?" 하고 물으셨습니다. 사실 저는 그런 거창한 프로젝트를 할 생각도 못했던 상태에서 지도교수가 무엇을 하라고 하는 것인지를 파악 하고 감당하는 것이 쉬운 일은 아니었습니다.

지도교수의 요구는 저 자신의 독특한 방법론을 찾아가지고 신학의 큰 문제를 나름대로 풀어보라는 것이었습니다. 제가 그때까지 공부하고 고민하던 문제를 먼저 파악하고, 신학적으로 그것을 풀어내야 했습니 다. 저는 북한에서 남한으로 전쟁 통에 월남을 하고 피난길에서 고생고

---

1 이정용의 박사 과정 지도교수였던 로버트 넬슨(Robert Nelson, 1920~2004) 박사는 밴더빌트(1957~1960)와 보스턴(1965~1984) 신학대학원 학장을 역임한 윤리학자 요 신학자였다. 세계 교회협의회의 에큐메니컬 운동에 헌신적으로 참여하고, 60년대 인권운동에도 참여했으며, 유전자 복제와 기독교 윤리 문제에 관해서도 저술로도 저명했던 신학자였다.

생을 하였고, 북한에서도 해방 이후의 혼란 상황에서 고생한 것이 많기 때문에 아무래도 이런 면을 신학적으로 해명하고 싶었던 것이 내면적으로 자리하고 있었는지도 모릅니다. 그런 실존적 문제와 신학적 방법론을 고민하게 되었습니다. 그런 차원에서 하나님의 고통과 수난의 문제를 다뤄보고 싶다고 말씀을 드렸습니다. 또한 이것이 저에게 의미가 깊고 체험적으로 도움이 될 수 있다고 생각했습니다. 나는 고생을 많이 겪어보았기 때문에 수난에 대해서 하려고 했던 것이고, 물론 이런 작업이 인간의 고통을 해결할 수는 없지만, 그런 문제에 도전해 보고 싶었습니다.

그때 일본 사람이 쓴 책이 영어로 번역되어서 그 책을 읽었던 것도 영향을 미쳤습니다. 즉, 신의 수난과 고통을 연구하는 기타모리(Kitamori Kazoh)의 『하나님의 아픔의 신학』(*Theology of the pain of God*)이었습니다. 지도교수는 네가 그 사람보다 더 잘 쓸 수 있으면 쓰라고 했습니다. "제가 학생인데 지금 어떻게 더 잘 쓸 수 있느냐?"고 여쭈었더니 지도교수는 "지금 그렇게 쓰지 못하면 앞으로도 못 쓴다"고 하시며, "지금 그렇게 쓸 수 있다"고 격려해 주셨습니다. 자기도 교회에 대한 것을 썼는데, 잘 받아들여졌다고 하면서 지금 쓰지 못하면 영원히 못 쓴다고 했습니다.

제가 "아무리 생각해 봐도 잘 쓸 것 같지는 않지만, 내 체험을 통해서 루터의 신학보다도 더 근본적인 것을 발전시키고 싶다"고 대답했습니다. 일본 사람이 접근한 루터 신학과는 전혀 다른 방향으로 접근하겠다고 했습니다. 그랬더니 지도교수는 "그러면 좋다(That's good). 한번 해보라"고 격려를 해 주었습니다.

학위 논문 계획서를 쓸 때에 그런 논의를 한 것이니 사실은 전혀 생소한 것을 처음부터 새로 시작한 셈이었습니다. 논문의 주제를 논문 계획서를 낼 때 바꾸었으니 학위 논문을 위해서 오랫동안 고민하고 연구한 것은 아닙니다. 그럼에도 불구하고 사실 학위 논문을 비교적 빠르게 끝낼 수가 있었습니다. 그것은 집중해서 했기 때문이고, 내가 도서관학을 공부했기에 논문 자료를 찾는 데 비교적 쉽게 했기 때문이라고도 할 수 있습니다. 논문에서 제일 중요한 것은 전체의 조직적인 구조인데, 조그만 내용에 너무 신경을 쓰면 안 됩니다. 논문의 구조와 전체 조직을 근본적으로 건전하게(sound) 구성해야 합니다. 논문에서 접근하려고 하는 주제를 근본적으로 파악을 하고, 그 문제를 성서적으로 적용해 보아야 합니다. 어떤 잘못이 있는지를 발견하고, 그것을 통해서 새로운 답을 찾아야 합니다. 또한 그것을 참고해서 그다음에 어떻게 응용될 수 있는가를 살펴야 합니다. 그렇게 대체적인 방향을 정했습니다. 근본적인 원인이 되는 문제를 파악하고 접근을 해야지, 텍스트 분석만으로 그런 작업을 할 수는 없습니다. 조직적으로 그런 방향으로 시도한 것이 하나의 독특한 저 자신의 접근 방식이었다고 생각합니다.

학위 논문 계획서를 쓴 다음에는 그냥 그대로 진행해 나가면서 새로운 아이디어를 첨부하기도 했습니다. 그렇지만 대체적으로 논문의 구조는 건드리지 않고, 처음에 잡은 구도에 어긋나지 않게 쓰려고 노력을 했습니다. 아무튼 논문 쓸 때가 되면 모든 것을 거기에 집중하지 않으면 안 됩니다. 집중하다가 거기에서 벗어나 딴 것을 하다가는 시간이 굉장히 오래 걸립니다. "쇠뿔도 단김에 빼야 한다"고 하지 않습니까? 다른 것을 신경을 쓰다 보면 제대로 하기가 어렵습니다. 내 경우에는 체계만을 잡아 놓고 논문만을 쓰는데 전적으로 집중할 수 있는 여건이 되어서 대체로 빨리 끝낼 수가 있었습니다. 정말 저에게는 행운이었습니다.

집중해서 연구를 하고, 잠시 멈추었다(stop)가 다시 하고 하는 것을 반복했습니다. 또한 쓰면서 필요한 것은 다시 첨부하는 식으로 했습니다. 그렇게 했음에도 불구하고 연구한 것의 반은 실제로 쓸 때는 필요가 없게 됩니다.

처음부터 연구한 것을 다 쓰려고 하면 엉망이 되고 맙니다. 반 이상은 다 버릴 생각을 하고 연구를 해야 합니다. 어떤 사람의 논문을 보면, 전체가 모두 편집해서 짜깁기한(editing) 것 같습니다. 논문은 거창하게 보이고, 참고서적(reference)은 많이 주를 달고 했지만, 궁극적으로 체계적으로 본다면 자기가 하려고 하는 것이 제대로 안 나옵니다. 자기가 정한 방향을 따라서 곧게 가야 합니다. 논문이 길다고 좋은 것도 아니고, 길이는 걱정할 필요가 없습니다. 자기의 독창적인 아이디어를 발전시켜야 합니다.

논문을 쓸 때 미국 신학계와 동향

제가 신학교에 들어가서 마치던 시절에는 신정통주의가 완전히 미국 신학계를 지배하고 있던(dominating) 시절이었습니다. 흔히들 포스트모더니즘은 칼 바르트에서 시작한다고 말씀하시는 분들이 있습니다. 이것을 사람들이 잘 모릅니다. 신학계의 사정을 보면, 그 시절 자유주의(liberalism)는 완전히 파괴되었습니다. 합리적인 구조(rational structure)가 완전하게 무너져 내려버린 그런 시기였다고 할 수 있습니다. 바르트도 출발은 원래 슐라이에르마허2와 19세기의 신학 사조의 영향을 받으

---

2 슐라이에르마허(Fredrich Daniel Ernst Schleiermacher, 1768~1834)는 계몽주의,

면서 신학을 시작했습니다. 그렇지만 그의 신학은 세계대전을 겪고 난 다음에 어떤 전환을 하게 되었습니다. 틸리히, 니버까지도 칼 바르트의 영향을 받았습니다. 제 지도교수였던 넬슨 교수는 브루너 밑에서 공부를 했습니다. 브루너가 바르트랑 논쟁을 벌이다가 궁극적으로는 이기지는 못했지만, 그럼에도 불구하고 브루너는 특징이 있습니다. 그는 신학적 문제들을 간단하게 설명합니다. 브루너의 책은 신학교 교재로서는 인기가 있었습니다.

신정통주의의 특징은 인간은 신을 알 수 없다는 것이고, 그렇기 때문에 자연 계시(natural revelation)를 인정치 않고, 특별 계시(special revelation)만을 통해서 신을 알 수 있다고 생각했습니다. 그렇기 때문에 성서가 중심이 됩니다. 한국에서는 아직도 바르트의 영향이 큰 것으로 알고 있습니다. 바르트에게서 제일 중요한 것이 믿음을 통해서(through faith)만 하나님을 알 수 있다는 것입니다.

내가 학위 과정을 할 때는 철학적인 면에서 언어 분석(linguistic analysis)이 시작되었습니다. 비엔나 학파(Vienna Circle)의 실증주의(positivism)가 퇴조하고, 죽었다고도 할 수 있는데, 전통적인 신학은 퇴조했으며, 언어 분석이 새롭게 시작되고 있었습니다. 그러니까 검증을 하는 것이 가능하든지(Either totally verified), 그렇지 않으면 그 논의를 버려야 합니다. 그것이 실증주의적 입장입니다. 그 후에 비트겐슈타인의 언어게임 이론(language game)이 나오면서 언어에 대한 관심이 크게

경건주의와 낭만주의의 영향으로 근대 자유주의 신학을 탄생시킨 비조로 알려졌다. 자유주의 신학을 종교 경험에 근거한, 즉 직관과 감정에 근거한 신학 방법론을 주창했다. 그의 저술로는 『종교론』(On Religion)과 『독백』(Soliloquies)이 있으며, 해석학의 정립에도 큰 영향을 미쳤다.

증가했습니다. 그렇지만 신학적인 면에서는 그렇게 크게 주목을 받지는 못했습니다. 그러다가 해석학(hermeneutic)이 완전히 신학적 담론을 점령하게 되는데, 아직도 이런 영향이 신학에 여전히 미치고 있습니다. 아직도 나도 모르게 신정통주의적 영향이 제게 남아 있는데, 내가 받았던 신학적 오리엔테이션이 그렇게 형성된 것이기 때문입니다. 그것이 공부할 때 근본이 되었기 때문에 나도 모르게 그런 생각이 내 속에 박혀 있다고 볼 수 있습니다.

그런 신앙을 가지고 있더라도 동양적인 것을 하니까 교회에서 제대로 잘 받아들여지지 않고 있습니다. 어떤 면에서 나는 전통적인 면을 가지고 있고, 그렇게 본다면 보수적으로 보일 수도 있습니다. 그러나 나는 그러면서도 개혁적인 방향으로 나가서 새롭게 하고자 하는 방향입니다.

인간의 죄와 타락

기독교 사상은 근본적으로 인간의 죄와 악의 문제 등 몇 가지 기본 전제들3이 있습니다. 논문을 쓰면서 이런 전제들을 갖고 글을 쓴 것은 사실입니다. 근본적인 기독교 사상은 지금도 마찬가지입니다.

그렇지만 동양은 인간을 타락했다든가 악하다고 보기보다는 선을

---

3 기독교 신학의 기본 전제들은 하나님과 인간들의 관계를 중심으로 이루어진다. 신학의 가장 중요한 주제는 창조와 구원인데, 인간은 신이 창조한 피조물이지만, 신의 명령을 불순종하는 죄를 범함으로써 타락해서 구원을 필요로 하는 존재가 된다. 타락은 결국 인간이 악함으로 귀결된다. 죄와 악을 해결하는 것이 그리스도를 통한 구원의 길이다. 죄와 악의 근거가 되는 것은 원죄설이다.

중심으로 봅니다. 성선설에서는 맹자가 중요한 인물입니다. 도교도 인간이 타락한 것으로 보지 않았습니다. 그렇기 때문에 우리가 태어날 때 가지고 있는 것을 수양하면(cultivate) 된다고 생각하는 것입니다. 교육을 통해서 성인이 될 수 있다(cultivation)고 생각하는 것입니다. 물론 동양에서도 인간의 악함을 강조하는 순자도 있습니다. 그렇지만 순자도 유교에 속하는 것은 악함에도 불구하고 수양과 교육을 통해서 성인됨으로 나갈 수 있다는 전제에는 동의하기 때문입니다. 그러므로 인간을 보는 관점에서부터 동양과 서양이 근본적으로 다릅니다.

그렇지만 기독교적 세계관은 타락이 모든 것을 망쳤다는 시각으로 봅니다. 인간은 신의 형상(the image of God)을 잃었기 때문에 신에 대한 탐구를 인간의 이성(reason)으로는 할 수 없습니다. 그것이 신정통주의의 입장입니다. 신정통주의는 실존주의에 근거하기 때문에 이성보다는 인간의 실존을 강조하는 것입니다. 즉, 이성을 통한 합리적인 구조 (Rational system)를 부정하게 되는 것입니다. 인간은 이성적 존재로서 합리적으로 사는 것이 아니라, 실존이 앞서기 때문에 감정과 불안에 시달리게 됩니다. 즉, 인간은 합리적으로 이성적으로 사는 것이 아닙니다. 더욱 엄격히 말한다면 인간은 알 수 있는 능력도 없다는 것입니다. 그런 능력도 하나님께서 주시는 믿음을 통해서만, 하나님을 알 수 있는 기회를 가질 수 있습니다. 인간은 완전히 타락했기 때문에 하나님이 하라는 대로 해야 하는 꼭두각시(puppet, 조종을 당하는 인형)나 마찬가지 상태가 되었습니다. 그러니까 이런 이해가 전제가 되어 있는 것입니다. 이것이 단적으로 나타난 것이 바로 어거스틴의 원죄입니다. 지금은 원죄를 믿지 않는 분들도 많지만, 그럼에도 불구하고 인간의 죄의 보편성(universality of sin)을 인정해야 합니다. 기독교 신학을 할 때 이것은 인정하지 않을 수 없습니다. 그것이 기독교 신학의 특징입니다. 아무리 재간이 좋고, 능력 있고, 감각이 좋고, 체험이 있다고 해도 그것은 하나님이 주지 않은 것이라면 아무런 역할을 할 수 없습니다. 이런 전제에서 출발한 것이 신학입니다.

신정통주의에서는 인간의 실존이 하나님을 제대로 알 수도 없기에 인간이 하나님을 알 수 있는 것은 이성이 아닌 하나님의 계시로서의 성경으로 다시 돌아가게 되는 것입니다. 종교개혁으로 돌아가려고 하는 것입니다. 그렇기 때문에 성서가 자꾸 더 중시되기 시작하는 것입니다. 왜냐하면 성경이 특별계시이기 때문입니다. 궁극적으로는 근본주의(fundamentalism), 무오류성(inerrancy)의 문제가 거기서 나오게 됩니다. 즉, 성경은 특별 계시이고, 오류가 없다는 전제를 계속 밀고 가게 되면 근본주의적 사고가 나올 수밖에 없습니다. 인간의 본성에 대한 서로 다른 이해들 때문에 이런 사고구조들까지도 결과적으로 나오게 되는 것입니다. 동양과 서양의 근본적인 차이가 여기서 나타납니다. 쇼펜하우어(Schopenhauer)는 이런 것에서 벗어나서 동양적인 것을 받아들이려고 했습니다. 서양은 그리스 문화와 직접적 관련을 갖고 있으며, 그리스 문화가 토대가 되어서 만들어집니다. 종교개혁에서는 이런 입장이 달라집니다. 신정통주의는 다시 종교개혁(reformation)으로 돌아가려는 입장입니다. 이런 것이 전제되어 있습니다. 특별히 방법론에서 그렇습니다.

아가페 — 신의 심정(empathy)

제가 학위 논문을 쓰면서 신은 아가페의 상징이라고 말했습니다.

아가페는 특정한 형태의 사랑입니다. 다른 형태의 사랑들도 있습니다. 필리아(philia), 에로스(eros), 스토르게(storge) 등입니다. 아가페는 궁극적으로 하나님의 본성을 나타냅니다. 그것은 특별히 예수 그리스도를 통해서 나타났고, 그전에도 구약을 통해서도 계속 나타납니다. 애굽에서 고통을 당하는 이스라엘을 사랑해서 하나님이 이스라엘 백성을 해방시킨 것입니다. 그것이 출애굽 사건이고, 역사 속에서 하나님의 사랑이 드러난 사건이고, 구원의 원형이 됩니다. 예언자들(prophets)에서 이런 입장은 계속됩니다. 호세아서에서는 하나님이 호세아에게 명령해서 자기 처를 버리지 않고 끝까지 사랑하는 모습을 통해서 하나님의 사랑을 드러냅니다. 예레미야서나 이사야 53장의 고난받는 종(suffering servant)의 노래에서는 고통을 당하는 하나님의 모습, 종의 모습이 나타납니다. 신약성서에서 본다면 아가페를 중심으로 예수님도 "사랑하라"는 새 계명을 말했습니다. 결국은 우리가 하나님의 자녀가 될 수 있는 것은 사랑 때문입니다. 이런 사랑은 바울에게서 나타났고, 고린도 13장에서 더욱 두드러지게 나타났지만, 바울은 사랑을 딴 방향으로 강조한 것도 사실입니다.

성서를 다시 읽으면서 발견한 것은 아가페의 사랑은 원칙(principle)이 아니고 실제로 인간을 도울 수 있도록 행하시는 하나님의 성품입니다. 그런 면에서 이것이 성서적인 것이라고 생각합니다. 그것이 성품(Nature)이라고 할 때는 틸리히도 그렇게 보았지만, 사랑은 하나의 파워(one of powers)가 아닌 그런 것들을 다 초월한 형태(transcendental form)로 봅니다. 저는 사랑을 하나님의 성품으로 정의함으로써 논문의 주제를 관철시킬 수가 있었습니다. 하나님이 고통을 받을 수 있는 것은 사랑이 그분의 성품이기 때문에 결국은 하나님이 고통을 받는 것이 가능합니다. 결국은 어떤 신학적 주장도 궁극적으로는 사랑의 해석학이될 수밖에 없습니다.

Empathy라는 말이 있는데, 원래는 '심정' 혹은 '공감'을 의미합니다. 내가 주목하게 된 것은 심정이 구별되는(distinguishing) 것은 동정심(sympathy)과 다르고, 심리학자들의 감정 이입(empathy)과도 다릅니다. 오늘도 어떤 목사님의 아버님이 돌아가셨다는 소식을 전해 들었습니다. 우리는 누구나 동정(sympathy)은 할 수 있지만, 심정(empathy)은 단순히 동정하는 것이 아니고, 밀접한 관계가 아니고는 할 수 없는 것입니다. 심정(empathy)은 내 자신이 다른 사람 속에 들어가서 그 사람과 똑같이 느낄 수 있는 능력이 있어야 합니다.[4] 인간으로서는 심정(empathy), 즉 아가페 사랑을 갖는 것이 거의 불가능합니다.

심정은 아버지가 아들이 고통을 당할 때 느끼는 그런 감정입니다. 그 감정은 관계가 가깝기 때문에 느낄 수가 있습니다. 즉, 아버지와 아들이나 남편과 처의 관계에서 느낄 수 있습니다. 하나님이 고통을 당한다는 것을 우리가 아는 것이 불가능하지만, 그것이 심정(empathy)과 비슷한 것이 아닐까 생각하게 됩니다. 하나님의 아가페, 즉 순수한 사랑(pure love)은 더 깊이 들어갈 수 있는 관계에서만 가능합니다. 신만이, 궁극적으로 아가페 하나님만이 우리의 수난에 참여할 수 있습니다.

사실 이런 논의들은 이론적이라고 볼 수밖에 없습니다. 하나님 자신

---

4 심정이나 공감을 의미하는 empathy는 이정용 신학의 주요 개념이다. 하나님이 고난 당할 수 있는 것은 심정을 통해서 고난의 현장에 참여할 수 있기 때문이다. 이정용의 심정은 심리학자의 감정이입(empathy)과 같은 단어를 쓴다. 이정용의 심정은 그의 신학 체계 전반을 관통하는 개념이고, 존재적이고 관계적이고 참여적이다. 심리적인 영역을 포괄하면서 더욱 관계적이고 존재적인 참여의 측면을 강조하는 신학적인 개념이라고 할 수 있다.

이 아니면 알 수 없고, 우리 인간이 가진 한계가 있기 때문에 우리는 느끼려고 해도 느낄 수도 없습니다. 생각으로 하나님을 규정하게 되면 안 되니까 열린 결말이 되는 것입니다(open ended). 심정(empathy)은 아가페와 밀접한 관계가 있으며, 궁극적으로 하나님의 사랑에 우리가 참여하게 됩니다. 심정은 하나님이 우리의 수난에 참여하는 데 중요한 핵심이 되기에는 부족한 단어이긴 하지만, 제가 사용했던 것입니다.

틸리히, 부르너 등의 영향은 받았지만, 그 사람들의 영향으로 신학을 한다는 것은 창조성이 없는 것입니다. 영향은 받았지만, 그분들과 특별한 상관이 없이 발전시킨 것이고, 직접적인 관계는 없습니다. 촌에서 나왔다고 촌사람으로 계속해서 살 수는 없고, 새로운 땅에 나오면 나 자신이 스스로 개척해야 합니다. 그런 면에서도 박사학위 논문에서 제가 발전시킨 것은 틸리히나 부르너와는 직접적인 관계는 없습니다. 제 논의를 입증하기 위해서 그분들의 저술을 주에서 언급하고 내 논의를 발전시키기 위한 자료로 쓴 것은 맞습니다.

제 논문 심사위원으로 다른 부심 교수가 있었는데, 유럽인으로 이분도 선교사를 지내기도 했고, 에큐메닉스를 하는 분이었습니다. 그분은 제가 논문을 너무 빨리 끝냈다고 하면서 간격 없이(single space) 세 장이나 자기가 생각하는 문제들을 빼곡히 써 보냈습니다. 그렇지만 이분은 전체적으로는 보지는 못하는 것 같았습니다. 그래서 그 교수님의 논평을 받고서 난감했습니다. '이것을 어떻게 해결해야 하지' 하는 생각이 들었습니다. 지도교수였던 넬슨 박사는 그분의 논평(comment)을 받고 나서 내 논문을 다시 읽고 있다고 했습니다. 단도직입적으로 넬슨 교수에게 다시 써야 하느냐고 물었습니다. 넬슨 교수는 시카고 모임에 갔다 오면서 읽고 있는데, 이번에 세 번째 읽는다고 하면서

"네 스타일이 좀 다르다"라고 말씀하셨습니다. 자신이 보기에는 별로 문제가 없다고 하면서 격려해 주었습니다.

내가 책을 쓰면서도 밝혔지만, 지도교수는 내가 글을 쓰는 스타일이 자기들과는 다르고, 반복하지 않는 스타일로 반복한다고 말해 주었습니다. 그러면서 지금까지 자기에게는 특별하게 지적할 것이 없다고 하면서 부심 교수가 물은 질문들을 생각해서 논문에 반영하면 된다고 했습니다. 다만 정당화(justify)만 하면 된다고 했습니다. 자기가 읽기에는 지금까지 그렇게 많은 의문은 없다는 것입니다(So far, I have very few questions).

지도교수가 오케이를 하면 부심이나 삼심은 그렇게 반대할 수는 없으니까 가서 최종 심사를 준비하라고 했습니다. 그래서 그렇게 많이 고치지는 않았습니다. 부심 교수는 인도에도 선교사로도 갔었기 때문에 순전히 도그마틱한 것은 없었습니다. 지도교수의 지원과 격려가 큰 힘이 되었습니다.

철학적 신학(Philosophical theology)을 지금도 보스턴에서 가르치는 분이 있는데, 내가 쓰는 주제를 그렇게 싫어했습니다. 그 교수님은 제목 자체가 말이 안 된다고 하면서 하나님은 고통을 받을 수(God suffers) 없다고 했습니다. 그분은 자기 수업을 폐강하고, 내 학위 논문 심사에 들어왔습니다. 그래서 대부분의 교수가 다 들어왔었습니다. 그 정도로 신의 수난은 서양 기독교인들이 받아들이기 어려운 문제였고, 많은 관심이 있었습니다. 그분이 나중에는 저를 좋아하게 되었고, 그 학교로 오는 것이 어떠냐는 그런 요청을 하기도 했습니다.

환경과 세계의 문제

수난을 인간과 하나님과의 관계에서 주로 다루었지만, 환경이나 세계까지 확대시켜서 생각할 수가 없는가 하는 질문을 지금은 쉽게 할 수 있습니다. 그러나 그 당시의 경향으로 본다면, 서구적 신학의 세계관은 근본적으로 인간과 하나님의 관계였지, 그 이상은 생각하거나 적용해 보려고 시도도 안 하던 시절입니다.

우주론(cosmology)은 신학교와는 별 관계가 없었습니다. 철학적인 질문(philosophical questions)을 할 때는 그런 문제를 포함하겠지만, 신학의 문제들은 철학과는 전혀 달랐습니다. 나의 신학적 지향(orientation)이 그랬기에 그때는 사람과 하나님 사이에서만 생각했고, 그 이상 볼 여지가 없었습니다. 다만 계시가 인간을 통해 믿음으로 나타나기 때문에 더 이상 생각할 여지가 없었던 것입니다. 지금 한다면 조금 광범위하게 다룰 수는 있겠지만, 그때는 미국 신학계에서 그런 문제까지 다룰 여지가 전혀 없었습니다.

사도 바울이 한 말에서 발견할 수 있는 것처럼 여전히 악(evil) 같은 것도 인간만이 아니라 인간을 넘어서는 존재들과 파워들(trans persons and powers)과의 관련성을 가지고 논의할 수 있을 것입니다. 그렇지만 당시에는 생각할 여지도 없고, 그런 영역으로 확대될 수가 없었습니다. 그렇지만 이제는 하나님의 신학은 인간만이 아니고, 전 세계를 관심을 갖고 다루게 되는 것입니다. 이제는 더욱 더 나가서 우리 땅만 아니라 우주까지도 나갈 수 있습니다.

그렇지만 서구적 신학적 세계관에서 그것은 좀 힘든 것입니다. 신정통주의는 실존주의(existentialism)의 영향 속에서 이루어진 것입니다.

그렇기 때문에 우리의 실존적인 문제들(existential questions)을 주로 다루었던 것입니다. 실존주의는 키에르케고르가 시조입니다. 칼 바르트에서 제일 중요한 것은 하나님과 인간(heaven and earth, human beings) 사이에는 전혀 연속성이 없다(no continuity)는 것입니다. 그래서 하나님을 전적인 타자라고 부르는 것입니다. 제가 학위 논문을 쓸 때만 해도 그와 같은 입장에서 실존주의의 차원에서 같이 발전시켰기 때문에 생태학적 문제까지 생각할 여유가 없었습니다. 그러니까 나도 실존주의적인 영향을 많이 받은 것입니다. 실존은 하이데거를 통해서 다시 계속되는데, 즉 해석학적 과정(hermeneutic process)을 지향하게 됩니다. 헤겔과는 다른 점이 있지만, 요즘은 거의 실존주의가 슬쩍 사라져 버렸다고 할 수 있습니다.

하나님의 고통, 포괄적으로

인간적인 하나님(anthropomorphic God)은 아버지나 부모의 입장에서 자녀인 인간의 고통에 참여하기 때문에 신의 수난의 문제가 나옵니다. 신약에서도 그렇게 나오지 않습니까? 신정통주의는 매우 간단합니다. 루터란적인 접근(Lutheran approach)은 그 접근 방식이 궁극적으로는 비성서적이라고 할 수 있습니다. 해석학(hermeneutics)이 벌써 작용하고 있습니다. 요새 새로 강조되는 것이긴 하지만, 루터의 해석학은 간단하고 도그매틱합니다(rather very simple and dogmatic). 즉, 바울에서 나타나는 믿음(faith)이 바이블 위에 놓이게 됩니다. 그런 믿음으로부터 성경을 보고 해석하기에 정당한 해석이 될 수 없습니다. 사실상 모든 해석학이 다 그런 측면이 있습니다. 성경해석은 어떻게 보면 믿음의 지배를 받게 됩니다. 믿음이 성경 위에 있게 된다면, 성서학적으로는 정당한 해석학이 될 수 없습니다.

오늘날의 철학자들에게는 이제 텍스트가 실제로 문제가 됩니다. 그러나 루터는 한 점을 정립해서 그것으로 모든 것을 봅니다. 한국 목사님들도 이런 관점을 떠나지 못합니다. 교회나 모든 것을 그런 방향으로 보기 때문에 그것이 문제가 됩니다.

본문을 넘어서 가야 합니다(go beyond text). 본문(text) 안에서 해석하려고 해야 하는데, 루터는 관점을 확립(establish)해서 그것을 중심으로 읽고 보는 것입니다. 모든 것이 그런 원칙(principle)에 입각해서 볼 수밖에 없습니다. 성경을 제대로 읽으려면 소설을 읽는 것 같이 어떤 선입관이 게재된 전제들을 다 버리고 읽어야 합니다. 다시 아무리 읽어도 색안경을 쓰고 보는 격입니다. 소설을 읽는 것과 같이 읽는 것이 중요합니다. 공부할 때 리액션 페이퍼(reaction paper)를 쓰라고 하는 것이 이런 방식입니다. 나름대로 성경을 보는 눈, 해석 틀에 매이지 않고 보는 깨끗한 눈이 필요합니다.

내가 어떤 전제나 독단에서 해방(liberation)될 수 있었던 것은 신학을 하고 대학에 가서 가르치면서 주역을 공부하고, 동양 철학을 공부를 하면서 완전한 전환(shift)이 일어났기 때문입니다. 어느 것이든 독창적이고 창조적인 것이 나오려면 이전의 것과 단절하는 불연속성(discontinuity)이 있어야 합니다. 완전히 멈춰 섰다가 다시 시작해야 다른 것이 나올 수 있습니다. 안식일은 쉬는 것입니다. 사실 신앙생활도, 교회 생활도 계속 반복하기만 하면 매너리즘에 빠지기 쉽습니다. 어디서나 그냥 쉬는 것이 매우 중요합니다. 이것이 안식일의 원리이고, 실제이기도 합니다.

심정(pathos): 믿음의 유비와 존재의 유비(analogy of faith/ analogy of being)

서구 신학사에서 정통주의의 교의 중 하나가 신의 수난불가설 (impassibility of God)입니다. 즉, 하나님은 수난을 받을 수도, 느낄 수도 없다는 것입니다. 기독교 신학은 그리스 철학을 근거해서 이렇게 발전하게 됩니다. 아리스토텔레스적 입장(Aristotelian)의 철학적 개념이 중요하게 자리 잡습니다. 완전하다는 것은 감정, 운동이 없어야 합니다. 어거스틴의 신학은 플라톤을 근거로 하지만, 아퀴나스의 신학은 아리스토텔레스를 근거로 합니다. 그리스의 신의 개념은 완전한(perfect) 것이기에 느낌, 감정, 운동은 신의 개념에 포함될 수 없습니다. 논문을 쓰면서 그 당시 일어나고 있던 교부들 연구(patristics, patrology)를 공부하고 연구했습니다. 진정한 조직신학적 연구를 하기 위해서는 초대 교부들을 연구해야 했습니다. 드루에 오게 되었을 때, 내가 신은 고통을 당할 수 있다고 내린 결론을 오든(Thomas Oden) 교수는 받아들일 수 없었습니다. 그러나 오든 교수는 제가 초대 교부들을 연구한 것을 매우 좋아했습니다.

플라톤(Plato)은 모든 감정(any feeling)을 열등한 것으로, 신플라톤주의(Neoplatonism)에서는 감정을 위계적으로 순수하지 못한 것(anything is impure)으로 간주합니다. 그런데 정신은 항상 최정상에 있는 것인데, 하나님은 정신을 갖지만, 열등한 감정을 느끼거나 가질 수가 없습니다. 정신은 항상 정상(top)에 있는 것이기에 하나님은 정신(mind)을 갖지만, 감정은 열등하기에 관계할 수가 없습니다. 그런 면에서 순수 정신(pure mind)은 변증법적 관계(dialectic relationship)를 갖게 됩니다. 하나님께서 순수 형식(pure form)을 보고 느끼는 것은 순수 존재(pure being)이기 때문입니다. 그렇기 때문에 하나님은 부동의 동자(unmoved mover)인 것입니다.

그렇지만 이런 철학적인 논의는 성경과는 전혀 정반대로 나가는 것입니다. 아가페를 중심으로 본다면, 즉 하나님의 심정(Pathos)은 사랑이며 공감하기 때문에 고통받을 수가 있습니다. 그러나 그리스(Greek)의 초대교회의 교부들은 하나님이 고통받을 수 없다는 입장을 취할 수밖에 없었는데, 위에서 말씀드린 대로 그리스적 철학이 그 근거가 됩니다. 즉, 서양 철학적 입장에서 정신과 감정을 구분하고 위계적으로 처리하는 이원론적(dualistic) 사유에서 나왔다고 볼 수 있기 때문입니다. 그것은 근본적으로 순수한 철학의 문제였는데, 그 당시에는 아직 완전하게 드러나지 않은 종적인 차이를 나타내기 이전의 배아적 형태(generic form)였습니다. 신구약 성경에서 하나님은 인격적인(personal) 분이시고, 원칙(principle)이나 형태(form)가 아닙니다. 그렇기 때문에 하나님은 사랑의 성품 때문에 고통을 받을 수가 있습니다. 그것은 성서적인 것입니다.

존재나 믿음의 유비(analogy of being/faith)에 대해서는 요즘 신학에서는 관심과 논의가 별로 없지만, 존재의 유비(analogy of being)는 가톨릭에서 그리스 형이상학의 연장으로 계속해서 발전시킨 것입니다. 첫 번째로 그것은 존재자들 사이에 차이가 일치하지 않음(equivocal)을 전제합니다. 그렇기 때문에 상징적인 관계(symbolic relation)를 통해서만 표현하는 것이 가능합니다. 하나님을 아는 것도 아니고, 모르는 것도 아닙니다. 자연적인 존재(being)는 존재의 유비(analogy of being)를 통해서 하나님을 상정하는 것입니다. 철학자들이 하나님을 알아가는 방법입니다.

　반면에 이것을 완전히 부정하는 것이 신정통주의적 입장입니다. 하나님을 도저히 알 수 없기 때문에 바르트는 가톨릭적인 존재의 유비를 받아들일 수가 없었습니다. 래디컬 종교개혁적 입장이 디트리히 본회퍼에서 나와서 다시 바르트에게 영향을 주었다고 볼 수 있습니다. 그렇기 때문에 바르트는 존재의 유비가 아닌 관계의 유비(analogy of relation)를 발전시킵니다. 존재가 먼저 전제가 된다면 관계로 발전할 수가 없습니다.

　가톨릭은 존재의 유비를 받아들이고 또한 이성의 가능성을 받아들입니다. 개신교적인 완전 타락을 받아들이지 않고, 이성에 의한 존재의 유비를 가능하다고 생각하는 것입니다.

　관계(relation)를 중심으로 한 관계는 상대적인 것입니다. 관계가 먼저 놓이게 되면 존재(being)는 이차적인 것이 되고, 관계(relation)가 우선이 됩니다. 그런 면에서 존재보다 관계가 매우 중요한 위치를 차지하는 것입니다. **이런 측면에서 찾아가게 되면, 신정통주의와 동양 신학의 관계를 철학적으로 해명할 수 있습니다.** 이것은 중요한 이치입니다. 거기서 조금 더 나가서 다시 찾게 되면, 신정통주의와 동양 철학을 연결시킬 수도 있습니다. 이런 측면에서 방법론을 발전시킬 수 있습니다. 제가 하는 신학적 작업은 이런 측면에서 정당화(legitimation)가 될 수 있습니다.

고통의 참여

　인간이 신의 고통에 참여하는 실천을 어떻게 할 수 있는가? 어떻게 생각하면 정치적인 참여는 쉽습니다. 그러나 고통의 문제에 참여하는 것은 너무도 중요하지만, 그것은 쉽지 않고 힘든 문제입니다. 제가 신학적으로 지향하는 바가 이 부분에 있는데, 사실은 이해하기도 쉽지 않고, 실천하는 것은 더욱 더 미묘한 문제가 됩니다. 그렇지만 저는 이런 문제를 포기할 수가 없었고, 제 신학의 전체에 있어서 아주 중요한 문제로 자리하고 있습니다.

인간으로서 하나님의 수난에 참여한다는 것 자체는 하나님이 우리 수난에 참여하는 것이 전제가 되는 것입니다. 그러면 우리는 어떻게 참여하는가? 정치나 정의에 참여할 수 있다고 하지만, 제 생각은 동양적인 사고에서만 볼 수 있습니다. 참여한다는 것 자체는 하나님과 통해야 가능합니다. 하나님이 우리와 함께 한다는 것을 믿어야 가능합니다. 믿음이 없이 나 혼자 할 수 있다고 할 때는 신의 고통에 참여하는 것이 아예 불가능합니다. 우리가 생활하는 데 있어서 아버지가 아들의 고통을 받던가, 아들로서 아버지의 어머니의 고통을 이해하려고 하는 심정이나 이런 것을 동양인들은 느끼고 경험할 수가 있습니다. 하나님이 우리 삶에 늘 같이 한다는 것을 믿어야 가능합니다.

아버지가 아들의 고통을 받거나 아들로서 부모가 고통을 받으면 그것을 이해하고 위로하려는 심정, 그런 면에서 참여할 수 있는 것입니다. 일상생활에서 명상에서 오는 관상적 태도를 가지고 살 때, 그런 문제를 볼 수 있는 것입니다. 고통은 느낌으로 오게 되는데, 하나님이 고통을 느끼게 되는 것은 하나님이 우리와 연결되어 있기 때문입니다. 공교롭게도 명상, 요가 자체가 어원적으로 볼 때 둘이 묶여 있다는 뜻입니다. 즉, 요가의 원리 자체가 하나님과 인간이 함께 묶여 있다는 것을 보여줍니다. 명상의 삶이 인간으로서 가장 중요한 것입니다. 거기서 힘이 나와서 극복할 수 있게 됩니다. 이것은 어떻게 생각하면 매우 수동적이라고 볼 수는 있지만, 인간으로서 반응할 수 있는 최상의 형태입니다. 그렇기 때문에 말보다 침묵이 더욱 중요합니다. 목회를 좀 해 봤지만, 상처를 받은 사람에게는 사실 할 말이 없습니다. 말해서 되는 것도 아닙니다. 가만히 옆에 있는 것만으로도 공감과 치유가 이루어집 니다. 하나님이 고통에 참여한다는 것은 우리를 새롭게 할 수 있는 능력이 됩니다.

성서관은 사랑의 해석학

아가페를 통해서 사랑을 중심으로 성경을 보는 입장이 저의 성서관 입니다. 신정통주의는 믿음을 중심으로 성경을 보는 입장입니다. 제가 읽는 성경은 사랑을 중심으로 보는 것입니다. 그렇게 본다면 저도 정통 파이지만, 제가 읽는 바로는 하나님은 사랑이라는 것이 앞서서 나타납 니다. 즉, 사랑의 해석학이 된다고 할 수 있습니다. 사랑은 믿음도, 행동도, 모든 것을 포함할 수 있습니다. 사랑은 이것이냐 저것이냐(eith-er/or)의 양자택일의 입장이 아닙니다.

하나님이 참된 부모입니다. 인간이 된다는 것 자체는 궁극적으로는 사랑하는 것입니다. 아무리 교회가 성장하고 잘 된다고 해도 사랑하지 못한다면 안 됩니다. 한두 사람이 모여 사랑하는 것이 더 좋은 참된 기독교인이 될 수 있습니다. 그런 입장에서 성경을 보았습니다. 사랑의 해석학이라고 할 수 있을 것입니다. 보다 더 근원적인 방식이라고 할 수 있습니다.

영원한 십자가 — 해방신학, 여성신학

영원한 십자가를 이야기하자면, 역사적인 것만을 중시하는 사람은 그렇게 생각을 할 수가 없습니다. 동양적인 것이 나타난다고 할 수 있습니다. 역사도 반복적인 것입니다. 십자가는 똑같은 형태로 나타나는 것은 아니지만, 다른 형식으로 다른 사람으로 나타날 것입니다. 그렇기 때문에 우리는 영원한 십자가를 이야기할 수 있습니다.

다시 예수 그리스도가 역사적으로 나타날 수는 없지만 다른 사람이나 형태로 나타날 수는 있을 것입니다. 고통과 수난은 하나의 극단의 형식인데 영원한 것입니다. 하나님께서 영원히 계신다는 것은 부모로서 자기 아들딸이 있으면 아이들이 커서 다 성공하고 나가도 죽을 때까지 부모는 마음을 놓을 수가 없습니다. 하나님께서는 영원히 우리 손을 잡고 있다는 것입니다.

사랑과 수난이 같이 나타나는 것입니다. 궁극적으로는 음양과 같습니다. 음이 잠재해 있다가 나타나는 것입니다. 이것이냐 저것이냐의 양자택일적 입장이 아니고, 이것도 저것도의 양면 긍정의 입장으로 나타나는 것입니다. 궁극적으로는 음양적 사유가 들어 있습니다. 이런 면에서 이것은 굉장히 열정적인(intensive) 입장입니다.

서양의 역사는 수난(suffering)을 죄의 결과로 봅니다. 분명한 것은 십자가는 예수님에게는 자발적인 수난(volunteer suffering — agape)이었고, 그런 면에서 이것은 부모가 아이를 위해서 고통을 당하는 것과 같은 것입니다. 이것은 자기 자신보다도 더욱 소중하게 여기는 사랑의 관계가 있기 때문에 가능한 것입니다. 그래서 믿음의 유비(analogy of faith)가 중요합니다. 제가 논문을 쓰면서는 처음 시작한 것이지만, 될 수 있으면 내 멋대로 자유롭게 시도를 해 보았던 것입니다.

　다시 쓴다면 동양적인 것을 가지고 쓰게 될 것입니다. 거기서 내 아이디어가 시작되고 완성되는 것이기에 서양적인 것은 다 한계가 있는데, 그것 가지고 확장하려고 했고, 전체적인 입장으로(holistic) 보고 싶었습니다.

　해방신학은 행동 지향적인데(action-oriented), 제가 판단하기론 이것은 일시적일 수 있습니다. 해방신학적으로 쓰고 싶은 마음이 없습니다. 저는 더 근본적인 방향으로 나가고 싶었고, 그런 특징이 제 신학적 작업에는 계속해서 나타납니다. 한국인, 동양인, 필리핀, 라틴 아메리카 이런 것은 환경적인 것이지만, 영구적인 것은 철학적인 백그라운드가 있어야 합니다. 현재 일어나는 유행적인 철학이 아니라 될 수 있으면 광범위하고, 보편적이고, 모든 사람이 자신의 체험을 바탕으로 서로 포괄할 수 있는 신학을 해야 합니다. 할 수 있으면 이제까지 배운 것을 이용해서 서양의 좋은 것을 이용하고, 동양적인 것을 통해서 작업을 하고 싶었습니다.

　주역을 공부하다 보니 내가 그런 것에 관심과 취미가 있다는 것을 깨닫게 되었습니다. 주역은 모든 것에 적용될 수 있습니다. 사실 우주 만물 가운데 주역이 적용되지 않는 것이 없습니다. 주역은 근본적인 사고방식이고, 과학 이전 시대의 논리이고 사고방식이기도 합니다. 주역은 우주적인 상징이라고 할 수 있습니다. 주역의 기원은 신화나 전설에서 발전된 것인데, 점술에 대한 것을 잊어버리지 않습니다. 아주 간단하게 말한다면 미래를 알 수가 없고, 결정을 하기가 어려울 때 흔히 동전을 던져서 결정하는 것과 마찬가지의 원리입니다. 주역적 원리에서 동양적인 모든 것이 발전했기 때문에 주역에서 시작하는 신학을 하고 싶었던 것입니다. 컴퓨터도 주역적 원리에서 발전한 것이라고 할 수 있습니다. 음양은 이진법으로 발전한 것입니다. 매 순간 선택인데, 삶 자체는 선택이 본질입니다.

아내가 매사추세츠 주립대 실험실에서 일을 했기 때문에 나는 학위 논문을 쓰면서 공부에만 전념할 수 있었습니다. 한번 시작하면 온종일 공부를 했습니다. 비가 오는데도 문도 안 닫고 하던 작업에 집중하고 있을 때도 있었습니다. 집사람이 와서 왜 문도 안 닫고 있느냐고 해서 알게 되었습니다. 이왕에 할 것인데 할 때 빨리해버려야 합니다. 박사 과정에선 학위 논문(dissertation)에 신경을 많이 써야 합니다. 학위 (degree)는 반이 논문이라고 할 수 있습니다. 박사 과정의 수업(coursework)을 한 것은 나중에 별로 중요하게 생각하지도 않습니다. 논문을 쓸 때 중요한 것은 소화를 하고 써야 합니다. 소화를 해내면 같은 것을 넣어도 똑같은 것으로는 안 나옵니다. 쓴다는 것 자체가 소화가 되어야 합니다. 여러분들이 열심히 공부해서 미국에서 서양에도 또 동양에도, 한국에도 공헌하는 그런 작업들을 해내기를 바랍니다. 신학의 미래가 교회의 장래가 여러분의 손에 달려 있습니다. 감사합니다.

6 장

『주역』과 신학 이야기
: 신학적 사유의 새 패러다임
— 영원한 사유의 원형을 찾아서

제자들의 질문

이정용 박사님은 보스턴신학대학원에서 학위를 마치고 목회의 현장으로 복귀하고 싶은 마음도 많았다. 교단에서 파송을 그리 쉽게 해주지 않았기 때문에 교수 자리를 찾게 되었고, 오터바인대학에서 가르치는 길이 열렸다. 연합형 제교단(United Brethren)의 목회자의 자녀들이 대다수를 차지하는 작은 대학이었다. 그 학교에서 세계종교와 종교학과 신학을 가르치면서 그의 학문과 신학적 방법론에 근본적인 전환이 일어났다. 물론 처음에는 신정통주의적 연장선상에서 틸리히가 말하는 대로 세계종교사의 빛 아래서 신학을 새롭게 전개하는 길을 가게 된 것이다. 그 가운데서 가장 중요한 것은 주역이란 신학적 패러다임을 제공할 수 있는 동양적 사유의 원형을 제공하는 텍스트를 만난 것이었다. 이 장은 『주역』과 신학의 이야기이다.

다음은 한국신학연구원의 학생들이 토론하면서 만든 질문지이다.

I

1. 한국교회와 한국 기독교인들에게 『주역』은 매우 생소한 책이고, 부정적으로 보여지는 책입니다. 신학을 연구함에 있어서 교수님은 『주역』을 하나의 세계관으로 채택하셨습니다. 이것은 성서와 신학적 작업을 위한 '렌즈'로 볼 수 있을 것입니다. 또한 성경과 기독교적 신앙이 하나의 교과서라면, 주역을 이것을 동양인으로서 교과서를 잘 볼 수 있게 해 줄 수 있는 참고서로 선택하셨다고 볼 수 있을 것입니다. 제가 국민학교 때 주일학교 선생님과 했던 대화가 기억납니다. 그때 시골 작은 교회였지만, 이상한 교회여서 선생님의 『역(易)의 신학』에 대한 토론이 있었습니다. 한 75년이나 76년이었으리라 생각됩니다. 제가 왜 역의 신학이 문제가 되느냐 물었을 때

참고서가 『주역』이기에 성경보다 우위에 놓은 것이 잘못이라고 그 선생님이 말했습니다. 제가 보기엔 교과서가 더 중요한 것이니까 별문제가 되지 않을 수도 있으리라 봅니다. 시카고제일교회에서 주역에 대한 부정적 평가를 무마시키기 위해서 애쓰셨던 노력을 간단하게 다시 해 주셨으면 합니다.

2. 『주역』을 연구하시게 된 동기는 여러 번 말씀을 하신 것으로 생각됩니다. 여기에서 주역을 연구하는 과정 그리고 그 연구 방법론, 도움을 받으셨던 참고서적들 그리고 미국에서 접촉하셨던 인물들에 대해서 말씀해 주시기 바랍니다. 여러 에피소드를 포함해서 말입니다.

3. 모든 것이 변화한다고 했을 때 과연 목회자로 강단에서 현재에 관해 무엇을 말할 수 있을지 의문이 듭니다. 과연 현재적 우리의 책임과 사명을 어떻게 인식해야 할 것인지를 『주역』을 시간 이해와 연관시켜서 말씀해 주시기 바랍니다.

II

1. 『역의 신학』을 쓰셨던 당시에 미국에서 과정신학이 어떤 위치를 점하고 있었는지 그리고 선생님은 과정신학을 어느 정도 받아들이고 있으시지만, 또한 차별성을 두고 계십니다. 이런 문제들을 다시 한번 말씀해 주셨으면 좋겠습니다.

2. 선생님은 그야말로 『주역』을 철학화 내지 현대 학문적 토론의 장으로 끌어내셨습니다. 이것은 음양론, 오행 등의 전통적 동양 사상이 매우 우수한 사상임을 그리고 기독교 사상과 전혀 다른 사상이 아니라 오히려 서로를 상생할 수 있는 사상임을 계속 밝히려고 애쓰셨습니다. 다시 한번 변화의

철학적 원리들을 정리해 주셨으면 좋겠습니다.

3. 사실 서구 학문적 전통에서는 수미일관한 정합성의 논리적 구조를 매우
   중요하게 여기고 있습니다. 그렇지만 선생님은 분명하게 기독교적 세계
   관과 주역의 세계관은 다르지만, 그 차이성을 계속 유지하면서도 서로
   상생할 수(complement) 있음을 보여주고 있습니다. 이런 방법론을
   "both/and"라는 양면 긍정의 논리로 음양이론을 발전시키고 계십니다.
   그래서 『주역』은 불교와도, 도교와도 그리고 유교와도 공존해왔다고 생
   각할 수 있습니다. 그리고 마침내는 기독교 사상과도 공존할 수 있는 길을
   열어줄 수 있다는 확신을 갖게 됩니다. 과연 어떻게 이것이 가능한지에
   관해서 선생님의 견해를 간단하게 정리해 주시기 바랍니다.

4. 『주역』은 매우 오래된 고전입니다. 그러나 포스트모더니즘과도 매우 일맥
   상통하는 세계관을 갖고 있음을 선생님은 개진하셨습니다. 또한 현대 물
   리학의 인과율을 뛰어넘는 연구 성과들과도 공존하는 사상 체계임을 밝혀
   내고 계십니다. 과학은 사실상 현대 모든 학문과 문명을 가능케 하는 근거
   가 되고 있습니다. 주역의 세계에서 보는 과학관을 위의 문제들과 연관시
   켜서 말씀해 주셨으면 좋겠습니다.

5. 이번에는 신학적인 문제와 관련을 지어서 종말(Eschaton)의 문제를 질문
   드리고 싶습니다. 사실상 세상이 끝난다는 사고는 어느 시대나 공통된
   문제의식이 견지되어 왔습니다. 그러나 현대인들이 핵무기의 발달과 생
   태학적 위기에서 느끼게 되는 위기의식이랄까, 지구의 멸망에 대한 공포
   는 어느 때와 비교할 수 없을 정도로 현실적인 가능성으로 등장하고 있습
   니다. 그런 상황에서 어떤 희망적 미래의 비전을 제시해줄 수 있는 사람은
   그리고 사상은 어디에서도 찾아볼 수 없다고 생각이 됩니다. 그런데 선생
   님의 『역의 신학』에서 말씀하시는 종말은 새로운 시작과 만난다는 그런

희망적인 에스카톤은 과거에는 그런대로 가능할 수 있었다고 생각할 수도 있지만, 핵무기의 현실적 위협과 생태학적 위기에서 다시 그런 순환적 희망의 도래가 가능할까 하는 의문을 갖게 됩니다. 서구 신학적 논의들은 이제는 지속 가능성(Sustainability)에 모아지는 것 같습니다. 여기에 대해서 한 말씀 해 주시기를 바랍니다. *

6. 사실상 기독교 전통은 창조의 신앙보다는 구원의 사건에서 모든 것이 시작되었고, 그것을 통해서 삶과 역사를 보아왔다고 배웠고, 성서나 신학사를 보아도 그렇습니다. 선생님의 창조를 구원보다 우선시하는 신학적 전개는 매튜 폭스(Matthew Fox)*의 창조 중심적 신학보다 앞서서 나왔을 뿐만 아니라, 생태학적 논의나 이런 문제들도 그리고 지금 한창 논의되는 신학적 논의들을 앞서 제기하셨다고 생각할 수 있습니다. 이런 창조를 구원보다 우선시할 때, 과연 그렇게 이해할 수 있는 기독교는 어떤 모습이 되어야 하는가를 생각해 보게 됩니다. 우선 생각해 볼 수 있는 것은 전통적인 교회론이나 예배학은 매우 약화될 수 있다는 생각이 듭니다. 그렇지만 진정한 기독교의 모습으로 나아가기 위해서 이런 창조 중심적 사유가 제시해 줄 수 있는 비전이 무엇일까를 말씀해 주시기 바랍니다.

---

* 매튜 폭스(1940~)는 도미니칸 수도회에 속한 신부였었다. 아퀴나스 신학과 철학 연구소(Aquinas Insititute of Theology and Philosophy)에서 박사학위를 받고, 시카고의 로욜라대학교에 문화와 창조의 영성 연구소(The Institute of Culture and Creation Spirituality)를 세우고, 창조 영성을 가르치기 시작했다. 그의 창조적 영성과 여성 신학적 주장으로 인해 카톨릭교회에서 추방을 당했다. 1994년에 영국 성공회에서 신부로 받아들여졌고, 오레곤에 창조영성대학교(The University of Creation Spirituality)를 설립했다. 그의 유명한 저서로 『원복』(Original Blessing)이 있다. 그는 그 책 서문에서 이정용의 『역의 신학』을 창조 영성을 드러내는 책으로 제시하고 있다.

이정용의 주역 연구는 그의 신학적 구성을 위한 방법론의 토대가 되었다. 『역의 원리 이해』(*Understanding the Principle of Change*, 몸통), 『주역과 현대인』(*The I Ching and Modern Man*, 발), 『역의 신학』(*The Theology of Change*, 팔)에 『포괄하는 역』(*Embracing Change*, 머리)으로 주역 연구를 집대성했다고 할 수 있다. 『우주 종교』는 그런 주역 연구가 시작된 초기의 작품으로 주역적 세계관에서 미래적 종교, 우주적 상상력으로 쓴 종교에 대한 에세이이다. 이정용 박사가 주역 연구에 심혈을 기울인 것은 주역적 사유가 동양적 사유 방식을 발전시킨 원형적 구조와 형태를 형성하였기 때문이다. 주역은 점을 치는 책으로 알려졌지만, 그것보다는 과학과 세계관, 윤리와 형이상학의 토대를 이루는 책이었다. 또한 사유의 원형과 문화와 문명의 기본 구조를 제공하는 어떤 모델과 토대가 되었기에 더없이 중요한 것이다. 이정용은 이런 주역의 철학적 토대를 처음부터 주목했고, 60년대 후반에서 90년대 돌아가실 때까지 주역의 철학적 의미를 찾고 동양 신학, 한국적 신학의 기반을 마련했다고 할 수 있다. 그래서 그는 주역적 세계관 속에서 우주 종교의 예언자로 지구촌적 기독교의 실질적 메시지와 소망을 이루고자 헌신했던 신학자였다.

『주역』에 대한 일반적 오해

여러분도 교회나 한인 커뮤니티에서 똑같은 경험을 많이 할 것입니다. 기독교인들이 주역에 대해 갖는 선입견이 대단합니다. 무엇보다도 주역은 대개 점치는 책으로 알려져 있고, 기독교는 점에 대한 부정적 이해를 갖고 있습니다. 그렇기 때문에 주역과 기독교를 어떻게 함께 논의할 수 있는가? 이런 질문이 제기되지 않을 수 없습니다. 그것이 우리가 제일 처음 만나게 되는 장애입니다.

교인들을 설득하려면 하루 가서 강의한다고 되는 것이 아닙니다. 소그룹으로 논의를 해서 조금씩 개방하는 방식으로 가야 합니다. 시카고에서도 그런 작업을 한두 번 해봤는데, 그 당시에는 그런가 하지만, 금방 또 달라지게 됩니다. 그렇기 때문에 보통은 저를 정통적인 기독교인이 아니라고 생각하는 분들도 많습니다.

10여 년 전에 펜실베이니아의 포크노에서 목회자들의 모임이 있었는데, 처음에는 존 웨슬리에 대해서 강의해 달라고 했습니다. 다음에는 주제를 바꿔서 주역에 대해 강의를 해 달라고 했습니다. 저는 이분들이 정말로 주역에 대해서 관심이 있는 줄로 알고 강의를 했습니다. 나중에 드루 신학대학원으로 제가 오게 되었을 때, 한인 목회자들이 "주역을 어떻게 여기서 강의를 합니까?"라고 말하는 분들도 있었습니다. 사실은 선입견이 있기 때문에 그렇게 말하는 것입니다. 이런 선입견은 참으로 고치기가 어렵습니다. 주역을 부정적으로 생각하지만, 한국 사람들은 이것이 문화적으로 완전히 배어 있어서 점을 치지 않는 사람이 없다고 할 수 있습니다.[1] 새해가 되면 토정비결을 보고, 무슨 일이 있으면 점쟁이를 찾아가는 것도 사실입니다. 또한 요새 젊은이들은 인터넷 점을 통해서 쉽게 이런 정보들을 얻기도 합니다.

　1977년에 서대문에 민중신학을 하는 분들이 모이는 교회에 가서 강의를 할 기회가 있었습니다. 안병무 교수가 「현존」 잡지를 시작할 때입니다. 강의가 끝나고 "점치는 것을 어떻게 생각합니까?" 하는 질문이 있었습니다. 그래서 저는 점이라는 것이 그렇게 나쁜 것이 아니고, 우리 자신이 미래를 잘 알 수 없기 때문에 점을 통해서 하나님의 뜻을 알 수 있는 방향이 있다고 대답을 했습니다. 저랑 같이 갔던 분이 "교수님, 정말 큰 실수하셨습니다. 절대로 교회에서 그런 말을 하면 안 됩니다"라고 말했습니다. 그때 교인들이 많이 와 있었고, 제가 강의를 하고 문답을 할 때는 모두 찬성한다고 했고, 전혀 문제가 없었습니다. 그렇지만 공식적으로 교회가 점을 치는 것을 금지하기에 그렇게 반응하지 않을 수가 없는 것입니다. 그렇지만 한국 사람의 바탕에는 점치고 그러는 것이 중요한 하나의 무의식이랄까, 집단적 무의식이 된 것은 사실입니다. 그렇기 때문에 이것을 잘 보급시킬 수 있다면 어떤 새로운 가능성이 있는 것은 사실입니다. 저는 많은 접촉을 가진 것은 아니어서 그런 작업들을 많이 하진 못했습니다.

　아직도 『주역』을 받아들이는 것은 한국교회에서는 문제가 많습니

---

1 한국인들의 삶과 문화 속에 점이 들어와 완전히 배어 있다는 지적은 깊이 음미해 봐야 한다. 사실 꼭 한국 문화만이 아니라, 구약 성경에도 점은 깊이 들어와 있다. 예언자들의 원형에도 움밈과 둠밈을 써서 하나님의 뜻을 물었고, 왕이 전쟁을 나갈 때는 꼭 점을 치는 장면이 들어 있다. 왕이 전쟁을 할 때 "올라갈까요? 말까요?"를 묻는 기록이 있는데, 이때는 점을 치는 것으로 볼 수 있다. 왕 옆에 기도하는 사람이 있어서 영적으로 하나님의 뜻을 묻는 것이 아니라, 점치는 것과 같은 어떤 방법을 통해서 하나님의 뜻을 분간했을 것으로 보아야 할 것이다. 즉, 미래를 알 수 없는 인간은 어떻게 해서든 신의 뜻을 알려고 했던 노력의 하나로 보아야 한다. 고대의 신탁은 보편적 현상으로 보아야 한다.

다. 그렇다고 해서 제가 안 하는 것은 아니지만, 처음에는 힘들 것으로 생각됩니다. 정통적인 신앙(orthodox)에서 떠나는 줄을 알지만, 내가 생각하기에는 궁극적으로는 돌아올 수밖에 없는 것도 사실입니다. 제가 한 가지 말하고 싶은 것은 『주역』이 성경 위에 참고서가 되었다고 생각하는 사람들이 많을 수 있습니다. 그렇지만 이것은 『주역』이란 렌즈를 통해서 성경을 보는 것으로 생각한다면 그렇게 문제가 되는 것이 아닙니다. 신학적으로 생각한다고 해도 방법론적으로 전혀 문제가 되지 않습니다.

신학은 하나의 시각(perspective)으로 성경과 신앙을 이해하고 파악하는 하나의 길이요 방법이기도 합니다. 신학은 이제까지는 늘 어떤 철학적 프레임 워크(frame work)를 통해서 보는 것입니다. 신학은 아무것도 없는 곳에서 성경만 가지고 하는 것이 아닙니다. 어거스틴이 신학을 정립하면서 성경만 가지고 한 것이 전혀 아닙니다. 성경을 철학적으로 이해할 적에 신플라톤주의적 사고(Neo-platonism)에 기초했던 것입니다. 거기서부터 궁극적으로는 플라톤적인 철학(Platonism)이 이원론적으로 쭉 발전되어 나왔습니다. 그다음엔 아퀴나스의 유명한 신학대전의 신학적 논의들도 아리스토텔레스를 중심으로 한 철학에 근거해서 나온 것입니다. 새로운 신학은 항상 새 철학을 끼고 나오는 것입니다.

제가 공부할 때는 실존주의가 크게 유행했는데, 덴마크의 철학자였던 키에르케고르의 영향으로 나온 철학 사조였습니다. 실존주의는 본질적으로 합리주의에 대한 도전에서 나옵니다. 물론 우리들이 신학적으로 직접적 영향을 받은 것은 칼 바르트였습니다. 신정통주의는 헤겔에 대항하는 특징도 그 기초에는 있고, 하이데거 철학적 입장으로부터 새로운 것이 나온 것입니다. 요새는 언어게임 이론(linguistic game theory)

이 중요하게 영향을 미쳤습니다. 그다음에는 텍스트 중심으로 어떻게 의미를 해석할까 하는 해석학이 영향을 미쳤습니다. 자꾸 방법이 달라지면 신학 자체도 달라지게 됩니다.

이런 서구에서 나오는 모든 철학적인 사조들을 우리는 늘 무턱대고 따지지도 않고, 기독교적인 것으로 생각합니다. 그렇기 때문에 그런 것을 실질적으로 문제를 삼는 이들은 많지 않습니다. 그렇지만 동양에서 철학을 끄집어내서 신학적 작업을 한다면, 이것은 기독교적인 것이 아니라고 생각합니다. 그렇지만 역으로 동양적 철학을 가지고 신학을 할 때만이 진정한 동양적 신학이 발전하게 되는 것입니다. 성경 자체가 사실은 동양적인 풍토에서 나온 것이고 서양적인 것이 아니라고 할 수 있습니다. 이스라엘 땅이 아시아 대륙에 속해서 그런 것도 있지만, 사상적인 결이 그리스에서 출발하는 유럽 문명 중심의 서구적 사고와는 다릅니다. 그렇기 때문에 어떤 틀을 가지고 보느냐가 매우 중요합니다.

제가 성경보다 『주역』을 더 중요시했다고 비판을 받는 것도 만일 이러한 주역적 철학이 서양에서 왔다면 아무 문제가 없었을 것입니다. 자기가 자기 것을 배척하는 경향이 있습니다. 선교사가 왔을 때부터 무조건하고 한국적인 것은 기독교적인 것이 아니라고 생각합니다. 그런 측면에서 여러분들이 하는 작업이 너무 중요한 것입니다. 이런 작업이 새로운 시대를 열 수 있는 것입니다.

동양에서 동양 것을 찾고, 서양 것은 서양에서 찾아야 합니다. 서양에서 동양 것을 찾으면 핀트가 어긋납니다. 동양에서 동양을 찾아야 하는 법입니다. 서양 사람들은 서양에서 동양을 찾으려고 합니다. 그렇게 하다 보면 문제가 생길 수밖에 없습니다. 칼 융은 이렇게 서양인들이 무턱대고 동양적인 것을 찾는 것에 대해서도 주의를 해야 한다고 경고하기도 했습니다.

『주역』 연구 과정에서 참고한 것들이나 사람들

『주역』을 제가 처음 공부할 때는 가르쳐 주는 사람도 없었고, 어떤 정식적인 커리큘럼이나 사사를 받을 학자들이 있었던 것이 아니었기에 힘들었던 것이 사실입니다. 그렇지만 어쩌면 또 다행이라고 생각합니다. 무엇보다도 어쨌든(somehow) 저 자신이 『주역』에 관심과 매력이 있어서 끌리게 되었습니다. 제가 흔히 쓰는 말로는 취미가 있었고, 재미가 있었습니다. 이전에도 제가 말한 것과 같이 오터바인에 있을 때, 한 여학생이 찾아와서 동양 철학을 공부하자고 했습니다. 그때 제 방에 주역 책이 놓여 있었는데, 그것을 보고 그랬던지 『주역』을 공부하자고 제안을 했습니다. 그 당시에는 나는 미처 생각도 못한 일이었습니다.

미국에 『주역』을 공부하는 그룹들이 있어서 그런 기관들에 일일이 편지를 써서 자료들을 보내달라고 했습니다. 그랬더니 "당신이 어떻게 『주역』을 가르치려고 합니까?" 절대로 가르칠 수 없다고 하기도 하고, 별로 반응이 없었습니다. 그래서 아무런 도움을 받을 수가 없었습니다.

그 당시 리차드 빌헬름(Richard Wilhelm)의 아들인 헬무트 빌헬름(Helmut Wilhelm)이 워싱턴 주립대에서 가르치고 있었지만, 저는 서양 분들에게 배우려고도 하지 않았습니다. 제게는 번역된 제임스 레게(James Legge)의 『주역』이 제일 도움이 되었고, 리차드 빌헬름의 영역본도 조금 읽고 했지만, 저는 책에서 그렇게 많은 도움을 받지는 못했습니다. 나도 모르게 『주역』하고 동무처럼 함께 대화를 했다고 할 수 있습니다. 저는 그것을 참 다행으로 생각합니다.

『주역』을 공부하는 것에는 흔히 두 그룹이 있습니다. 첫째 그룹은 점치는 것에 관심을 기울이는 이들입니다. 미국에서 90퍼센트는 그것밖에 모릅니다. 또 하나는 동양 언어(East Asian language)를 공부하는 중국학의 전문가들이 하는 방법인데, 주로 텍스트를 분석해서 주석 (commentary)을 하는 방식으로 연구합니다. 텍스트 분석을 하는 것에 집착하는 부류입니다.

옛날에 한국이나 중국인들은 괘를 배치하는 것(arrange)에 신경을 써서 공부했습니다. 텍스트에 집착을 보입니다. 대부분의 사람이 집착을 가지고 공부했기 때문에 내가 그런 집착이 없이 자유롭게(free) 철학적인 면에서 중심을 두어서 공부했다는 것이 특징이고, 어떤 면에서는 다행입니다. 그것이 또한 시의적절한 측면도 있었습니다. 선생이 있었다면 그런 곳으로 끌려가게 되었을 것입니다. 그런 면에서는 참 행운이었다고 봅니다. 누구하고 접촉을 할 수도 없고, 제가 공부하려는 방향에서 공부한 사람들이 전혀 없었다고 해도 과언이 아닙니다. 오터바인대학에 있을 때 학생들과 그룹을 만들어서 대화하면서 공부하고, 그다음에는 캠퍼스에서 교수들과 한 세션을 만들어서 제가 주역에 대해 강의해 본 적이 있습니다.

또한 한 가지 『주역』의 중요성이 저도 모르게 학부에서 과학을 전공했고, 과학에 취미가 많았기에 그것이 제가 했던 주역 연구의 하나의 특징이 되었습니다. 그때 저랑 같이 가르치던 교수 중에 칼텍(California Institute of Technology)에서 학위를 마치고 온 분이 있었습니다. 그때 저는 『주역』과 과학의 관계에 대한 논문을 써가지고 호주의 캔버라에서 열린 국제학술대회에 참여한 적이 있습니다. 그때 『주역』과 과학의 관계를 신비스럽게 생각하고, 호기심이 있는 분들이 많아서 호주의

라디오 방송국의 프로그램에 참여해서 인터뷰도 하고 했습니다. 그 칼텍 출신의 교수가 과학으로 박사학위(Ph. D)를 마쳤는데, 자기 논문을 주면서 읽어보라고 했고, 과학과 주역의 관계를 연구하는 데 궁극적으로 내게는 제일 도움이 되었습니다.

이렇게 『주역』의 근본이 어디에 있는지 연구하는 데 간접적으로 도움을 받았습니다. 그렇게 간접적으로 전공하지 않는 분들과의 접촉이 더 많았고, 그런 분들을 통해서 도움을 받았습니다. 과학과의 관계를 그 친구랑 논의하면서 연결이 된 것이 주역을 연구하면서 제게 영향을 준 가장 중요한 에피소드라고 할 수 있습니다. 지금까지도 그것이 제 주역 연구에서 근본적인 기초가 되었습니다. 앞으로도 다시 말하겠지만, 주역의 원리는 모든 과학의 과학이라고 할 수 있습니다. 즉, 주역의 원리는 모든 과학의 근거와 토대가 된다고 할 수 있습니다. 『주역』이야 말로 모든 과학의 문제를 해결할 수 있고, 과학을 근본적으로 이해할 수 있게 합니다. 원래 점술에서 과학이 발전해 나온 것도 사실입니다. 틸리히가 과학이 신비주의의 아들이라고 한 것도 성찰해 볼 필요가 있습니다.

과학은 미리 예상하는 것이 가장 중요합니다. 데이터가 옳으면 미래를 예측하는 것이 가능하게 됩니다. 요새 와서도 과학은 예측 가능성이고, 과학의 원리로 들어가 본다고 해도 과학은 미리 예측하는 것입니다. 그런 의미에서 주역은 과학과 직접적인 관계가 있습니다. 그렇기 때문에 어떤 의미에서 저에게 있어서 선생님은 주역밖에 없었던 것입니다.

주역 강의를 한국에 가서도 많이 해 보았는데, 공무원들에게나 정신과 병원에서도 강의를 했습니다. 또 거기에는 산에 올라가 묵상을 하면서 공부하는 사람들도 있었습니다. 이분들은 무조건하고 외우는 것입니다. 순전히 텍스트에 대한 집착과 오리엔테이션이었습니다. 동학에서도 하도와 낙서를 중요시합니다. 한편 경북대에서 강의할 때 서울대에서 가르친 경험이 있는 한 분을 만났는데, 저랑 통하는 점이 많았습니다.

저는 혼자서 공부했다고 할 수 있습니다. 지금도 그러합니다. 어떤 학파로부터 영향을 받은 것은 아닙니다.

정역에 대한 연구와 공부

우연하게도 한국에 가서 이정호 교수를 만날 기회가 있었습니다. 이분은 하늘에서 도와서 저를 보내주었다고 하면서 좋아했습니다. 그렇지 않아도 미국에 와서 저를 찾았는데 만날 수가 없었다고 합니다. 내가 자기에게 돌아왔다고 그렇게 말씀하기도 했습니다. 정역을 가르치려고 의사들이나 관심 있는 사람들을 아무리 가르쳐도 들어가지 않아서 죽기 전에 저에게 꼭 전해주어야 한다고 하셨습니다.[2]

그것이 정말로 사실인지는 모릅니다만, 저에게 "이 교수님은 벌써 정역을 다 알고 있는데, 정말 배우지는 않았다"고 그렇게 말했습니다. 정역을 공부해야 주역을 다 풀 수 있다고 주장했습니다. 정역은 후천세계에서 나타나는 것이니까 그것을 중심으로 선천세계를 다시 돌아보면 잘 설명이 됩니다. 이정호 선생의 연구에 있어서도 정역의 중요성이 하도에 대한 연구가 주를 이루고 있습니다. 괘의 배치가 선천과 후천이 어떤 관계를 갖는가를 이해할 수 있게 해 줍니다. 선천도[3]는 아주 잘

---

2 필자는 이정호 교수의 손녀와 한국학대학원에서 함께 공부했었다. 잠시 한국에 들렀을 때, 손녀에게 이 박사의 『삼위일체의 동양적 사유』를 선물했던 기억이 있다. 아마도 이정호 교수님께 드리라고 했던 듯하다. 이 박사님이 돌아가신 직후로 기억된다.

정리가 되어 있고, 수학적으로도 설명이 아주 잘 됩니다. 후천도4는 리처드 빌헬름의 주석을 읽어봐도 잘 이해가 되지 않는 것을 억지로 써 놓은 것 같이 느껴집니다. 정역을 알면 이런 것들이 모두 다 설명이 되는 측면이 있습니다. 즉, 정역을 알게 되면 모든 것을 다 알 수 있다고 합니다. 혼란에서 질서가 잡힙니다. 그것이 궁극적으로는 제일 중요합니다.

동양적 사고방식인지 몰라도 하나의 패러다임만 가지게 되면, 즉 하나의 새로운 패러다임을 발견하게 되면(discover) 모든 것이 다 해결된다는 사고방식입니다. 즉, 하나의 상징만 발견하거나 받으면 모든 것을 해결할 수 있다는 믿음을 갖고 있었습니다. 실제로는 해결될 수 없을지라도 그렇게 해결된다고 믿는 것입니다. 팔괘가 어떻게 배치하는가를 가장 중요하게 생각한 것을 알 수 있습니다.

정역이 만들어질 때가 조선조 말인데, 새로운 세계관, 즉 평등의 세계관이 나온 것입니다.5 그때 벌써 남녀평등의 세계관이 주역의 지평에서 딱 나오게 됩니다. 그런 패러다임이 나온 것입니다. 그것은 궁극적으로는 우주론에서 나오는 것입니다. 그 새로운 패러다임이 모든 것을 좌우하게 됩니다. 우주를 통해서 태양을 향해 지축이 똑바로 서게 되면 사시사철이 똑같이 조화를 이루게 되고, 인간사회의 질서가 잡히고,

---

3 선천도는 복희씨가 창안했다는 선천팔괘도를 의미한다. 괘의 배치가 정확하게 기하학적으로 대칭 관계로 되어 있다.

4 후천도는 후천팔괘의 이름인데 보통 문왕후천팔괘도라고 부른다. 괘의 배치가 기하학적이거나 합리적으로 잘 설명이 되지 않는다. 보통 낙서의 원리에 따라 배치되었다고 전해진다.

5 정역의 팔괘도도 있다. 여기에서 남녀평등, 억음존양(抑陰尊陽)에서 정음정양(正陰正陽)의 새로운 세계관의 패러다임이 나온다는 것이다.

평화의 세상이 열린다고 보았습니다. 인간이 무엇을 해서 이루어진다는 것보다도 세계관이 우리를 컨트롤한다는 것입니다. 가만히 따져보면 이런 세계관이 사실이기도 합니다. 해가 나지 않고 비가 오면 우리들은 우울해집니다. 그렇지만 봄이 되면 햇살이 환하게 비추고 따뜻하게 되니 운전을 해도 기분이 좋아서 씽씽 신나게 달리게 되고, 일을 해도 능률이 오르고 그렇게 됩니다.

저는 이대에서 강의를 마치면 서대문에 있었던 국제대학에 가서 이정호 교수의 강의를 들었습니다. 이정호 교수는 충남대 총장으로 있기도 했고, 한글을 잘 아는 분이었습니다. 경성제대 출신으로 한글의 기원을 연구하던 분이었습니다. 그분의 사무실에서 추운데 난로 옆에서 옛날식으로 두세 시간씩 강의를 듣고는 했습니다. 이대에서 가르치던 김흥호 교수와 함께 강의를 들었습니다. 부들부들 떨면서 공부했습니다. 제가 미국에 오게 되었는데, 이정호 교수는 한 1년만 더 있으면서 정역을 같이 영어로 번역하자고 말씀하셨습니다. 그러면 정역이 주역 이상으로 잘 팔릴 것이라고 했습니다.

미국에 와서 캘리포니아 버클리대학(UC Berkely)에 있을 때 정역을 부분적으로 번역해가지고 루이스 랭카스터(Lewis Lancaster)[6]에게 보여 주면서 자문을 구한 적이 있습니다. 랭카스터는 이것은 심볼리즘에 관한 것인데 미국 사람들은 이런 것에 별로 관심이 없다고 했습니다. 헛고생하지 말라고 했습니다. 주역 공부 그룹에 가서 한번 정역을 소개

---

6 루이스 랭카스터는 버클리의 한국학 교수로서 한국불교를 서구 학계에 소개하는 데 가장 큰 공헌을 한 분이다. 해인사의 고려대장경 서지 목록을 영문으로 출판해서 서구 학계에 소개했다. 현재 미국이나 한국에서 활발하게 활동하는 불교학자들은 대부분이 그의 제자들이다.

한 적이 있었습니다. 그 그룹의 분들은 너무 좋다고 하면서 자신들이 정역을 번역하면 출판을 하겠다고 했지만, 그렇게 할 기회가 없었습니다. 제가 정역을 공부하면서 얻었던 하나의 결실은 「중국 철학 저널」(*Journal of Chinese Philosophy*)에 논문을 발표한 것입니다.7 여러분 가운데 관심이 있으면 정역을 공부할 필요가 있습니다. 독특한 방법론을 가지고 공부할 필요가 있습니다. 내가 생각하기로는 철학적으로 굉장히 의미가 있다고 봅니다.

시간에 대한 이해와 현재성

『우주 종교』(*Cosmic Religion*)를 쓰면서 처음으로 시간에 대한 생각을 발전시켰습니다. 저는 시간에 대해서 불교나 실존주의와는 정반대로 해석합니다. 불교나 실존주의는 현실, 즉 현재의 모멘트를 강조합니다. 지금 현재를 강조하지만, 사실상 제가 보기에는 현재는 존재하지 않고, 즉 비어 있고(empty), 다만 항상 두 면이 존재할 뿐입니다. 그렇기에 시간은 삼차원이 아니고 이차원(two dimension)으로 과거와 미래가 존재하는 것입니다. 현재는 사실은 없고, 과거와 미래가 만나는 점일 뿐입니다. 그렇기 때문에 삼차원이 되는 것입니다. 시간은 두 차원이고, 이것이 삼차원이 되는 것은 현재에서 합쳐지기 때문에 그렇습니다.

주역을 통해서 정립한 시간에 대한 제 해석 방법입니다. 즉, 이런 시간의 개념은 바이너리 시스템에서 나온 것입니다. 현실이란 것을

---

7 Jung Young Lee, "The Origin and Significance of the Chongyok or Book of Correct Change," *Journal of Chinese Philosophy* 9 (1982): 211-241.

조금 다르게 봐야 합니다. 보통은 현실을 중시함으로써 앞으로 어떻게 진보할 수 있느냐에 관심을 갖게 됩니다. 강의할 때도, 설교할 때도 현재의 책임을 강조하게 됩니다. 현재를 이렇게 설명하면, 현재에서 미래가 나올 수 있다고 하는 것입니다. 반면에 시간이라는 것은 시간이 따로 존재하는 것이 아니고, 하나의 변화의 단위(a unity of change)입니다. 시간은 항상 공간(space)에서 나왔기에 과정(process)으로 변화하기 때문에 그 프로세스를 시간으로 측정하는 것입니다. 내가 생각하는 것은 변화의 흐름에 따라가는 것이 우리의 책임입니다. 사명은 앞으로 발전을 위해서 노력하느냐, 그렇지 않으면 반대 방향으로 가느냐로 생각할 수 있습니다. 그렇지만 발전 자체가 정말 좋은 것인지가 문제가 됩니다. 내가 신학교에서 공부할 때는 신정통주의 영향을 많이 받았습니다. 저는 주역이나 도덕경의 모든 것이 바르트와 비교하면 다 맞아떨어졌습니다.

발전하는 것 자체에 목적을 둔다고 할 때 그 목적이 꼭 옳은 것이 아닙니다. 왜냐하면 그 발전이 자기를 위한 것이기에 거의 전부가 전체적 변화에 어긋나게 됩니다. 궁극적으로 우리의 사명, 즉 책임은 새로운 세계관을 가지고 나가는 것이 아니라, 자기 것을 다 버리고 자연에 순응하는 것입니다. 이것이 가장 중요한 책임이 아닌가 하고 저는 그렇게 생각합니다. 물론 이런 것을 해체적이고 파괴적이라고(deconstructive) 할지 모르지만, 자기를 버리고 자연의 흐름, 즉 변화를 따라가야 하는 것이 우리의 궁극적인 사명입니다. 교회에서도 목사님들이 이런 설교를 해야 합니다. 앞으로 새로운 사회를 건설하자가 아닙니다. 조화롭고(harmonious) 평화로운(peaceful) 사회가 인간 속에서 또한 자연과도 함께 공존할 수 있는 그런 메시지를 전해야 합니다. 소극적인지 모르지만 현대에 와서 생태학의 문제도 생기고 있기에 그런 방향이 좋다고 봅니다. 인간 중심의 세계관이 아니라 인간은 세계에 순응하고, 될 수 있으면 간단하게(simple) 살아야 합니다. 서로 함께 살 수 있는 방향으로 나가는 것이 대항 문화(counter cultural)이긴 하지만, 아직도 그런 메시지가 우리에게는 필요합니다. 인간이 다 할 수 있다고 생각하지만, 궁극적으로 실제로는 진보하는 것이 하나도 없다고 봅니다. 기술이 발달하면 할수록 자연과의 문제가 깊어지게 됩니다. 그런 면에서 경쟁을 버리고 다 같이 화합해서 살 수 있는 방향으로 나가야 합니다.

틸리히의 존재 자체(being itself)와 역의 신학의 있음(isness)

역의 신학에서 찾은 '있음'(isness)이라는 이 낱말만 가지고도 틸리히와의 차이와 비판적인 측면을 발견할 수 있습니다. 'is' 자체가 다이내믹이고, 전체(wholeness)입니다. 불교에서도 그런 용어를 쓰지 않나요? 전체를 함께 아우르는(holistic) 입장이면서도 역동적인(dynamic) 면이 더 있습니다. 존재(being)라는 것 자체가 정태적인 존재론(static ontology)에서 나왔기에 그렇게 써본 것입니다. 동양적이라는 것은 유기체적인(organic) 사고방식이기 때문에 인간을 자연의 일부로 생각하는 것입니다.

철학도 자꾸 서양화가 되면서 이렇게 되었지만, 완전히 모양이 딱 맞게 만들어진 것은 없습니다. 동양 철학에서 제일 발전된 형태는 윈치찬에 의하면 신유학(Neo-Confucianism)인데 이것이 발전해서 이원론적 경향(dualistic tendency)이 나타납니다. 이런 것은 서양의 철학적인 영향을 받았다고 볼 수도 있을 것입니다.

있음(isness)은 틀에 넣을 수 없는 사고방식이라고 봅니다. 절대 타자의 하나님, 저기 계신 분, 구별되어진 분이 아니라 하나님은 우리 속에, 자연 속에 함께 하시는 분입니다. 존재(being)는 형이상학적으로 조종할 수 있는(metaphysically manipulable) 단어지만, 있음은 형이상학적으로 컨트롤할 수 없는 용어입니다.

테크놀로지가 나와서 많은 발전이 이루어졌지만, 사탄이 테크놀로지를 잡고 있습니다. 사탄이 기술을 맡아서 궁극적으로 심판이 오는 것입니다. 사탄은 얼마나 간사한지, 처음에는 모든 것이 잘 되는 것 같으니까 사람들이 다 좋다고 하지만, 궁극적으로 그것이 사탄에게 잡혀가는 시작이기도 합니다. 조그만 것은 보지만 큰 것을 못 보기에 그래서 동양 철학이 필요합니다.

자기 수양(self-cultivation)을 강조하는 것이 동양 철학적 입장이고, 창조와 파괴를 같이 본다고 할 수 있습니다. 무조건적 팽창은 결국은 파국으로 치닫는 것입니다. 모든 것이 발전한다고 보는 것은 잘못된 역사관입니다. 항상 진보할 가능성을 가지고 모든 것을 보고 행동하는 것은 그것 자체가 문제가 되기 때문에 그런 관점 자체가 근본적으로 바뀌어야 합니다.

과정신학과 역의 신학

내가 학교에 있을 때는 과정신학이 사실상 그렇게 잘 알려지지도 않았었습니다. 신정통주의의 영향이 정점에 이르렀을 때였고, 여기에 완전히 빠져 있었다고 할 수 있습니다. 다만 저는 학부 때 과학을 전공했지만, 철학은 논리학 한 과목밖에 들은 것이 없었습니다. 신학교를 다니

면서 노스 웨스턴에서 철학 한 과목을 택했던 것이 제 철학적 배경의
전부입니다.

바르트는 자연신학(natural theology)은 절대로 있을 수 없다는 입장
을 견지했습니다. 제가 보스톤에 와서 박사학위를 하게 되었을 때 실증
주의(positivism)가 강할 때였는데, 실증주의는 경험적으로 증명할 수
있는 것, 증명이 안 되면 존재할 수가 없다고 보는 입장입니다. 반 형이상
학적이고 모든 전통적인 철학적 논의들을 비판적으로 보는 경향이 있었
습니다.8 경험적으로 검증 가능한 것만 받아들이는 입장이었습니다.
그렇다 보니 전통적인 형이상학과 의미를 추구하는 모든 것들을 내다
버리게 되었습니다. 이런 영미의 철학적 입장은 형이상학과 윤리학과
전통적인 철학적 논의들을 없애 버리고 메마르게 되었습니다.

비트겐슈타인(Wittgenstein)의 언어는 게임이라는 이론(language game)
이 나왔을 때는 신학교에서는 비트겐슈타인의 입장을 적극적으로 받아
들이고 좋아하는 입장이었습니다. 최소한 신학의 자리, 종교의 자리를
확보해줄 수 있었기 때문입니다. 과학이나 다른 학문과는 전혀 다른
언어로서 신학을 이야기할 수 있기 때문입니다. 비트겐슈타인의 언어이
론과 철학이 나옴으로써 증명하지 않으면 안 되는 문제들을 모두 다
버리게 되던 상황에서 형이상학이 완전히 무시되었던 차원에서는 벗어
날 수 있게 되었습니다.

---

8 논리실증주의는 빈학파(Vienne Circle)의 철학적 특징이다. 논리학에 근거해서 형이
상학적 논의들을 검증을 할 수 있느냐는 원칙을 통해서 검증할 수 없는 것들은 모두
버리는 것이다. 이런 논리실증주의적 입장은 반형이상학적 경향을 가지는데, 전통적
형이상학과 윤리학적인 명제들은 의미가 없기에 모두 버려버리게 되는 결과를 가져
왔다. 이런 입장들은 과격하게 계속 유지할 수는 없었다.

나는 "과정과 실재 세미나"(Process and Reality Seminar)에서 한 학생이 쓴 리포트를 읽은 적이 있습니다. 그 당시 화이트헤드를 이어가던 하트숀9이 일본을 갔다는 것도 들었습니다. 강의하면서 화이트헤드에 관심을 갖게 되었던 것은 그분이 과학에서 시작했기 때문입니다. 그래서 그 후에 화이트헤드가 기포트 렉쳐10를 했던 『과정과 실재』(*Process and Reality*)를 읽게 되었습니다.

동양적 세계관(East Asian worldview)은 유기적 세계관이기 때문에 주역하고도 많은 관계가 있습니다. 『역의 신학』(*Theology of change*)은 사실 1971년에 다 썼는데, 연락이 잘 안되고 해서 그냥 서랍 속에 둔 채 많은 시간이 흘러 지나갔습니다. 나중에 연락이 되었는데, 과정신학의 부분은 출판사의 권유로 나중에 첨가한 것입니다. 원래는 화이트헤드에 대해서 하나도 쓰지 않았었습니다. 결국『역의 신학』은 1979년에 나왔습니다.

과정신학은 이때까지 정태적인(static) 존재의 차원에서만 보던 것을 과정(process)으로 보도록 했지만, 여전히 변화(易, change)만큼 근본 개혁적(radical)으로 보지는 못합니다. 변화(change)로 인해서 과정이

---

9 하트숀(Charles Hartsshorne)은 종교철학과 형이상학 분야를 연구한 미국의 철학자다. 신에 대한 이해에 안젤름의 신존재 증명과 같은 문제를 가지고 신고전적 철학 논의를 했다. 하트숀이 널리 알려지기는 화이트헤드의 과정철학을 원용해서 과정신학을 발전시켰다는 점이었다.

10 아담 기포드 경(Lord Adam Gifford)의 유언으로 1887년에 시작된 연례 강좌이다. 이 강좌의 목적은 하나님에 대한 지식, 즉 광범위한 의미에서 자연신학 연구를 증진시키는 것이었다. 이 기포드 강좌는 스코틀랜드 학계에서는 굉장한 영예로 받아들여졌다. 스코틀랜드의 St. Andrews, Glasgow, Edinburgh, Aberdeen대학에서 돌아가면서 개최된다. 이 강좌는 학생들뿐만 아니라 일반 시민들에게도 공개된다. 주로 철학과 신학의 영역에서 과학과 종교에 관한 주제를 다룬다.

생기는 것입니다. 물론 역의 신학의 입장에서 그렇다는 것입니다. 변화 (change)는 과정보다 더 깊고, 되어감 이상(more than becoming)입니다. 틸리히는 화이트헤드에 대해서는 비판적이었습니다. 그런 면에서는 역(易) 사상과 과정철학은 많이 다릅니다.

과정철학은 서양적인 문화에서 나온 철학이기에 차이가 나타나는 것입니다. 시간관념의 특징으로 본다면 과정은 항상 진보하는 세계관이고, 매우 낙관적인 사상입니다. 역은 진보해도 메인 프레임 워크가 변화 (change)입니다. 그런 면에서 좀 다른 점이 있고, 그렇지 않은 점도 물론 있습니다. 서양 사람들은 내 책을 하나의 과정신학으로 생각하는 사람도 있는데 저는 오해라고 봅니다. 그러니까 역의 신학이 마지막 나오기까지 과정신학과의 특별한 접촉은 없었다고도 할 수 있습니다.

변화(易)의 철학적 원리

철학과 과학이 같이 만나는 지점이 주역입니다. 주역이 과학의 근본적인 패러다임 역할을 합니다. 이 땅의 어떤 문제라도 주역으로 풀 수 있습니다. 보통 옛날부터 주역을 조금 아는 노인들도 공통적으로 하는 이야기입니다. 그 이유가 주역은 전 세계를 그 책에다가 다 쓸어 넣은 격입니다. 컴퓨터를 생각해 보면 현대의 모든 정보를 디스크에 가지고만 있으면 그것을 컴퓨터 속에 다 쓸어 넣을 수 있습니다.

철학도 그렇고, 과학도 그렇고 항상 동양적인 소우주와 대우주가 일치합니다. 의학에서나 우리의 뇌 자체가 우주의 모든 정보를 연결할 수 있는 역할을 하게 됩니다. 뇌는 작은 소우주로 역할을 하는 것과 마찬가지로 그 관계에서 본 것이 주역의 특징입니다. 제가 보기에는 주역이 제일 쉽고 간단한 책입니다. 진리라는 것은 간단한 것입니다.

아인슈타인도 풀다 풀다가 간단한 공식으로 우주의 비밀을 밝혔습니다. 진리는 간단하고, 간단한 것이 진리에 가깝습니다. 주역의 원리는 모든 것이 변한다는 것입니다. 뻔하게 자명한 것입니다. 음양이 변화해서 오행의 변화로 나타납니다. 주역은 상징도 가장 간단한 것을 씁니다. 그것처럼 간단한 것은 없습니다. 갈라진 선을 음으로 말합니다. 그리고 갈라진 선이 합해지면 양이 됩니다.

틀림없이 갈라져도 갈라지지 않은 것이 있어서 합해지게 됩니다. 남녀가 서로에게 매력을 느끼는 것도 부족한 것이 있어서 서로를 사랑하고 만나게 됩니다. 한쪽이 확장되면 없는 쪽에서 그것을 찾고 구하게 됩니다. 서로를 돕는 보조적인(complementary) 관계입니다. 그래서 상생적인 관계가 생깁니다.

하나가 둘이고, 둘이 하나인 것은 관계성 때문입니다. 이렇게 간단한 것은 없습니다. 거기서 나온 것이 주역입니다. 음양에서 팔괘가 나오게 됩니다. 궁극은 음양이 주역이고, 팔괘는 음양에서 완성이 되어 나타난 것이 우리가 상징할 수 있는 모든 것입니다. 주역은 물론 모두가 드러나면 64괘지만, 궁극적으로는 64괘가 주역이 아니고, 사실 팔괘가 주역의 모든 것이라고 할 수 있습니다. 팔괘는 64괘를 이루는 기본적 요소입니다. 상징이라는 것도 우리가 알기 위해서 표현한 것이지, 상징에도 집착하지 않게 될 때 비로소 주역의 본질을 알게 되는 것입니다.

주역의 본문 텍스트는 주나라 때의 역사적 정황을 표시하는 것입니다. 그렇기 때문에 이것을 꼭 따라가야 할 이유도 없습니다. 역사적인 문서로서 필요한 정보일 뿐입니다. 철학은 결론적으로 말한다면 합리적인 시스템이고(rational system), 주관과 객관(subject and object)의 관계로서 이루어지는 것입니다. 둘이 하나로 합쳐지는 것, 즉 이론화하는 것이 철학적 과제입니다. 서양에서 형이상학(metaphysics)적인 작업을 하려면 반드시 이원론(dualism)이 생기게 됩니다. 그런데 우리가 유의해야 할 것은 이원론적으로 생각할 때 주역에서 떠나게 되는 것입니다.

궁극적으로 현대에 아무리 학문이 발전하고 연구를 많이 한다고 해도 이원론적으로 보는 것이 과학의 방법론입니다. 즉, 과학은 분석(analytic)인데 글자 그대로 아무리 나누어도 더 이상 나눌 수 없을 때까지 나눠도 더 나눌 수 없는 것이 나옵니다. 아무리 나눈다고 해도 순수 '음'만은 존재할 수가 없습니다. 늘 '양'이 함께 포함되어 있기 때문에 '음'만 홀로는 존재할 수 없습니다.

암 연구(cancer research)를 봐도 그러합니다. 생물학적으로 생각한다(biologically speaking)고 하면, 하나가 둘이 되고, 하나의 세포는 두 개가 되는 것입니다. 소립자에 들어가서 전자를 관찰한다고 해도 전자(electron) 안에 또 양자(positron)가 들어가 있습니다. 궁극적으로 아무리 자른다고 해도 이원론적인 것이 나올 수가 없다는 것입니다. 제가 보기에는 주역이 과학과 철학의 근본적인 것인데, 그 원리를 무시하고는 아무리 하려고 해도 안 됩니다.

그 이상 들어가지 않고 사용할 수 있는 것은 이진법의 컴퓨터이고, 그 이상 들어가려고 한다면 주역이 필요합니다. 밖에서 안으로 들어가서 보려고 하면, 주역이 필요합니다. 컴퓨터 커뮤니케이션의 시스템은 바이너리(binary) 시스템으로 이뤄지는 것입니다. 이론상 주역이 과학과 철학의 사고방식의 가장 중요한 근본적인 것이라고 할 수 있습니다. 요새 텍스트 분석을 하지만, 기표(記標, signifier)와 기의(記意, signified)를 구분하는 것은 더 깊이 들어가서 보는 것이 아닙니다. 자꾸 복잡하게

만 되고, 골치만 아프고, 새로운 것이 나오는 것도 아닙니다. 학자들이 그렇게 해서 돈 벌고 밥 먹고 사는 것입니다.

주역의 사고방식은 과학이나 철학의 근본적인 것인데 무시하려고 해도 궁극적으로는 수포로 돌아가게 됩니다. 현대인들은 오행과 음양이라고 하면 미신적이고 황당한 것(superstition)으로 봅니다. 옛날에 호랑이 담배 먹던 시절의 이야기로 보고 하나도 가치가 없는 것으로 생각합니다. 중국 철학사에서 보아도 음양과 오행을 한나라 시대의 한 시대를 차지했는지는 모르지만, 그 후에는 지나간 것으로 보려고 합니다. 더 이상 이야기를 하지 않으려고 합니다. 현재 생활에서 음양이 나타나서 우리 삶에 어떤 영향을 미치는 것을 화학적으로 본다면 하나의 요소(element)라고 할 수 있습니다. 오행은 관계성에서 나온 것입니다. 저는 오행은 방향에서 나온 것이라고 봅니다. 음양은 모든 것에 근본적인 것이지만, 음양으로 동서남북이고, 중간의 위치가 있어서 오행이 되는 것입니다. 인디언들이 가장 중시하는 것이 방향입니다. 우리 한국인들도 방향에 대한 관심이 많습니다. 남향으로 꼭 집을 지어야 한다고 생각합니다. 그렇지만 미국 사람들은 공간에 대한 방향에 대해서 별로 관심이 없습니다.

오방을 색으로 표시할 수도 있습니다. 남쪽은 태양이 나타나고 하니 불과 같은 역할을 합니다. 색으로는 빨간색입니다. 북쪽은 껌껌하고, 추우니 겨울이고, 물입니다. 색으로는 검은색입니다. 동쪽은 새로 나오는 나무이고, 신록이고, 봄이고, 녹색입니다. 서쪽은 가을이 되어서 흰색이고, 금속입니다. 중간은 땅이고, 노란색(황)입니다. 중간에 땅이 있어서 중심을 잡아주는 것입니다.

달력을 본다고 해도 일주일이 일월의 음양과 화수목금토의 남북동

서중의 방향으로 오행이 들어 있습니다. 그런 것이 그냥 정지하고 위치해 있는 것이 아니라, 서로 관계를 맺으면서 행동하는 것, 즉 운동하는 것이니까 만물을 해석할 수 있다는 것입니다. 그것을 무조건하고 오컬트(occult)나 미신(superstition)으로 간주하기보다는 동양인, 특히 한국인에게는 완전히 젖어 들어있는 문화로 보아야 합니다. 의학에서도 오장은 오행으로 인간의 오장육부와 생리적인 작용을 대응시켜서 다 설명합니다. 이제 서로 상생과 상극의 관계를 맺는 그런 입장에서 보니 의학이 나오는 것입니다. 나무가 자라는 데 물이 돕고, 불은 나무를 상극하는 관계를 맺어서 우주의 삼라만상이 작동하는 것입니다.

제가 허리가 아파서 한의원에 간 적이 있었습니다. 그 한의사는 오행으로 모든 것을 설명해 주었습니다. 주역의 논리와 사유 방식은 한국인의 문화적이고 과학적인 우리의 삶의 배경이요, 근본이 되는 어떤 기초를 이루고 있습니다. 음악도 다섯 가지 소리로, 색도 다섯 가지 기본색으로 이루어집니다. 오행이 아예 모든 것의 기반이 되고 만 것입니다. 하나의 독특한 사고방식이라고 볼 수 있습니다.

전통적으로 보면 주역은 가장 오래된 책이라고 할 수 있습니다. 주역의 원리와 사상이 도덕경에 나타나 있고, 공자도 주역을 그렇게 많이 읽었다고 전해집니다. 책 겉장이 다 닳아서 떨어졌다고 합니다. 한국에 가면 주역 박사들이 서울에는 많습니다. 궁극적으로는 과학도 거기서 틀림없이 나왔습니다. 거기에 주역이 적용되니까 과학적인 것입니다. 변화의 특징이라는 것은 상대성입니다. 그리고 반대적인 성격이 같이 포함되어 있다는 것이라 비이원론적이고, 반대가 공존하는 것입니다. 점치는 과정은 확정할 수 없는 우연입니다. 거기서부터 지금까지의 서양의 인과율을 넘어서는 것입니다. 융의 동시성과도 분명히 어떤 관계가 있는데, 융 그분도 주역을 많이 공부했습니다. 현대 양자역학에 이르면, 주역에 더욱 가까워졌다고 볼 수 있습니다.

실체가 중심이 아니라 관계성 중심이기에 포스트모던이라고 할 수 있지만, 포스트모던(postmodern)만이 아니라 프리모던(premodern)이라고도 할 수 있습니다. 서양의 본을 따라서 써야 인정을 받기에 저도 그렇게 썼지만, 나는 이런 용어들을 사실 별로 좋아하지는 않습니다. 학문의 담론을 그런 식으로 끌어가고 인정을 받아야 하기 때문에 어쩔 수는 없지만, 그런 용어들이 모든 것을 설명해 주고 합리적인 것이라고 볼 수도 없습니다. 사실 진보라고 해도 진정한 발전이 있는가 하고 회의가 드는 것도 사실이고, 사람이 할 수 있는 것은 그리 대단한 것도 아닐 수가 있습니다. 우리를 비우고 겸손하게 우주의 한 부분이라는 것을 인식하는 자세가 꼭 필요합니다. 그것은 성서에서 말하는 겸손이고, 케노시스의 자기 비움의 길입니다.

역이 기독교 사상과 공존할 수 있는 이유

우리는 이때까지 본 주역에 대한 미신(superstitious), 점치고 그런 것을 다 버리고 순수한 철학만 끄집어내서 신학적으로 응용할 수가 있습니다. 제가 이전에 말한 것과 같이 철학은 신학의 시녀이기 때문에 아무런 문제가 될 것이 없습니다. 성경에 나타난 히브리인들의 신관과 사상은 서양보다는 동양과 더 가깝습니다. 좀 더 심하게 말하면 성경에 나타나는 모든 것이 궁극적으로는 동양과 더 가깝습니다. 히브리 민족이 사실은 동양에 속해 있는 것입니다. 그리스 철학보다는 성경은 동양 철학과 가깝고, 그 관계가 오히려 더 낫습니다. 우리가 다시 히브리의 역사와 구약을 동양적인 산 유기체적인 철학의 입장에서 보고, 단순한 사고방식에서 볼 때 정말 성경이 갖고 있는 철학적인 사고방식은 주역과 가깝다는 것입니다. "있음 자체"(Isness itself) 그리고 "나는 나다"(I am who I am)라고 하고, "나는 되어가는 나다"(I become who I become)라고 하는 야훼 하나님의 이름은 히브리 사상의 본질입니다. 그런 입장에서 본다면 히브리의 사상과 동양 사상은 비슷한 점이 너무도 많습니다.

동양적 철학에서 성경을 읽을 때 새로운 해석이 나올 수 있습니다. 탈무드에서 주석을 하고 그러기는 했지만, 그리스 문화의 영향으로 그쪽으로 성경해석이 치우치게 되었고, 그런 바탕에서 신학적 작업이 이루어졌습니다. 역사적으로 그렇게 된 것은 어쩔 수는 없습니다. 그렇지만 이제는 동서양이 만나는 시대가 되었고, 공존해야 하기 때문에 동양적 입장에서 다시 주석하면 좀 더 그때의 생각과 비슷한 뜻을 발견할 수 있습니다. 나는 철학적 입장에서 말하지, 선입견적 입장에서 말하는 것이 아닙니다. 신학과의 공존보다도 성서적 입장과 공존할 때 새로운 신학이 나올 수가 있습니다. 새로운 각도의 패러다임으로 볼 때 좀 더 확실한 새로운 사고방식을 시작할 수 있습니다.

샌프란시스코에 있는 태평양신학교(Pacific School of Religion)에서 『열둘에게 보내는 설교』(Sermons to the Twelve)를 가지고 설교에 대해서 발표를 했던 적이 있습니다. 그때 들은 어떤 교수가 유니온에서 가르치는 분에게 그 이야기를 했는가 봅니다. 내가 성경 주석을 무시한다고 소문이 났습니다. 그것은 아니고, 나는 본문에서 여기부터 여기까지 주석하는 것에 중심을 두지 않고, 읽는 순간 바로 그때에 들어오는 인상(impression), 즉 내 체험을 밝히는 데 도움을 주는 자극, 그런 것에 중점을 두는 입장에서 성경을 읽는다고 이야기를 한 것입니다. 성경을 읽어가면서 역사를 읽고, 그런 부분에 그렇게 중심을 많이 두지는 않는다고도 밝혔습니다. 그러니까 제가 성경을 읽는 방법은 서구인들의 독법과는 전혀 다릅니다. 시험 보는 것도 아니고, 꼭 그렇게 성경을 읽는데 주석서에 치중할 필요는 없습니다. 저에게는 성경을 읽으면서 내 마음에 부딪혀 오는 것이 중요한데, 그것은 동양적인 직관과도 통하는 것입니다. 떠오르는 것이 중요하지, 일일이 어디서부터 이렇게 해서 결론이 이렇다고 신경을 쓰다 보면 아무것도 안 됩니다. "아하" 하는 순간과 계기가 있고, 거기서부터 풀어나가는 것이 나의 방식입니다. 그렇게 할 때는 집중하고 어떤 것을 붙잡게 되는데 끝나고 나서 물어보면 잘 생각이 안 난다고 대답하게 될 수도 있습니다. 그렇기 때문에 초연(detached)하고자 하는 것입니다. 나는 박사 과정 학생들을 지도할 때도 각각의 디테일한 것에는 별로 신경을 안 씁니다. 전체적인 것을 중시하면서 학생이 큰 궤도에서 이탈하지만 않도록 격려하는 것입니다.

우리의 체험과 감정을 일으키게 하는(evoke) 것이 중요합니다. 함께 토론하고 자극하는 것이어야 합니다. 자기가 안다고 가르치는 것은 컴퓨터로 다 연구(search)할 수 있는 것입니다. 내가 설명한다고 해도 그것을 강제로 집어넣어 줄 수는 없습니다. 지금까지 해 온 것을 설명해 주면서 하는 것은 초등학교 학생도 아니고, 그렇게 할 필요가 없습니다. 교수로서 어떤 큰 틀의 구조를 제공하면 되는 것입니다. 그런 환경을 제시해 주는 것이어야 합니다. 그렇게 보기 때문에 이것저것을 막 읽을 때도 많고, 저는 조직적인 사람(systematic)이 아닙니다.[11]

---

11 읽으면서 마음속에 감동 받은 것을 가지고 설교하면 임팩트가 있다. 하여튼 주석서를 여러 권을 놓고 조직적으로 설교를 쓴다면, 논리적으로는 매우 잘 쓴 설교지만, 막상 실지로 설교를 해 보면 맥아리가 없게 된다. 학위 논문 계획서(Prospectus)

역사적인 것, 문화적 배경, 읽을 때 나에게 자극과 의미를 주는 것에 중점을 두게 됩니다. 시험 보는 것도 아니고, 어떤 것에만 치중할 필요가 없습니다. 마찬가지로 내게 의미를 주고 떠오르는 것을 중점을 두는 방식으로 성경을 읽게 됩니다.

종말론과 생태학의 위기

저는 역의 변화를 하루, 이틀, 우리들의 세계의 시간으로 보는 것이 아니고, 우주의 시간과 시대 구분(cosmic age)으로 볼 때는 순환적 역사관이 가능하다고 봅니다. 궁극적으로는 우리가 가지고 있는 핵무기 같은 것은 궁극적으로는 성경의 언어로 말한다면 불로 심판을 한다는 것입니다. 생태학 위기는 오염으로 생기는 것인데, 제가 보기에는 기술이 이런 과정을 촉진시키는 것이 아닌가 하고 생각합니다. 나이가 드신 분들은 치명적인 병에 걸려도 그 진행이 서서히 이루어집니다. 그러나 젊은 분이 치명적인 병에 걸리게 되면 그 진행이 아주 긴급하게(intense) 진행이 됩니다. 이런 것과 마찬가지로 우리가 기술과 문명을 발전시키는 것도 우주의 시간의 진행을 촉진합니다. 우리가 발전시킨 기술이 치명적인 무기가 되어서 인간 문명의 명을 재촉하는 위기의 과정을 거치게 됩니다.

핵무기로 모든 것을 없앴다고 합시다. 그런 다음에 오랜 세월이 흐르면 다시 생명이 이 땅 위에 나타날 수 있는 것입니다. 풀도 나고

를 쓰면서 이 박사님을 지도교수로 모신 것에 감사하다는 뉴욕연회 유홍장 목사의 고백이 있었다.

진화가 다시 시작되는 것입니다. 그것이 그렇지 않다고, 정말로 마지막 우주적인 파국이라고 그렇게 말할 수 있을까요? 우주의 전체를 볼 때 지구는 티끌만도 못한 것입니다. 그렇게 생각하면 다 해결이 됩니다. 우리는 우리가 전부라고 생각하고, 우리가 뭔가를 할 수 있다고 생각합니다. 인간 중심적인 사고지요. 이런 사고에서 벗어날 때 우주의 실상을 정확하게 볼 수 있습니다. 순환적인 역사관은 시간은 오래 걸리지만, 오히려 우주를 제대로 설명해 줄 수도 있습니다.

아무리 원자 핵무기 같은 것도 자연에 속하지 않는다고 하지만, 결국에 궁극적으로는 그런 것조차도 자연에서 나온 것입니다. 모든 것은 궁극적으로는 원래 있던 자리로 나온 자리로, 즉 고향으로 돌아가게 되는 것입니다. 자연이 해결할 수 있는데, 인간이 해결하려고 하다가 오히려 더 망쳐 놓게 됩니다. 늪지대가 오염이 된 것을 인간이 해결한다고 생각해 봅시다. 결국은 화학물을 넣고 그러는데, 오히려 그냥 놔두면 자연이 자연스럽게 해결할 수 있습니다. 지속 가능성(sustainability)이라는 것은 인간이 하려는 것을 포기하고 자연에 완전히 맡겨야 합니다. 전체 우주가 만일에 빅뱅 이론이 맞는다면 아직 팽창하고 있다가 다시 수축을 시작해서 제로 포인트(zero point)로 돌아가게 됩니다. 핵무기가 파괴한 것과는 비교가 안 되게 파괴되는 것입니다. 그러나 다시 시작하게 될 것입니다. 순환의 세계가 가능한 것이고, 우리 자신이 자연적인 것으로부터 촉진하게 되는 것이 바로 기독교의 죄입니다. 인간 사이의 거짓말하는 죄보다도 핵무기를 만든 것 자체가 생태학적인 측면에서 우주적 죄이고, 제일 책임이 많지 않을까 그렇게 생각하게 됩니다.

이제는 도덕성(morality)을 우주 전체로 확대해야 하는 것입니다. 성경에서 말하는 거의 파괴된 다음에 다시 새로운 시작, 새 하늘과 새 땅이 온다는 것입니다. 다시 새것이 올 때 몇억 년이 걸리게 될지 모릅니다. 다 파괴되었지만, 다시 소생하게 될 것입니다. 비슷한 것이 나올 가능성이 많습니다. 그런 것에서 우리가 나왔기 때문에 다시 우리와 비슷한 인간이 나올 가능성이 클 것입니다. 자연과 하나님이 항상 함께 일하고 계십니다. 자연과 떨어져서 작동과 조작(manipulation)을 하는 하나님이 아니고, 자연과 함께 일하시는 하나님입니다. 전체적으로 자연과 하나님을 같이 보아야 합니다. 하나님은 마법사처럼 일하시는 분이 아니라, 자연과 더불어 과정을 통해서 일하십니다. 마법사 같은 그런 하나님이 아니라는 것을 우리는 체험을 통해서 알 수 있습니다. 내가 생각하기에는 그냥 놔둘 수만 있다면, 1~2년 그냥 자연스럽게 놓아둔다면 기술을 쓰지 않더라도 자연이 자연스럽게 정화하고 변화시켜서 깨끗하게 돌려놓을 것입니다.

창조가 구원을 앞서는 진정한 기독교의 모습

구원을 중심으로 모든 것을 해석하는 것은 인간의 욕심에서 나온 것입니다. 니케아 공의회(Nicene Council)가 열릴 때도 제일 문제가 된 것이 기독론이었습니다. 그리스도가 하나님이 되어야 하는 이유는 우리가 구원을 받아야 하기 때문입니다. 하나님이 실체적인 존재(substantial God)가 되어야 하는 것은 구원을 중심으로 발전시켰던 것이 기독교의 핵심이기 때문입니다. 19세기에도 영혼의 구원(save the soul)을 극적으로 강조하게 되었습니다. 구원 자체가 서구 신학적 사고와 논리의 귀결입니다. 그것을 실천하고자 애썼던 것이 바로 기독교의 역사였습니다.

그리스도는 승리자가 되어야 했습니다(*Christus Victor*). 악마의 손에서 구원해야 했기 때문입니다. 기독교의 구원, 예수 그리스도의 역할은 궁극적으로는 영혼을 구원해야 한다는 것입니다. 그것이 기독교의 이원론이고, 기독교인들이 스트레스를 받는 것이 되었습니다. 그렇기 때문에 이원론적인 것이 아니면 기독교인이 못 되는 것처럼 생각하게 되는 것입니다.

우리가 이원론을 넘어서 동양적 입장에서 본다면, 인간이 창조물이기 때문에 세상이 좋은 것이라고 할 수는 없지만, 하나님이 창조하시고 좋다고 했습니다. 이 세상에서 구원이 아니라 이 세상을 구하는 것에 중심을 둘 때, 새로운 신학이 발달할 수 있습니다. 구원이 죽어서 저세상을 가거나 영혼의 구원을 추구하는 것보다는 이 땅 위에서 보람 있고 의미 있는 삶을 사는 것이 기독교의 구원과 기독교의 중심이 되어야 합니다. 즉, 새로운 구원관, 전체론적인 구원을 발전시켜야 하는 것입니다. 그렇다고 전통적인 구원관을 버리는 것도 아닙니다.

사실상 성경에도 그렇고, 그런 삶을 살 때 저세상의 구원도 의미가 있게 되는 것입니다. 결국 영혼과 육체는, 저세상과 이 세상은, 삶과 죽음은 떼려야 뗄 수 없는 것입니다. 그래서 모든 깨달은 자들은 둘이 아니라는 불이(不二)를 이야기하는 것입니다.

늘 구원의 효용성(saving efficacy)이 문제가 됩니다. 그렇다고 내가 구원을 강조하지 않는 것이 아닙니다. 다만 동양 철학에서 볼 때, 아니 성서에서 볼 때 인간은 자연의 산물이고, 우리가 거기서 나왔고, 거기로 돌아가는, 즉 땅으로 돌아가는 인생입니다.

역사적으로 볼 때도 다른 피조물들을 다 창조하고 우리 인간이 나왔습니다. 복을 받는다고 해도 첫째로 일단은 낳아서 탄생해야 복을 받지 않습니까? 창조를 무시하고 구원을 강조하는 것은 일방적인 접근 방식입니다. 내가 보기에 구원은 창조의 완성을 위한 것이지, 다른 것을 따로 발전시키는 것이 아닙니다.

그렇기 때문에 자연적으로나 과학적으로나 우리의 경험에 비춰볼 때도 창조론이 구원론보다 앞서게 됩니다(priority). 역사적으로 본다고 해도 창조가 먼저고, 구원은 그다음에 나온 것입니다. 창조를 무시하고 구원만을 강조할 수는 없습니다. 그렇다면 창조주가 구원자가 되는 것입니다. 세계에 혼란이 왔다면 전체로 보아야 하는 것이지, 우리만 독자적으로 구원하려고 해도 그럴 수가 없습니다. 이 땅에서 살 수 없다면 인간이 어디로 가서 삽니까? 새로운 지구를 찾아서 구원받는 것입니까? 다시 순수한 창조로 돌아가던가, 완성되는 창조 속으로 가는 것이어야 합니다.

내가 몸이 좋아진다면, 구원에 대해서 발전시키고 싶습니다. 죄를 새롭게 우주론적으로 정의하고 싶습니다. 죄를 다시 정의해서 구원을 새롭게 이해하려고 할 것입니다. 우주를 예수님이 구원하는 것이 아니고, 하나님이 구원하는 것입니다. 아버지가 하라고 한 것을 예수님은 순종하셨을 뿐입니다. 구원은 예수님께 속한 것이 아니고 성부 하나님께 속한 것이고, 창조주가 구원주가 되는 것입니다. 이것이야말로 삼위일체적 구원관입니다.

구원은 한 번에 되는 것이 아니고, 계속해서 나타나고 있는 성령의 힘으로 되는 것입니다. 전부 같이해서 삼위일체 하나님이 함께 가야 하는 것입니다. 그리스도 중심적 접근만을 해서는 안 되고, 아버지의 역할과 위치를 존중해서 확보해야 하는 것입니다. 어떤 사람들은 "성령, 성령" 하고 그럽니다. 그렇지만 "성령, 성령" 한다고 해서 성령만 와서 역사하는 것도 아닙니다. 삼위일체가 균형과 조화를 이루어야 합니다.

창조를 강조하는 것은 이제까지 구원을 강조했기 때문에 그렇게 생각하는 것뿐입니다. 구원과 예배를 가족과 같이 생각해 보는 것이 좋습니다. 우리의 예배에 자연이 어떻게 예배에 참여하고 공헌할 수 있는가를 반드시 연구해야 합니다. 지금까지 해 온 것은 그리스도 중심적 접근이 많았습니다. 삼위일체가 있다고 해도 아들만 섬기는 것은 동양적으로 보면 상상할 수 없습니다.

동양에서는 사실 창조가 없습니다. 모든 것은 항상 존재했고, 항상 존재할 것입니다. 그렇지만 영원히 존재하는 불변하는 것이 따로 존재하는 것은 아닙니다(There is nothing that can be forever existing). 과학적으로 본다면, 열역학의 법칙으로 보아도 그렇습니다. 성경의 창조 이야기를 다시 읽어보아도 창조는 무에서 유를 창조하는 것이 아니고, 다만 질서를 만들어가는 이야기입니다(creation is an ordering story that is making separated). 느빌(Neville)도 창조를 강조하고 있지만, 그의 주장도 형이상학적 사고방식에서 나오는 것입니다. 이것은 전통적인 사고방식이라고 볼 수 있습니다. 오히려 히브리의 사고와 동양적인 사고가 맞는 것입니다. 혼란에서 질서를 잡아가는 것입니다. 집단적인 무의식이라고도 볼 수 있습니다. 그렇기 때문에 다시 정의를 해서 인간이 가지고 있는 것에서 완성을 향해서 가야 하는 것입니다. 하나님의 뜻을 가지기 위해서는 여유가 있어야 합니다. 이런 것이 다 문제입니다. 얼마나 자유를 가지고 살 수 있는가를 생각해야 합니다.

역의 신학의 모든 논의에서 참고문헌으로 단 것들이 사실상 틸리히, 바르트, 불트만 등 신정통주의 신학자들이었습니다. 처음에는 서구 신학적인 프레임을 가지고 설명했기 때문에 받아들이는 데 전혀 어려움이 없었고, 매력적이기도 했습니다. 그렇지만 역의 신학은 동양 철학을 통해서 새로운 신학적 작업을 시도한 것이고, 그것은 본질적이고 진정한 의미의 기독교를 찾아가는 작업이었고 또한 나 자신을 찾고 발견해 가는 길이었기 때문에 내게는 정말로 의미가 있는 작업이 되었습니다. 이 시대에 적절하고 의미 있는 신학적인 작업을 통해서 귀한 일들을 여러분들이 감당할 수 있었으면 좋겠습니다.

7 장

삶과 죽음의 이야기
: 영원한 종교적 테마, 죽음
— 동서양의 사생관을 넘어서

제자들의 질문

이정용 박사는 죽음에 대한 두 권의 책을 썼다. 『죽음과 그 너머를 보는 동양적 관점』(*Death and Beyond the Eastern Perspective*, NY, London and Paris: Gordon and Breach Science Publishers, 1974)과 『죽음의 극복: 동서양 관점의 융합을 향하여』(*Death Overcome: Toward the Convergence of Eastern and Western Views*, University of America Press, 1983)이다.* 첫 번째 책은 티베트의 『사자의 서』를 주역적 세계관과 비교하는 작업을 했다. 두 번째 책은 한 죽음을 앞둔 학생을 찾아가서 죽음의 의미에 대한 대화를 나누는 것을 통해서 첫 번째 책에서 다룬 문제들을 상담과 대화를 통해서 풀어가는 아름다운 이야기이다.

다음은 이 죽음에 관한 이야기를 나누기 전에 한국신학연구원 학생들이 모여서 만든 질문들이다.

1. 죽음에 관한 책들을 쓰시게 된 기본적인 동기를 미국적 시대 상황과 연결시켜서 설명해 주셨으면 합니다. 특히 죽음학 운동(Thanatology movement)에 참여하셨던 미국 교수님들이 이 박사님의 책을 높이 평가하더란 이야기를 김진영 목사님이 하셨습니다. 특별히 히피 운동과 관련해서 지금 병원에서 계속적인 치료를 거부할 수 있는 권리를 서명하는 문서에 태극(음양)이 그려져 있고, 그런 권리에 대한 인식이나 죽음에 대한 동양적 이해가 서구인들에게 많은 영향을 미쳤다는 것을 알게 되었습니다.

2. 『사자의 서』는 관심을 가지는 사람들에는 널리 읽혔지만, 보통 사람들에게

---

* 이정용, 『죽음의 의미: 불교, 도교, 기독교, 현대과학의 사생관』 (서울: 전망사, 1980)으로 한국에서도 출간되었다.

는 생소한 책입니다. 『사자의 서』를 만나게 되신 과정을 말씀해 주시고 간단하게 소개해 주시기 바랍니다. 박사님은 『사자의 서』를 『주역』과 같은 양면 긍정적(both/and) 사고인 동양적 사유의 구조를 가지고 있다고 하셨는데 이런 문제들도 개괄적으로 설명해 주시기 바랍니다.

3. 선생님의 동서를 끌어안는 사유의 전개 방식에서 꼭 집어내지는 못하지만, 논리적 비약이랄까 다른 컨텍스트에 나온 개념들을 너무 쉽게 연결시키는 것이 아닌가 하는 우려를 나타내는 의견들이 있었습니다. 특별히 이 책에서는 융의 원형이란 개념과 무의식을 사용하셔서 영체(spiritual body)와 업(karma)을 설명하셨습니다. 융과의 만남과 융의 동양 것에 대한 이해를 선생님이 한번 평가를 해 주시기 바랍니다.

4. 요즘 미국 종교학회(American Academy of Religion)에서도 몸에 대한 논의가 어느 세션에서나 수없이 이루어지는 것을 보게 됩니다. 이 책에서 선생님은 신체적 몸(physical body)과 영적인 몸(spiritual body)을 음양론적으로 말씀하셨습니다. 선생님의 몸론을 듣고 싶습니다.

5. 이제 윤회 재생에 대한 이야기를 해야 할 차례입니다. 서구인들의 합리적 사고 속에서는 윤회를 쉽게 받아들일 수도 없고, 미개한 사람들의 사고라고 생각되었지만, 최근에는 윤회에 대한 여러 증거가 논의되고, 과학적 가능성과 합리성에 있어서도 윤회에 대한 긍정적인 논의가 많습니다. 선생님도 기독교인들이 윤회를 받아들일 수 없는 이유를 직선적 시간관과 천당 지옥의 삼층적 우주관 때문이라고 말씀하셨습니다. 성서적 근거와 교회사에서 윤회에 대한 생각이 추방되게 된 과정들을 말씀해 주시기 바랍니다. 또한 왜 윤회나 재생이 극단적으로 이단적인 사고로 몰리게 되었는지도 말씀해 주셨으면 저희들에게 도움이 될 것 같습니다.

6. 윤회를 받아들이게 될 때 전통적인 기독교에서 달라져야 할 것들을 한번

말씀해 주시기 바랍니다. 전통적 기독교에서 가장 중요하게 전제되는 원 죄를 어떻게 이해할 수 있는지도 말씀해 주시기 바랍니다. 또한 부활을 어떻게 이해해야 하는지도 말씀해 주셨으면 합니다. 선생님은 윤회의 사 슬을 벗어나는 해탈을 경험한 이후에도 영적인 몸(spiritual body)은 완전 히 소멸되는 것이 아니라고 말씀하시면서 기독교의 부활과 연결될 수 있는 가능성이 있음을 암시한 대목이 있었습니다. 이 문제를 좀 더 확대해서 말씀해 주셨으면 합니다. 또한 예수님의 재림을 윤회와 관련시킨다면, 보다 합리적이고 건설적인 해석이 등장할 수 있으리란 기대를 해보게 되기 도 합니다. 또한 윤회사상이 가질 수 있는 맹점들이 지적되기도 하고, 이것 을 사회체제나 현재의 상태를 수동적으로 받아들이는 것을 비판하는 좋은 근거로 삼기도 하는데, 여기에 대해서도 한 말씀 해 주시기 바랍니다.

7. 과연 죽음은 극복될 수 있는가? 죽음 자체보다 죽음에 대한 공포가 우리를 죽음을 바로 인식하지 못하게 하고, 우리를 노예화하는 경향이 있음을 지적하셨습니다. 또한 기독교의 부활 신앙이나 천당 지옥에 대한 일방적 인식은 죽음을 부정하게 하는 자기 기만적 위험성이 있음을 지적하기도 합니다. 과연 죽음을 어떻게 다가가야 할지 선생님이 아프신 다음에 경험 하신 실존적인 문제와 관련시켜서 말씀해 주시면 감사하겠습니다.

죽음학 운동(thanatology movement)은 죽음의 문제를 통해서 생의 문제 를 깊이 통찰할 수 있는 기회를 제공했으며, 생의 의미를 더욱 깊이 느끼게 해 주었다. 사실 죽음에 대한 문제는 논의 자체가 불가능하게 생각했었고, 죽음 이후의 세계는 학문적 논의 대상이 될 수 없었다. 심리학에서도 죽음 이후의 세계는 전혀 논의되지 않았었다.

60년대의 히피 운동과 죽음학 논의

미국에서 60년대 말에 히피들이 생겨나고, 대항 문화 운동(counter cultural movement)이 거세게 일어났습니다. 사회제도 자체에 대한 근본적인 반항이었고 데모였습니다. 이것은 그 당시 사회에서 갖고 있는 제도나 터부를 깨뜨리려고 하는 운동으로 발전하게 되었습니다. 어떤 사람들은 매우 부정적으로만 생각하지만, 이런 운동들은 미국에 굉장히 도움이 되었다고 볼 수 있습니다. 그전까지는 동양이나 래디컬한 것에 관심이 없었고, 서양 사람들의 태도가 굉장히 교만했습니다. 그러나 오히려 이 운동이 일어나면서 동양적인 것에 굉장한 관심을 갖게 되는 계기가 되었습니다.

서양인들에게 죽음은 정말로 터부시되는 문제였습니다. 죽음에 대해서 이전까지는 죽었다고 직접적으로 말하지도 않고 보통 돌아가셨다(pass away)고 간접적으로 표현하는 것이 대표적인 예라고 할 수 있습니다. 또한 죽음에 대해서는 공부도, 연구도 하지 않았습니다. 그렇지만 이런 계기를 통해서 죽음에 대한 진지한 관심을 기울이게 되었습니다. 의사들도 굉장한 관심을 갖게 되었습니다. 죽음과 죽어가는 과정(death and dying)에 대한 의료임상적인 연구(clinical study)에 굉장한 관심을 기울이게 되었습니다. 죽음학의 창시자로 불리는 엘리자베스 퀴블러 로스(Elisabeth Quibler-Ross) 박사의 『죽음과 임종에 대하여』(*On Death and Dying*)가 굉장한 반향을 일으켰습니다. 죽음과 임종에 대한 연구를 보통 다섯 단계로 구분해서 진행되었습니다. 즉, 부정, 분노, 타협, 우울, 수용의 단계입니다.

70년대 초 그 당시에 우리 학교인 노스 다코타 주립대에서도 죽음에 대한 코스가 개설되었습니다. 그런 과목들은 무조건하고 금방 등록이 끝나게 되었습니다. 셋이서 공동으로 강의를 진행했는데, 빨리 등록하지 않으면 등록을 할 수가 없었습니다. 우리는 임상적인 것을 많이 했습니다. 병원 의사들이 와서 말하고, 죽어가는 사람 인터뷰도 하고, 신학적인 면에서도 다루고, 동양적인 면에서는 제가 맡아서 강의를 하곤 했습니다. 죽음학 운동(thanatology movement)이 일어났는데, 의사들과 더불어 신학자가 쓴 것도 다루었습니다.

우리 학교에 한 친구 교수의 아버님이 어떤 암인지 정확히는 모르지만, 터미널 케이스(terminal case)로 돌아가셨습니다. 그런데 돌아가시기 전에 의사가 와서 모르핀을 주면서 먹으라고 한 것입니다. 그런데 정상적인 복용량의 세 배를 준 것입니다. 이 환자분이 이상한 생각이 드니까 이렇게 많이 먹어도 되느냐고 물었습니다. 그럼에도 불구하고 의사는 괜찮다고 먹으라고 했답니다. 그런데 먹고서 돌아가신 것입니다. 그래서 여러 질문이 제기되고, 논란이 일어났습니다. 환자가 물으면 정확하게 대답해야 하는데, 그렇게 하지 않은 것입니다. 아들은 오히려 의사를 방어하는 입장이 되었습니다. 아버님 케이스가 돌아가실 수밖에 없는 상황이었고, 아버님의 고통을 의사가 덜어주었다고 본 것입니다. 지금 같으면 고소를 당하고, 문제가 되었을 것입니다.

요새는 그렇게 하면 당연히 문제가 되고 소송에 걸립니다. 한 예는 하버드 암 센터에서 실험하는데 복용량이 많아서 환자가 죽었습니다. 죽은 사람이 보스턴 글로브의 신문 기자였는데, 가족들이 고소를 해가지고 2억5천만 불을 받았습니다. 그리고 그 사건에 관련된 많은 사람들이 직장에서 해고를 당하는 일도 있었습니다. 그렇지만 위의 예에서는 이 의사는 알면서도 의도적으로 세 배의 복용량을 주면서 먹으라고 했고, 이 환자가 그냥 먹은 것도 아니고 너무 많지 않느냐고 물었지만 그냥 먹으라고 했습니다. 그런 경우인데도 환자의 아들은 의사의 입장을 두둔하고 변호했습니다. 그 당시에는 법적으로는 그렇게 문제가 되지 않았습니다.

컬럼비아대학의 교수이고 의사였던 분은 자기 부인이 죽은 후에 죽음학 운동(thanatology movement)을 시작했습니다. 그때 이분들이 반대한 것은 곧 죽을 사람에게 링거를 놓고 의료적으로 수명을 연장하는 것을 반대한 것입니다. 죽어가는 사람도 인간의 존엄성을 지키고 삶의 질을 자신이 선택할 수 있다고 하면서 이런 연명치료를 반대했습니다. 학회를 열면 수많은 사람이 몰려들었습니다. 환자에게는 목숨만 연장하는 치료를 거부하고, 삶의 질을 누릴 수 있는 권리가 있다는 것입니다. 그때 죽음학에 대한 책도 연구도 굉장히 많이 쏟아져 나올 때였습니다. 동양에 대한 것에 관심이 많았습니다. 동양은 죽음에 대한 직접적인 연구가 많았기 때문입니다. 동양에 대한 관심이 증대되는 계기가 되었습니다. 히피 운동이 동양적인 것과 자연에 대한 관심과 취미가 많았습니다. 제가 두 책을 쓸 때는 그런 시대적 분위기와 연관이 있었습니다.

죽음과 주역의 관계

세계종교를 가르치면서 이런 죽음의 문제에 관심을 갖고 연구하게 되었습니다. 서양에서는 죽음과 삶에 대한 구분이 너무 심했습니다. 그런 환경에서 제가 죽음의 문제에 대한 관심을 많이 경주하게 되었습니다. 주역하고 죽음의 문제에 대한 것은 결국은 세계관에 대한 문제였습니다.

특별히 티베트 불교가 가지고 있는 『사자의 서』에 관심이 많았습니다. 또한 그 당시에는 이런 죽음의 문제가 심리학이나 마약, 약물복용하고도 관계가 있었습니다. 사실 티베트의 『사자의 서』란 책의 본문은 길지 않습니다. 죽어가는 사람을 위해서 스님이 그것을 읽어주는 것이 그들의 관습입니다. 지금 어떤 단계에 있으니까 두려워하지 말고, 무엇을 볼 테니까, 어떤 것이 나타나고 있을 테니까 거기에 대해서 이렇게 반응하라고 죽어가는 분에게 말해 주는 일종의 지침서(manual)입니다. 그것은 어디서 나왔느냐 하면, 이분들의 명상(meditation)에서 나왔다고 볼 수 있습니다.

그 책에 대한 내용은 불교입니다. 티베트 불교인데, 중요한 것은 거기서 나타나는 빛(light)이 하나의 에너지입니다. 죽을 때 자기 속에서 나오는 에너지를 보게 되는 것입니다. 처음에는 빛이 강력하게(intensive) 나타났다가 조금씩 흐려지는데, 죽었다고 해서 죽은 사람의 생각이나 의식이 금방 없어지는 것이 아니고, 우리와 마찬가지로 있으면서 점차로 없어지게 됩니다. 즉 1, 2, 3단계로 가면서 의식(consciousness)이 옅어지게 됩니다. 자기가 옛날에 경험했던 세상에 대한 애정과 집착이 강하면 윤회로 다시 돌아가게 됩니다. 오래 있으면 있을수록 의식이 적어져서 다시 살아나는 것입니다. 인간보다 원시적인(primitive) 형태로 나올 수도 있습니다.

번역된 것을 보면 논평(commentary)이 많이 있는데, 융(Carl Gustav Jung)의 좀 긴 논평과 해설이 있습니다.[1] 융은 주역에 대해서도 주석을

---

1 *The Tibetan Book of the Dead or The After-Death Experiences on the Bardon Plane,*

썼습니다. 번역자의 논평도 있습니다. 본문보다도 더 깁니다. 어떤 철학자는 이 책을 대체적으로 과학적인(scientific) 것에 근거해서 판단해야 한다고 하는 분도 있습니다. 증명을 할 수는 없지만, 근사 체험을 통해 경험한 것과 매우 비슷합니다. 예를 들면 무디(Raymond Moody)가 근사 체험으로 묘사한 것과 『사자의 서』의 내용이 거의 일치합니다. 제가 가르칠 때도 한 여학생이 수영장에서 물이 올라오는 곳에 발이 끼어서 거의 죽다가 다시 살아난 적이 있었습니다. 죽음의 지점에서는 이것저것을 보게 됩니다. 대개가 죽음의 체험이라는 것은 보통 100퍼센트 평화를 느낀다는 것입니다. 그렇게 평화로울 수가 없다고 합니다. 그래서 오고 싶지 않지만, 자기 가족이나 그런 인연 때문에 돌아오게 됩니다. 죽음에 대해서 부정적으로 보는 것이 아니고, 긍정적으로 보는 것입니다.

죽은 사람의 입장에서 보면 우리가 불쌍한 것입니다. 죽은 사람이 하는 말이 친척이 울고불고하는데, 울지 말라고 하면서 위로를 하지만(comfort) 듣지를 못한다고 합니다. 그렇게 떠나게 되는 것입니다. 이 책이 아주 재미있습니다. 정말로 고전입니다. 요새는 달라이 라마 쪽에서 번역한 것도 나와 있습니다.

융이 말하는 원형(Archetype)에 관해서 영적인 몸(spiritual body)과 업(karma)이 관계가 있습니다. 제가 인용한 것은 바울이 고린도전서에서 교인들이 부활에 대해서 자꾸 물었을 때 신체적 몸과 영적 몸이 분리될 수가 없음을 밝혔습니다. 오스카 쿨만(Oscar Cullmann)이 『영혼의 불멸인가? 아니면 죽은 자의 부활인가?: 신약성서의 증언』(*Immortality of the Soul*

---

according to Lama Kazi Dawa-Samdup's English Rendering (London, Oxford, NY: Oxford University Press, 1960) Com. and ed. By W. Y. Evanz-Wentz를 보라. 한글 번역본으로는 류시화 역, 『티벳 사자의 서』(정신세계사, 1995)가 있다.

or the Resurrection of the dead?: the witness of the New Testament)에서 밝혔는데, 그리스적 세계관과 신약의 관점이 다르다는 것입니다. 신약의 견해는 몸(body)을 갖는다는 것입니다.

육의 몸과 영의 몸이 음양으로 서로 관계성이 있기 때문에 어떤 연속성(continuum)이 있습니다. 우리 생활에 있어서 육체가 젊었을 때는, 즉 삼십 대에 신체적으로 가장 강합니다. 나이가 들면서는 육체보다는 영적으로 자꾸 성장하게 됩니다.

그 책을 읽으면서 주역이랑 맞는 점이 참 많다는 것을 깨닫게 되었습니다. 주역과 티베트의 죽음 이해가 똑같은 세계관에서 온 것임을 알게 되었습니다. 불교에 대한 공부도 동양적인 주역의 세계관으로 보면 쉽게 풀립니다. 모든 것이 항상 변화하고 서로 연결되어 있는 것 그리고 세계라는 것 자체가 하나의 유기체(organism)로서 이런 포용적이고 (inclusive) 양면 긍정적인 태도(both/and)를 갖게 되는데, 더욱이 죽음과 삶을 분리하지 않고 함께 보아야 합니다. 그래서 주역으로 보면 죽음의 문제가 분명하고 깨끗하게 잘 설명이 됩니다. 그래서 책을 썼는데, 쓰고 보니까 그런대로 잘 맞는 것 같습니다. 물론 오래전에 쓴 책입니다.

『죽음의 극복: 동서양의 관점의 융합을 향하여』란 책에서 쓴 것과 같이 실제로 그런 학생이 하나 있었습니다. 제 강의를 듣던 학생이었고, 굉장히 래디컬한 분이었는데, 병원에 입원해 있을 때 몇 번을 찾아갔었습니다. 죽음에 관한 임상적인(clinical) 코스를 가르치기 전에 있었던 일입니다. 임상적인 것은 우리가 의사들처럼 잘 모르니까 대화적으로 풀어가는 것이 쉽고 효과적이라고 할 수 있습니다. 정말로 내놓고 솔직하게 대화를 하는 것이 무엇보다 가장 효과적입니다. 죽음에 대해서 서로 말하는 것이 너무도 중요합니다. 정말 알고 싶어 하는 사람은 대화하는 것이 가장 효과적인 방법입니다. 아무리 설명을 해도 관심이 없으면 귀를 막는 것처럼 잘 들리지가 않습니다. 모든 것이 대화로 하는 것이 가장 좋습니다. 가르치는 것도 대화식 방법이 가장 좋습니다. 대화를 할 때 자기가 원하는 것, 알고 싶은 것을 토론할 수가 있습니다. 내 생각이 중요하지만, 관계가 없으면 배운다고 할 수 없습니다.[2]

항상 소망(hope)을 가지는 이유가 누구든지 이상하게 소망을 가지면서도 역설적인 것이 그럼에도 불구하고 죽게 된다는 것을 우리가 알고 있기 때문입니다. 주역이나 모든 세계관에서 보게 된다면 임상적으로도 그렇고, 공부하는 사람들의 시각에서도 그렇고 인간은 궁극적으로 낳자마자 죽기 시작하는 것입니다. 그러니까 궁극적으로는 성장하는 것도 40세까지 한다고도 하지만, 성장 그 자체도 죽기 위한 성장인데, 사람은 궁극적으로는 죽음이 궁극적인 주제(topic)입니다. 효과적으로 살려면 죽음을 알아야 합니다. 죽음을 무시할 수가 없는 것입니다.

사도 바울의 문제도 죽음을 등한시한 측면이 있습니다. 죽음을 하나의 큰 적으로 생각한 것은 그리스나 서구적 사고에서 나온 것입니다. 전체적인(holistic) 측면에서 본다면, 정말 산다는 것은 죽기 위해서 사는 것입니다. 그렇기 때문에 죽음을 적이 아니라 친구로 생각할 때에 새로운 세계가 열립니다. 실지로 나이 드신 분들에게는 죽음이 친근하게 느껴진다고 합니다. 자기가 들어갈 묏자리에 들어가 보기도 하는데, 준비된 묏자리가 자는 침대처럼 아늑하게 느껴진다고 하기도 합니다.

---

2 이세형 목사가 죽음을 극복하는 것에 관한 책이 아주 독특한 장르이고, 환자였던 학생과의 대화가 너무도 실질적이고, 어떤 비약이나 이런 것이 없이 아주 자연스럽게 진행되기에 영화를 만들어도 좋을 것 같다는 논평을 했다. 결국은 죽음의 생생한 현장감이 있고, 이것은 궁극적 관심과 관련이 있다고 고백했다.

나이가 들면 '어디에 내가 파묻혀야 하나? 여기서는 도저히 안 되겠다'는 곳도 있을 수 있습니다. 결국은 자기 고향에 묻히는 것이 가장 좋습니다. 자기가 살아서 괜찮은 곳이라면 '그곳에 묻혀도 괜찮을 것 같다'는 생각을 하게 됩니다. 그렇지만 인종차별이 많고, 그런 곳에서는 아무도 그곳에 묻히고 싶지 않습니다. 딴 곳으로 가든가 해야 합니다. 그런 면에서 본다면 벌써 죽을 준비를 하는 것입니다.

죽는 사람은 자기가 죽는 것을 다 압니다. 임상적으로 본다고 해도 며칠 내에 죽는다는 것을 다 알게 되는 경우가 많습니다. 삼십 년 전에 병원에서 채플린 인턴을 할 때, 채플린이 바쁘니까 우리를 보냈습니다. 가서 보면 며칠 있으면 죽는데, 잘못한 것도 많으니까 기도해달라고 했습니다. 하루 이틀 지나면 돌아가셨다고 연락이 왔습니다. 임상하는 분들의 이야기를 들어보면 대부분의 환자들은 자기가 죽는다는 것을 다 안다고 합니다.

동서를 너무 쉽게 연결시키는 것이 아닌가?

『사자의 서』에 대해서 심층심리학자인 융이 주석을 했고, 제가 이것을 인용하기도 했습니다. 융은 죽음의 문제에 대해서 또한 동양에 대해서도 관심이 굉장히 많았습니다. 그가 쓴 것을 보면 죽음에 대한 이해가 매우 깊었습니다. 그것도 물론 서양 사람이 보는 동양일 수도 있는 등 문제가 없는 것은 아닐 것입니다. 그렇지만 소통이라는 것은 비슷한 점이 있기 때문에 가능한 것입니다. 융의 원형(archetype)이란 개념은 종교학자인 엘리아데도 많이 이야기를 했습니다. 물론 이 개념은 이분들의 것도 아니고, 플라톤에서 나온 이데아(idea)에 그 기원이 있습니다.

이데아는 형상(form)인데, 내용(content)이라기보다도 영원한 어떤 구조(eternal structure)나 패턴(a certain pattern)을 의미합니다. 제가 생각하기에는 신 유교에서 말하는 이기론이 원형과 비슷합니다. 리(理)는 어떤 구조를 갖고 있고, 기(氣)는 내용을 채운다(fill up content)고 할 수 있습니다. 심리학자들이 원형(archetype)을 이용할 때는 조금은 다른 방식으로 나타나는데, 이런 것들을 연구하고 공부한 것은 정말로 귀한 경험이었습니다.

우리가 영적인 몸(Spiritual body)을 이야기할 때는 원형과의 연결은 조금 피상적입니다. 영적인 몸을 이야기할 때 영적이라는 것을 어떻게 보느냐의 문제인데 조금 뉘앙스가 다릅니다. 보통 영은 몸과는 분리된 것으로 생각하는데 동양적 세계관, 특히 티베트 불교에서 본다면 영적인 몸이 육체적인 몸과 완전히 달리 나누어진 것이 아닙니다. 어떤 생각의 형태(thought form)로 의식(consciousness)이 없어지면 죽는 것이고 또한 물질적인 몸이 없어져도 죽는 것입니다.

몸과 의식, 영이 서로 공존하는 것입니다. 이것이 바로 우리 동양적인 사고방식인데, 서양에서는 영적인 몸(spiritual body)이 중요하고, 신체적인 몸(physical body)은 있어도 되고, 없어도 되는 부차적인(secondary) 것으로 봅니다. 그런 면에서는 좀 다릅니다. 융은 만달라에 대해서 관심이 많았습니다. 또한 원형에 대해서도 많이 쓰곤 했습니다.

영적인 몸(Spiritual body)이 절대적인 것이라면, 업(karma)은 상대적인 것입니다. 바울이 고린도전서에서 교인들이 부활에 대해서 물어보았을 때 영적인 몸과 육적인 몸이 공존하고, 이 둘은 분리할 수 없다고 설명하고 있습니다.

여기서 영적 몸이 만일 원형(archetype)으로 존재한다면, 도저히 이것이 없으면 물질적 몸을 가질 수 없습니다. 불교의 세계관에서 업 (karma)은 인과율로 작동하는데, 업(karma)이 몸이 될 수 있는 요소를 전부 다 끌어모으는(aggregate) 것입니다. 원형에 맞게끔 모으는 것입니다. 궁극적으로 영적 몸에는 영원한 패턴이 있는 것입니다. 주역에서 본다면 64괘가 바로 원형(archetype)으로, 세계를 이것에 모아 넣을 (summarize) 수 있습니다. 티베트에서는 완전수 7이 곱해지면 49인데, 이것이 일종의 원형(archetype)으로 그 안에 모든 것이 들어갈 수 있습니다. 그런 구조(structure)가 있는데 그 안에서 변하게 되는 것입니다. 다시 말한다면 영적 몸(Spiritual body)이 구조나 원형으로 나타납니다. 몸(body)을 정태적(static)인 것이 아니라 동양은 언제나 역동적(dynamic) 인 것으로 보는데, 형식 자체가 항상 어떤 경향(tendency)이나 방향 (direction)이 생기는 것입니다. 카르마가 힘을 준다고나 할까, 어떤 원형 (archetype)이 신체적 몸이 나올 수 있는 것으로 드러나는(manifest) 것입니다. 카르마가 굉장히 중요한 역할을 합니다.

전통적이고 고전적인 관점(classical view)에서 본다면 영적인 몸은 순수 정신(pure mind)이라고 한다면, 카르마는 감정(emotion)입니다. 그래서 카르마, 즉 업에서는 집착(attachment)이 시작됩니다. 그런 역할을 하기 때문에 카르마는 윤회로 연결이 되는 것입니다.

그런 면에서 우리가 볼 때 서양에서 특별히 융의 아이디어가 동양적 사고와 맞지 않나 하고 생각하게 됩니다. 요새 화이트헤드가 나오지만, 심리학이나 이런 부분은 잘 모르고, 죽음에 대한 연구도 깊지 않습니다. 프로이트는 심층심리학적으로는 그렇게 많이 연관되지는 않습니다. 꿈과 죽음은 많이 관계가 되지만, 섹스는 죽음하고 굳이 연결시키면 되겠지만, 그리 많이 연결되지는 않습니다.

영적인 몸과 육체적인 몸은 음양적으로 볼 때 서로 관계성이 있기 때문에 어떤 연속성(continuum)이 있습니다. 우리 생활에 있어도 육체적인 면에 강해질 때, 젊었을 때, 30대에는 신체적으로 강합니다. 하지만 나이가 들면서 영적으로 자꾸 성장하는 것입니다. 음양 면에 더 가까운 것이 많습니다.

서양에서는 원래 몸(body)이 생명의 원리와 연관되고, 초월성을 갖는 차원이 있어서 몸 자체를 강조를 많이 합니다. 영적인 몸과 육체적인 몸을 생각하게 될 때 나는 항상 우주적(cosmic)으로 생각합니다. 우주적인 시간의 관점에서, 우주적인 면으로 항상 보고자 합니다. 개인적이나 사적인(private) 각 개인이 다르지만, 몸(body)이라고 하면 항상 개인적이 아니라 전체적으로 보려고 합니다. 동양적인 사고에서는 그렇다는 것입니다. 우리는 몸이라고 할 때는 조그만 단위로 들어갈 수 있습니다. 미국 사람들이 말하는 몸의 의미를 우리는 이미 전제하고 있다고 생각할 수 있습니다. 안병무 교수가 우리와 몸을 함께 연관시키는 것도 마찬가지로 볼 수 있습니다.

윤회와 기독교

윤회라는 것이 공부할수록 흥미가 있고 관심이 생겼습니다. 기독교에서도 윤회와 관련해서 고백하고 이론화해서 부활과 연결하면, 새로운 교리(doctrine)가 될 수 있습니다. 그렇지만 한국 사람들은 반대할지도 모릅니다. 어떤 미팅에서 보니까 저의 신학적 작업을 반-한국적인 것으로 생각하는 분들도 있었습니다. 나는 그래도 한국적인 것을 발전시키려고 하는데, 외국에서 원시적인 사회에서나 적용되는 신학을 하려고 하는 것으로 생각하기도 합니다. 한국인들이 과도하게 서구화되어 있는 측면도 있습니다. 실지로 그런 측면도 있겠지만, 그렇다고 착각을 하고 있는지도 모릅니다. 기독교인들은 어떤 경우에 서구화랑 기독교인이 되는 것을 구별하지 않고 동일시합니다. 어떤 의미에서는 착각이기도 하고, 어떻게 생각하면 자신에 대한 진지한 성찰이 없습니다.

윤회나 부활의 공통점은 다시 산다는 것입니다. 예수님이 죽은 다음에 다시 산 것(live again)입니다. 그러기 때문에 부활절이 있습니다. 예수님이 돌아가시고 아무 일도 없었다면 기독교도, 교회도 있을 수가 없다는 것이 신약성서의 증언입니다. 그런데 어떤 의미에서 다시 사는 것이 윤회입니다. 어떤 결과로 가는가를 기독교에서는 설명을 안 합니다. 설명하는 것을 터부시한다고도 할 수 있습니다. 우리가 미래에 예수님처럼 죽었다가 삼 일 후에 살아나서 돌아오는 것은 불가능하고, 그렇게 되지 못한다는 것은 다 압니다. 그렇지만 우리는 다시 살기를 소망합니다. 그것이 가장 중요한 것입니다. 구원에서 가장 중요한 것은 다시 살 수 있다는 것입니다. 그렇지만 그 과정을 상세하게 설명하지는 않습니다.

그다음에 천당과 지옥을 가고 하는 문제가 다시 나오게 됩니다. 문제는 기독교의 사고방식은 다시 산다고는 하지만, 시간적인 관계로 다시 돌아오지는 못하고, 어디 가서 산다는 것인지를 분명하게 설명하지 않습니다. 동양적으로 생각해 본다면, 다시 돌아올 수 있습니다. 기독교적으로는 한번 가면 다시 나올 수가 없게 되어 있는 일종의 폐쇄 시스템입니다. 이것은 정태적인 세계관일 수밖에 없습니다.

옛날의 삼층천적 세계관에서는 하늘로 올라가고, 지옥으로 내려가는 것이 의미가 있었습니다. 설명이 되기도 했습니다. 그렇지만 지금 현대적인 세계관에서 본다면 내려가도 올라가는 것이고, 올라가도 내려 가는 것입니다. 그럴 수가 없습니다. 지구에서 자꾸 내려가면 다시 나오 게 됩니다. 우주가 동그란 세계에서는 엄격히 따진다면 올라가고 내려 가는 그런 것이 없습니다. 아무리 올라가도 얼마나 올라가겠어요? 아무 리 올라가도 거기 가서 다시 오지 않고, 거기만 있으면 하늘이 얼마나 큰지 몰라도, 지옥이 아무리 크다고 해도 지금까지 죽은 영혼들이 전부 가 거기 있다면 또 어떻게 합니까? 그렇게 되면 거기에 영혼만 가득하게 될 것입니다. 그런 문제가 해결이 잘 안 되고, 설명이 잘 안 됩니다.

윤회가 있으면 다시 도는 것입니다. 조금 있다가 오게 되니까 새로 나는 아이가 벌써 있었던 사람이 다시 나오게 된 것입니다. 궁극적으로 영혼이 또 나오고 그럽니다. 그러면 인구가 이렇게 느는가를 설명할 수가 있습니다. 이런 세계관에서 보면 원시종교(primitive religion), 기독 교, 이슬람에서는 윤회를 다 믿고 있다고 볼 수 있습니다. 그러니까 윤회는 인류가 보편적으로 믿고 있는 어떤 것입니다.

런던의 감리교(the City Temple in London)의 레슬리 웨더헤드(Leslie Weatherhead) 목사가 기독교에 궁극적으로는 세계 인구 대다수가 믿는 것을 가지고 우리가 무조건하고 부정할 수가 없다고 주장을 했습니다. 자기 친구인 노만 프렌치(Norman French)가 물으니 내가 어려서 목사님 께 "교회에서 춤을 출 수 있느냐 없느냐?"고 묻던 것이 생각난다고 대답 합니다. 윤회를 믿는다는 것이 지금은 그렇지만 성경이랑 상반되는 것이 아니라는 것입니다. 553년까지는 윤회가 받아들여졌는데, 553년 콘스탄티노플 공의회에서 투표(vote)를 해서 작은 표차로 윤회(reincarnation) 를 부정하기로 결정했습니다.

신약, 구약에서는 윤회를 인정할 수 있는 구절들을 볼 수 있습니다.

예수님이 제자들에 "너희는 나를 누구라고 하느냐?"라고 물었을 때 "예레미야, 세례 요한, 엘리야"라고 대답합니다. 엘리야는 항상 다시 온다고 이해하고 있었습니다. 그런 것을 보면 윤회의 세계를 상정하고 있었습니다. 윤회를 우리가 믿지 못하는 것은 순전히 선입견입니다. 윤회를 믿지 않은 것이 신학적인 어떤 입장에서 그렇게 하는 것이 아니라는 것입니다. 윤회가 기독교적이 아니라고 하는 것은 깊이 연구를 안 했기 때문에 그런지도 모릅니다. 윤회를 여러 방면에서 연구를 한다면 서로 합리적으로 이해할 수 있다고 봅니다. 우리가 신경을 써가지고 부활과 윤회를 잘 정리한다면, 좋은 교리(doctrine)가 도출되어 나올 수가 있습니다.

육체의 부활과 신체성

기독교인 가운데는 육체의 부활을 믿기에 화장을 반대하는 분들이 있습니다. 미국 사회는 신체성(physicality)을 강조하는 사회입니다. 아무리 "영혼, 영혼(soul)" 하지만, 자기 정체성을 영적인 것이 아니라 육체적인 것에서 찾는 것을 발견할 수 있습니다. 달리 말하면 물질적인 것(material)을 중심으로 움직이는 사회입니다. 교회도 영적이고, 하나님을 찾는다고 하지만, 궁극적으로는 물질, 돈이 문제가 됩니다. 한국 사람도 미국화가 되어서 돈이면 다 된다는 생각을 갖게 되는데, 이것이 궁극적으로 서양에서 나온 영향이라고 볼 수 있습니다.

육체적인 부활을 믿는 사람도 윤회를 할 수 있습니다. 다시 또 육체에서 나오기 때문입니다. 음양에 의해서 성별을 교체하게 되어서 여자가 남자로, 남자가 여자로 새롭게 나오는 것이 공평한 게임이라고 할 수 있습니다. 잘 살던 사람은 못 사는 곳으로 나오고, 즉 아프리카에서 태어나고, 백인이 흑인이 되어 보고 해야 공평합니다. 이런 것을 재미있게 설명한 책을 보면, 자기의 과거를 다 볼 수가 있습니다. 과거가 다시 나타나게 되면 반대로 나타나게 됩니다. 자기가 낳았을 때로 다시 돌아오는데, 다시 사는 것입니다. 죽은 것은 궁극적으로 다시 돌아오게 된다는 것입니다. 즉, 이것이 윤회라고 할 수 있습니다. 다시 죽어서 다시 살기 위해서 올라오기 때문에, 죽기 전 때와 반대로 돌아오기 때문에 나온다는 것 자체가 궁극적으로 죽을 때, 그때로 다시 돌아오는 것입니다.

이러한 사상이 발달한 곳이 티베트인데, 달라이 라마로 다시 나오는 사람을 찾아낸다고 합니다. 지금도 이런 증거가 많이 있습니다. 아이들이 낳자마자 16세기의 글을 다 읽어내고 그런 예도 있습니다. 배우지 않고도 아는 사람들이 많이 있습니다. 그런 것은 이성적으로 생각한다면 상상할 수가 없는 것입니다. 틀림없이 과학적으로 말하면 어떤 유전자(gene)가 있어서 그것이 다시 살아나는 것입니다. DNA가 복합되어서 다시 나타나는 것인데 결국은 윤회와 다르지 않습니다. 티베트에서는 이런 예들을 분명하게 보여줍니다. 이 책에서는 일일이 다 설명하고 있습니다. 죽음의 과정 중 첫째 단계일 때 사람은 무의식 속으로 가장 깊이 들어가게 됩니다. 도저히 모르는 무의식(unconsciousness) 속에서, 그때에 밝은 빛(clear light)이 나타나게 됩니다. 일반적으로는 도저히 볼 수 없는 빛이 나타납니다. 순간적이지만 그때에 죽는 사람에게서 나오는 내면적인 빛인 것입니다.

사실은 죽음에 대한 두려움(fear)이 가장 큰 문제입니다. 죽음을 있는 그대로 받아들여서(accept) 무의식과 하나가 될 때, 해방을 경험하게 되어서(liberation) 윤회를 다시 하지 않아도 되는 단계로 들어가게 됩니다. 그렇지만 이런 경우는 적습니다. 아무리 명상을 많이 하고, 도를 잘 닦아도 죽을 때와 같은 그렇게 깊은 단계의 명상에 들어가는 것은 없습니다. 깊은 명상인데, 그다음에 조금씩 올라오게 됩니다. 그것을 저는 다이빙할 때 파워를 모아서 다이빙 보드에서 뛰어내릴 때 가장 깊이 들어갈 수 있는 것으로 설명해 보았습니다. 올라오면서 윤회 (reincarnation)가 단계별로 나타날 수 있는 그런 가능성이 있습니다.

그런 면에서 죽음 이후에 윤회로 나오는 것을 같이 비교할 수 있습니다. 인간이지만 동물로도 나올 수 있습니다. 티베트는 중국과 인도 영향도 받기에 오색이 다 나온다고 할 수 있습니다. 노란색은 인간, 파란색은 동물, 대개 의식이 해체(break down)되기를 시작하면 저급 동물로 나오게 됩니다. 만일 곤충이나 동물도 선한 행위를 한 존재는 카르마가 좋아서 인간으로 나올 수 있는 것입니다. 쌓은 카르마가 좋으면 인간으로 나올 수 있습니다. 그러니까 인간이 되어서 나올 수가 있습니다.

우리가 개가 되어 자신을 본다면 전혀 달리 볼 수 있습니다. 누군가가 밥을 갖다 주고, 일을 안 해도 되고, 뛸 수도 있고, 윤리도 간단하고, 그것만 잘하면 됩니다. 각 존재마다 윤리도 다르고, 가능성이 다 있습니다. 윤회는 어떤 면에서는 가장 과학적이라고 볼 수도 있습니다. 부활은 어떤 측면에서 정말 비과학적입니다. 삼층천적 세계관으로 생각하던 올라가고 내려오는 것은 이제는 상상하기가 어렵습니다.

죽음의 극복

티베트의 『사자의 서』를 공부하면서 느낀 것은 사람은 항상 죽어야 하는 존재입니다. 아무도 이것을 피할 수는 없습니다. 죽음 자체를 극복하는 것은 불가능하고, 극복하는 방법이 있다면 그것은 잘 죽는 것입니다. 잘 낳는 것과 마찬가지로 잘 죽는 것은 평화롭게 죽는 것인데, 마음의 상태가 참 좋아야 합니다. 죽음에 대한 공포심을 없애고, 죽음을 준비해야 합니다.

죽을 때는 명예도, 돈도, 아무것도 필요가 없습니다. 그런 것은 다 버리고, 자기 자신에게 제일 중요한 것은 사랑입니다. 가장 중요한 것은 사랑이기 때문에 자신에게 후회가 되는 것은 내가 왜 사랑을 할 수 없었나, 왜 더 사랑하지 못했나 하는 것입니다.

죽음을 준비해야 합니다. 사랑을 충분히 해야 하고, 딴 것은 해도 되고 안 해도 됩니다. 그런 것을 많이 공부하고, 될 수 있으면 죽음에 대해서 당황하지 않는 것입니다. 죽는 사람을 대하는 태도가 엄숙해야 합니다. 죽었다고 해도 완전히 없어지는 것이 아니라고 생각한다면, 죽는 사람이 가는 길에 도움을 주어야 합니다. 교회에서도 또 다른 곳에서도 죽은 분에게 가서 기도하고 찬송하는 것이 참 좋은 것입니다. 마음을 그런 방향으로 끌어주려고 하는 것이 중요합니다.

한국 문화 가운데 좋은 것은 죽은 사람을 산 사람처럼 대하는 것입니다. 죽은 사람을 산 사람처럼 잘 대하라는 것이 옛날부터 내려온 하나의 원칙처럼 되어 있고, 돌아가신 분을 잘 모셔야 한다는 생각이 있었습니다. 죽은 분도 혼이 다시 돌아올 수도 있고, 며칠이 되어서 다시 돌아오던가 조상들의 혼이 아직 남아 있는 것입니다. 몸은 생각할 수 있고, 생각의 형태(thoughtform)로 느낄 수도 있고, 죽은 분이 의식(consciousness)을 아직도 가지고 있는 것입니다. 영혼이 아직 남아 있다고 하면 어디에 있다고 해도 죽은 사람은 산 사람을 위로해야 합니다. 돌아가신 분도 아직 의식(consciousness)이 남아 있으니까 우리 말을 들을 수도 있습니다. 산 사람처럼 잘 대해야 한다고 하는 것은 모든 것이 관련되어 있습니다. 살아 있을 때 좋은 관계를 맺고 행여 원한이나 관계가 어그러진 것은 무당이나 굿을 해서라도 풀어야 한다는 것이 한국인들의 생각이었습니다. 예수님이 하나님께 예배하기 위해서는 우선 인간관계에서 모든 것을 먼저 풀고 오라고 한 것이 한국인들의 정서에 이미 자리하고 있었다고도 볼 수 있습니다.

의식이 남아 있다고 하면 이런 것들은 매우 중요한 것입니다. 서양에서는 죽으면 다 끝이라고 봅니다. 모든 것이 끝입니다(That's it). 의식이 남는다면 중요하기 때문에 죽음에 대한 것을 조금 더 신중하게 생각하고 관계를 깊게 하는 것이 중요합니다.

죽는 것은 불가피하니까 부정할 필요가 없습니다. 죽는 것을 우리가 다 알지만, 정말 죽으려고 하지는 않습니다. 모두들 조금이라도 더 살려고 하는 욕심이 있습니다. 산 사람은 '내가 죽으면 부인이 혼자 잘 살 수 있을까 얼마나 힘들겠나', '아이들도 시집가고 장가가고 해야 하는데, 이런 것을 다 어떻게 해야 하는가' 하고 걱정을 하게 됩니다. 맨 먼저 그런 생각이 됩니다. 정말 혼자서 살고 있다면 오히려 평화롭게 죽을 수 있을지도 모릅니다. 그렇기 때문에 불교에서는 자꾸 집착(attachment)하지 말라고 우리에게 충고하는 것입니다.

죽음은 우리가 피할 수 없는 불가피한 것이기에 잘 죽으라는 것은 잘 살라는 것입니다. 죽음에 대해서 겁이 없다면 무엇을 두려워하겠습니까? 그렇기 때문에 죽음을 극복하는 사람은 아무것도 두려워할 것이 없습니다. 궁극적으로는 인간이 하는 모든 노력은 죽지 않으려고 그러는 것입니다.

내가 처음으로 종교학 강의를 들은 것이 기억에 남아 있습니다.

케이스 웨스턴대학에서 들었는데, 정말로 강의를 잘하는 강사가 있었습니다. 그분은 강당에서 강의만 하고 갔습니다. 이분은 여기저기 다녀본 곳이 너무도 많았고, 경험이 많은 분이었습니다. 아프리카에 가서 인류학도 많이 연구하고, 하버드에서도 공부한 분이었습니다. 그분은 사람은 궁극적으로는 죽지 않으려고 모든 것을 한다는 것입니다. 가만 생각해 보면 우리들은 늘 궁극적으로는 죽지 않으려고 합니다. 성공하려고 발버둥을 치고, 돈을 벌려고 하고, 밥 먹기 위해서, 살아남기 위해서, 살기 위해서 모든 것을 다 하는 것입니다. 그렇지만 죽음이 필연적이기에 그렇게까지는 할 필요가 없는지도 모릅니다. 죽지 않기 위해서 의약품이 발전된 것이고, 의학과 병원이 발전한 것입니다. 병을 고치기 위한 모든 기술은 죽지 않기 위해서 하는 것이고, 결국은 죽음을 부정하려는 것입니다. 현대 문화와 기술이 모두 죽음을 부정하기 위해서 발전된 것입니다. 그렇지만 우리가 이렇게 경쟁하고 스트레스를 받지 않고 살 수만 있다면 궁극적으로는 더 오래 살 수 있을지도 모릅니다. 그런데 죽음을 극복하려고 만든 것이 기술인데, 죽음보다 더 힘이 있는 것은 아무것도 없습니다. 죽음을 극복할 수 있는 것은 아무것도 없습니다 (Nothing can overcome death). 심지어는 예수님도 죽지 않으면 안 되었습니다. 하나님은 궁극적으로 궁극자(the ultimate)인데, 하나님만은 죽지 않는 분이라고 할 수 있습니다. 하나님 이외의 모든 유한한 것들은 다 죽습니다. 이번 이야기는 이 정도로 마무리합시다.

8 장

신학자가 들려주는 샤머니즘 이야기
: 한국인의 사유와 종교의 원형인 샤머니즘

— 기독교와 샤머니즘의 상생과
미래적 발전을 위하여

제자들의 질문

"기독교와 샤머니즘의 관계의 미래를 보여주는 마지막 단계는 상호 변혁의 단계라고 이해할 수 있다. 샤머니즘은 기독교의 완벽한 컨텍스튜얼라이제이션을 위해서 중요하다. 기독교가 샤머니즘의 변혁을 위한 어떤 동인이 되는 것과 마찬가지로 말이다. 이런 상호 변혁 속에서, 기독교는 샤머니즘이 되는 것이 아니라, 한국적 기독교가 될 것이고, 샤머니즘은 기독교가 되는 것이 아니라, 한국적 샤머니즘의 새로운 형태로 발전할 것이다. 이런 상호 변혁을 통해서, 우리는 조화와 상호공존의 시대를 보기를 소망한다. 즉, 모든 종교들이 모든 이들의 평화와 행복과 선을 위해서 신적 돌봄과 사랑 안에서 함께 일하게 될 것이다."*

한국의 민중신학은 샤머니즘에 대한 긍정적인 평가와 관계를 맺기 위해서 노력을 했다. 또한 미국에서 공부하는 분들이 샤머니즘과 기독교의 관계를 증진시키는 논문을 쓰기도 했다. 이정용은 신학으로 시작했지만, 자신을 찾아가는 과정에서 한국인의 사유의 원형과 종교적 심성을 이루고 있는 무속, 즉 샤머니즘에 관심을 가지고 연구하기 시작했다. 무교의 의례를 미국종교학회에 발표해서 종교학자들의 관심을 일으켰고, 종교 현상학의 태두인 엘리아데의 독려로 한국 무교의 의례에 관한 모노그래프를 출간하게 되었다. 그 연구서가 바로 『한국무교의 의례』(*Korean Shamanistic Rituals*, Hague, Paris, Berlin and New York: Mouton Publishers, 1981)이다.

이정용 선생님은 기독교와 무교의 관계가 배타적인 관계에서 이제는 상호 ·

---

* 이정용, "역사적 관점으로 본 한국에서 기독교와 샤머니즘의 상호관계," *Asian Journal of Theology* 10(1996): 2/333-347.

변혁과 포용을 통해서 상생할 수 있는 새로운 단계로 이미 진입했으며, 그런 길로 나갈 것을 전망했다.

다음은 한국신학연구원의 학생들이 토론하면서 만든 이정용 선생님께 드린 질문지의 문제들이다.

1. 사실상 한국 기독교인들에게 샤머니즘은 다른 어떤 종교 현상보다도 천시를 받았습니다. 이건 비단 기독교인들에게만이 아니라 서구 학문적 세례를 받은 대부분의 지식인들에게서도 샤머니즘은 그런 홀대를 받았습니다. 물론 지금의 상황은 많이 달라졌지만 말입니다. 1970년대 초반에 신학자로서 샤머니즘을 연구하는 것은 매우 대담한 시도였는데, 샤머니즘을 연구하게 되신 동기부터 듣고 싶습니다.

2. 샤머니즘을 연구하시면서 한국의 시골과 도시 등의 현장 답사를 많이 하신 것 같습니다. 선생님의 한국에 대한 생각들도 그 당시에 머물고 있다는 생각이 가끔 들기도 합니다만, 그때 현장 답사를 하시면서 느끼셨던 단상들 그리고 에피소드들을 특히 무교의 종교 현상들과 연관시켜서 말씀해 주시기 바랍니다.

3. 샤머니즘이 한국인의 사유 방식, 삶의 스타일 그리고 종교적인 심성에서 어떤 위치를 차지하는지를 말씀해 주시기 바랍니다. 물론 샤머니즘은 한국인들만이 가진 것이라기보다는 보편적인 종교 현상으로 전 세계적으로 나타나기도 하는데, 한국 샤머니즘의 특색과 의의를 같이 말씀해 주셨으면 좋겠습니다.

4. 선생님은 샤머니즘을 여성들의 종교로 그리고 가정을 중심으로 한 종교 현상으로 해석하고 계십니다. 그런 면에서 보는 것은 샤머니즘의 원형이라기보다는 축소된 형태이고, 샤머니즘이 가지고 있는 지역 공동체와 국

가적 차원에서 종교적 기능을 하던 면은 볼 수 없게 되고, 그러다 보면 샤머니즘이 더욱 개인적인 그리고 가정적인 것에 국한되는 것으로 생각될 수 있다는 비판이 제기될 수 있다고 생각합니다. 물론 선생님의 체계에서는 가정이 우주적 중심일 수 있기 때문에 이런 문제를 다른 관점에서 포괄할 수도 있다고 생각하게 됩니다만, 선생님의 생각을 분명하게 정리해 주셨으면 합니다.

5. 샤머니즘이 보는 생사관과 샤머니즘에서 보는 신령계를 한번 정리해 주셨으면 합니다. 샤머니즘의 특징이 다른 어떤 세계관을 받아들이기 때문에 쉽게 정리될 수 없다는 논의들이 있었습니다. 즉, 샤머니즘은 현세와 내세가 그야말로 공존하고, 인간과 신령들이 한 장에서 같이 살아가는 구조라고 생각됩니다. 윤회도 받아들이고, 천당, 지옥은 아니지만 이와 비슷한 영적 세계의 실재도 존재하고, 죽은 자들의 현존도 어떻게 설명될 수 있는지 알고 싶습니다.

6. 선생님이 작년 심포지움에서 샤머니즘과 기독교와의 관계를 처음에는 배타적이고 적대적인 관계에서 서로 받아들이고 용납하는 단계, 다음에는 상호 변혁의 단계가 와야 한다고 말씀하셨습니다. 사실상 이 문제는 쉽지 않다는 생각이 듭니다. 샤머니즘을 이해하고 연구하던 분도 목회 현장에서 샤머니즘 연구를 붙들고 있을 수가 없었다는 실존적인 고백을 했습니다. 상호 변혁의 모델이나 구체적인 예들을 통해서 위의 단계들을 다시 한번 간단하게 정리해 주시기를 바랍니다.

7. 샤머니즘이 가지고 있는 다양하고 너무나 풍부한 의례(rituals)에 놀라게 되고, 이것이 예배학과 결합되면 새로운 창조적 작업이 가능할 것입니다. 물론 이미 한국교회의 예배 속에 그리고 신앙생활 속에 많은 부분이 무의식적으로 들어와 있다고 지적됩니다. 또한 성서의 많은 부분에서 드러나

는 초자연적 영적 현상들을 해석하는 데도 샤머니즘적 세계관은 어떤 해석학적 틀들을 제공할 수 있을 듯합니다. 예배학과 성서해석과 관련해서 샤머니즘을 어떻게 원용할 수 있는지를 말씀해 주시기 바랍니다. 선생님이 『한국적 설교』(*Korean Preaching*)를 쓰시면서 샤머니즘적 요소를 많이 사용했다고 하셨는데, 간단히 소개해 주시기 바랍니다.

일본과 한국 종교 탐사 여행

1969년에 오터바인대학에서 세계종교를 가르치면서 여러 가지를 배우기 위해서 방학을 이용해서 일본을 통해서 한국까지 몇 개월 여행하는 기회를 가졌습니다. 먼저는 일본을 방문했습니다. 일본의 나라(奈良, なら: 일본의 고대도시)라는 도시에서 시작해서 배움과 연구를 위한 여행을 시작했습니다.

나라는 한반도에서 불교가 일본으로 처음 들어온 곳입니다. 나라를 거쳐 교토에 가니까 전혀 다른 불교가 되어 있었습니다. 또한 동경에서 북쪽으로 30마일 정도에 있는 닛코(日光, 유네스코 문화유산 등재 도시)라는 도시를 방문하게 되었습니다. 그 도시에는 일본의 신교와 불교가 완전히 하나가 된 모습을 보였습니다. 스님이 신도(神道)의 복장을 하고 와서 천왕에게 제사를 드렸습니다. 불교가 일본 고유의 민족종교인 신도로 완전히 전환된 그런 모습이었습니다. 일본에서는 불교의 일본화가 상당히 진행되었기 때문에 불교의 어떤 원형적인 형태를 찾을 수가 없었습니다. 일본어를 할 수 있었기 때문에 트렁크 하나 달랑 들고 혼자 돌아다니면서 여관에 머물렀습니다. 정말 많이 보고 배울 수가 있었던 기회였습니다.

한 달 가까이 지나서 한국으로 들어갔습니다. 한국에서는 불교도 공부하고 싶었고, 한국의 불교가 민속종교 사이에 어떤 관계가 있는지를 살펴보고 싶었습니다. 그래서 통도사, 해인사 등 유명 사찰을 돌아보면서 부산에서 서울까지 올라왔습니다. 대체적으로 한국 불교는 일본 불교에 비해서 그렇게 한국화된 것이 없는 것 같았습니다. 불교의 원형에서 그렇게 많이 변한 것이 아니라는 느낌을 받았습니다. 아마도 일본 불교를 먼저 보고 와서 더욱 그런 생각을 하게 되었는지도 모릅니다. 일본은 한국에서 불교를 받아들이는 과정이 나라에서부터 시작되었습니다. 교토에 올 때는 중국의 남부와 관계를 맺으면서 벌써 상당히 일본화가 진행된 것을 볼 수가 있었습니다. 반면에 한국에서는 불교의 한국화가 그렇게 진행되지 않았습니다.

그럼에도 불구하고 절에 오는 신도들에게 물어보았더니 대체적으로 불교인이라고 해도 무속적인(shamanistic) 신앙을 가진 것을 발견했습니다. 절에 왔다고는 하지만, 빌거나 무당에게 하는 태도를 가지고 있었습니다. 부처도 그 사람들에게는 여러 신들 중의 하나(one of deities)일 뿐이었습니다. 그렇지만 절에서 이루어지는 것들은 불교의 원형으로부터 변한 것이 별로 없습니다. 스님들은 전통적인 불교적 수행을 하고 있었고, 일본 불교와 전혀 달랐습니다.

그때 느낀 것은 한국 사람의 믿음은 민중들에게는 무속적(shamanistic)이었다는 것입니다. 어떤 종교가 와도 한국인이 가진 무속적 특징은 변화시킬 수 없었다는 것을 깨닫게 되었습니다.

무당이 굿하는 것도 관심과 흥미를 가지고 구경하면서 즐길 수 있었습니다. 종교 현상학적으로 말한다면 어떤 가치판단도 배제하고 있는 그대로 무속적인 굿을 보고 받아들일 수가 있었습니다. 신앙적으로 생각한다면 목사로서 불가능한 일입니다. 그렇지만 그때는 세계종교를 연구하기 위해서 굿에 참여하고 즐기는(entertainment) 측면이 많았습니다. 무속신은 옛날에 유명한 장군이거나 조상신이었습니다. 무속적 신앙에는 어떤 정해진 형식이 따로 있지도 않았습니다. 무당마다 정해진 것이 아닌 비공식적(informal)으로 각자에게 맞는 독특한 스타일(own style)이 있었습니다. 어떤 것이나 즉흥적인(spontaneous) 성격이 컸습니다. 굿이 끝나면 함께 모여서 막걸리도 먹고 하는데, 이런 것이 한국적인 것이 아닌가 생각하게 되었습니다. 제가 한국 사람이지만, 한국적인 것을 다시 찾아보는 것, 이것이야말로 무속이 가진 매력이었습니다.

샤머니즘 연구의 에피소드

한국에서는 남녀 관계가 미국에 비해서 더욱 친밀하고 자유롭다고 생각하게 되었습니다. 남녀 간에 농담을 주고받는 것도 매우 자유롭고, 어떤 장벽이 없이 관계를 쉽게 맺는 것 같았습니다. 미국 사람들이 생각할 때 한국 사람들의 남녀 관계가 굉장히 거리가 있는 것으로 생각할 수 있습니다. 그렇지만 제가 보기에는 한국 사람들의 남녀 관계가 훨씬 더 친밀하다는 것을 알게 되었습니다. 결혼한 여자와는 그래도 격식을 유지해야 했지만, 서로 남녀 간에 주고받는 농담도 너무 노골적인 경우가 많았습니다. 저는 이런 것을 보고 어떤 문화적인 충격을 받았습니다.

예를 들어서 이선근[1] 박사님을 비롯해 총장, 교수 이런 분들이랑 어울려서 술집에도 가곤 했습니다. 여자 분들과 진한 농담도 하고, 만지고, 모든 일이 일어났습니다. 미국에서는 도저히 상상할 수가 없는 것입니다. 이선근 박사님이 "이 교수, 그러지 말고 좀 같이 놀아!"라고 말했습니다. 물론 나는 여전히 그렇게 하지 못하지만, 한국 분들은 남녀 사이에

---

1 이선근(1905~1983) 박사는 해방 후 동국대 총장과 한국학중앙연구원 원장을 역임했고, 일제시대에는 와세다대학에서 역사를 공부하면서 비밀결사 한빛회를 결성하기도 했다. 어려서 삼일운동에도 참여했으며, 만주에서 다양한 사업을 하기도 했고, 교육사업에 헌신하기도 했다. 한국전쟁시에는 정훈감으로 정훈 영역에서 큰 공헌을 했고, 준장으로 예편했다. 『화랑도연구』와 『독립운동사』, 『조선 근세사 연구』 등의 저서가 있다.

도 보통 관계가 아니고, 아주 친밀하게 이야기하는 것을 경험하게 되었습니다. 미국 사람들은 그렇게 하지를 못합니다. 한국 사람들이 노골적인 측면이 있습니다. 미국인들은 그런 관계를 잘 이해하지 못합니다. 1992년인가 라빈(Robin W. Lovin)[2] 학장하고 한국에 갔을 때 "온천에 가서 목욕이나 합시다" 했더니 "오, 안 됩니다, 안 돼요"라고 대답을 했습니다. 옷을 벗고 함께 목욕하는 것을 감히 생각할 수가 없었던 것입니다. 그만큼 미국인들은 자유가 없다고 할 수 있습니다.

저는 그때는 혼자 왔다 갔다 하면서 아는 사람도 없고 자유롭게 움직일 수가 있었습니다. 우리 집 옆에 유명한 무당이 있었습니다. 용산이었는데, 골목에서 무당을 만나보니까 어렸을 적 생각이 많이 났습니다. 그 무당을 만나서 여러 가지로 묻고 대화를 나누었습니다. 그분이 신당을 보여주는데, 정말 화려했습니다(so colorful). 이상한 것은 무당들을 절대로 생화를 쓰지 않고 꼭 종이꽃을 쓴다는 것입니다. 그래서 생화를 안 쓰는 이유가 무엇일까를 생각해 보게 되었습니다. 그렇지만 무당도 모르고, 누구 하나 아는 사람이 없었습니다. 저는 무당의 나라는 신령의 세계에서 왔다고 생각합니다. 그 세계는 살아있는 꽃이 피지 않은 그런 세계라는 것을 생각하게 되었습니다. 어쩌면 꿈과 같은 세계(dreamlike world)입니다. 무당들은 보통 장군을 모시는데, 많은 무당이

---

2 라빈(Robin W. Lovin)은 하버드 출신의 기독교 윤리학자로 시카고대학에서 가르쳤고, 드루와 퍼킨스신학대학원 학장을 역임하고, 은퇴한 후 아직 프린스턴대학교에서 The Center of Theological Inquiries의 소장으로 연구하고 있다. 그의 저서로는 『기독교 윤리학 서설: 목표, 의무와 덕』(*An Introduction to Christian Ethics: Goals, Duties, and Virtues*, 2011), 『기독교 리얼리즘과 새로운 실재』(*Christian Realism and the New Realities*, 2008) 와 『기독교 윤리학: 본질적 지침』(*Christian Ethics: An Essential Guide*, 1999) 등이 있다.

최영 장군을 수호신으로 모시고, 제사를 드리고, 생수를 바치고 합니다. 언제나 무당에게는 신단이 있습니다.

기독교적으로 적용해 본다면 기독교도 집집마다 제단(altar)을 만들고, 함께 예배하고, 성만찬도 하면 좋지 않을까 생각하게 됩니다. 예배가 꼭 교회에 모여서 드리는 것보다도 가정을 중심으로 이루어진다면 새로운 신앙의 다이내믹이 생길 수 있습니다. 일본에도 집 안에 조그맣게 특별한 것을 놓아 제단을 만들지만, 나라에 있는 신전을 가면 아무것도 없습니다. 돌 같은 것을 갖다 놓기도 합니다.

그때 제가 한국에 와서 샤머니즘을 공부하니까 신학을 공부했다고 하는 사람이 무당을 공부한다고 소문이 좋지 않게 났습니다. 넥타이도 안 매고 돌아다니니 미국 거지가 왔다고도 했습니다. 옛날 친구들을 만났습니다. 친구들이 미국에서 왔다고 기대가 컸는지 모르지만, 만나 보고선 조금 있다가 말도 없이 가버리는 친구들이 많았습니다. 한번은 시골까지 찾아가서 한 친구를 만났는데, 고생을 많이 하면서 살고 있었습니다. 그분은 손수레를 끌면서 오래된 절에서 살았는데, 그 옆에 무당이 살고 있었습니다. 그 젊은 무당을 찾아가서 미래도 물어보고 했는데, 그런 부분에 흥미가 있어서 연구를 진행시킬 수 있었습니다.

미국에 와서는 종교학회 모임에서 한국의 샤머니즘에 대한 논문을 발표했습니다. 미국에서 종교를 가르치는 교수들이 굉장히 좋아하면서 반응이 대단했습니다. 그때까지 일반 샤머니즘에 대한 연구는 많았어도 한국의 샤머니즘을 전혀 몰랐으니까 관심이 많았다고 볼 수 있습니다. 종교학회가 시카고에서 열렸었는데, 시카고대학에서 가르치던 엘리아데가 저를 보고 리서치를 더 하라고 격려해 주었습니다.

한국인의 정서를 알기 위해서는 샤머니즘을 연구하는 수밖에 없습니다. 1977년도에 풀브라이트(Fulbright) 스칼라로 와서 연구를 더욱 진행하게 되었습니다. 그때 풀브라이트 연구자들이 기거하던 곳에 미국에서 온 학생들도 있었습니다. 로렐 켄달(Laurel Kendall)3은 그곳에 있다가 나가서 무당의 집에 가서 있으면서 샤머니즘을 연구하곤 했습니다. 무당에게 자기가 공부해서 꼭 가르칠 수 있게 해달라고 그렇게 빌었습니다. 로렌은 그렇게 가르치기를 원했습니다. 나중에 인디애나 주립대에서 교수를 뽑는다고 해서 추천하기도 했습니다만, 한국종교에 관한 교수 포지션(position)을 잘 뽑지를 않았습니다. 로렌은 평화봉사단(Peace corps)으로 와서 활동했기 때문에 한국말을 좀 했습니다.

그때 이화여대 교수님의 남편이 돌아가셨다고, 영혼을 부르는 진오기굿을 했습니다. 그때는 한국에서도 샤머니즘을 장려하기 시작했고, 많은 사람이 무속을 긍정적으로 생각하기 시작한 시점이기도 합니다.

그 당시 제일 친하게 지내면서 무속 연구에 도움을 받은 것은 원광대의 김태곤 교수였습니다. 그분을 통해서 원불교에 대해서 공부하고, 알게 되었습니다. 김 교수는 샤머니즘에 관련된 사진 자료들을 학교 박물관에 모두 비치하고 진열해서 전시했습니다. 그런 분들과 어울리면서 술집에도 가고 그랬습니다. 김 교수는 저를 미국에서 온 사회복지사(social worker)라고 소개해 주고, 많이 도와주었습니다. 그분이 아는 무당들을 만나게 해주었는데, 그분이 연구하면서 친한 분들이 많았습니

---

3 로렐 켄달은 1970년대에 평화봉사단의 일원으로 한국에 왔고, 인류학자로서 한국의 샤머니즘을 연구해서 *Shamans, Nostalgia and IMF: South Korean Popular Religion in Motion* (Hawaii: Hawaii University Press, 2009), *Shamans, Housewives, and other Restless Spirits: Women in Korean Ritual Life* (1985) 등 여러 권의 저서를 내고 있다. 미국 자연사박물관(American Museum of Natural History)의 아시아 민속학(Asian Ethnology)의 큐레이터로 일하고 있다.

다. 여기저기 돌아다니면서 샤머니즘을 공부했는데, 궁극적으로 샤머니즘을 공부한 이유는 나 자신을 찾고 알기 위한 것이었습니다. 나도 모르게 내 몸에 배어 있는 것이 무속이라는 것을 깨닫게 되었습니다. 샤머니즘을 공부하면서 내가 너무 서구화되었고, 자신으로부터 멀어졌다는 것을 느꼈습니다.

그 당시에는 신학에 대한 것은 완전히 잊어버리고 있었고, 목사로 행동을 안 했기 때문에 정말로 자유스러웠습니다. 다니면서도 미국에서 온 척을 안 했지만, 구두를 보고는 대번에 미국에서 왔다는 것을 알아봤습니다. 많은 분이 제 연구를 도와주었습니다.

풀브라이트 연구자들이 이따금 함께 모여서 자기의 필드 워크를 발표하고 함께 토론하고 했습니다. 그때 느꼈던 것은 미국의 연구자들이 한국의 역사나 백그라운드를 전혀 모르고 연구한다는 것이었습니다. 탈춤을 연구한다고 해도 양반과 상놈의 백그라운드, 그런 것을 잘 모르니까 그냥 나타나는 현상적인 것에만 집중하곤 했습니다. 한국인으로서 그런 전통들이 살아있던 시대를 살았기 때문에 연구를 진행하는 데 큰 어려움은 없었습니다. 저는 아무래도 한국 사람의 입장으로서 샤머니즘을 공부할 수밖에 없었습니다.

무당과 무속을 공부하면서 일반적으로 보통 사회에서 생각하는 자기 위치를 잊어버리고 다녔습니다. 그냥 한국 사람 중의 하나(one of Koreans)로 저 혼자 다녔기 때문에 굉장한 자유가 있었습니다. 대개 만났을 때 무당들이 미국에서 온 줄 아니까 조롱을 하는 경우도 많았습니다. 무당을 알 수 있는 기회도 없고, 특별한 관계가 있는 것이 아니니까, 특별히 남자와 여자 관계이기 때문에 관계를 만드는 데 참 힘이 들었습니다. 미국에서 왔기에 볼 수 있었던 것이기도 하지만, 제 주관적인 생각이

긴 합니다만 한국 사람들이 미국인들보다 오히려 더 자유롭다고 느꼈습니다. 미국의 습관이나 태도가 내게 배어 있어서 그런지 모르겠지만, 여자를 상대하는 것이 같은 한국 사람이지만 상당히 힘들었습니다.

미국 친구가 한국을 갔다가 와서는 저에게 해준 말이 참 인상적입니다. 자기가 한국에 가서 정말로 진정한 인간들을 만났다(they are genuine human beings)고 했습니다. 그것이 무슨 말이냐 하면 한국인들이야말로 웃고 싶을 때 웃고, 울고 싶을 때 울고, 화가 날 때 화를 내는 그런 사람들이라고 했습니다(They can laugh when they want to laugh. They can cry when they want to cry). 그런 면에서는 샤머니즘은 우리의 정서를 대변해 주고, 우리를 진정한 사람이 되게 하는 그런 측면이 있습니다. 그런 점이 제가 배운 것입니다.

한국 샤머니즘의 특색과 의미

샤먼 중에는 어떤 성적인 억압으로 인해서 무당이 된 이들도 많았습니다. 무당은 사회적 제도에서 완전히 자유롭다고 할 수 있습니다. 첫째로 무당은 거의 다 자기 남편이랑 살지 않습니다. 남편이랑 살아도 무당은 보통 딴 남자하고 쉽게 관계를 갖습니다. 담배도 피우고, 술도 먹고 그럽니다. 무병을 앓는 경우에 대부분은 상사병에서 오는 병인 경우가 많았습니다. 그런 경우에 무병은 성적인 억압에서 오는 정신적 질고입니다. 무당은 사회적인 관습(norm)에서는 완전히 해방되어 있습니다. 궁극적으로는 사회적인 억압, 성적인 억압과 질고에서 벗어나서 해방된 존재가 무당이라고 볼 수 있습니다.

한국 샤머니즘은 이상하게도 사회적으로 구박을 받고, 억압을 받았습니다. 일제시대에 그렇게 탄압을 받으면서도 한국 샤머니즘은 언제나 존재했습니다. 미국 사람들이 한국에서 한국적인 것을 연구하려고 하다 보면 무속에 관심을 갖게 되는 것입니다.

한국적인 샤머니즘은 역사적으로 계속해서 존재했습니다. 샤머니 즘은 중국에서는 거의 다 없어지고, 북한도 거의 사라졌습니다. 제가 버클리대학에서 샤머니즘에 대해서 발표하면서 지금의 샤머니즘을 일종의 퇴화된 형태(deteriorated form)라고 발표했습니다. 거기 연구자 들이 저에게 너무 낭만적이라고(you are so romantic) 비평을 해 주었습니 다. 그렇게 봐서 그렇지, 실제로는 그렇지 않을 것이라고, 샤머니즘은 원래 그랬다고 주장을 했습니다. 그런 말을 듣고 보니 그런 측면도 많다는 것을 깨닫게 되었습니다.

어떤 면에서 샤머니즘은 우리 민족성과 관계가 굉장히 깊습니다. 불교가 한반도에 들어와서 삼국시대부터 고려 때까지는 정치적인 지도 이념으로 고대 한국인의 삶을 지배했습니다. 조선시대에는 지도 이념이 유교로 바뀌었고, 유교가 사회를 지배했습니다. 그렇지만 실제로는 상류층에서만 그랬지, 하층에서는 샤머니즘의 영향이 여전히 컸습니 다. 조선시대에도 궁극적으로는 한국인들의 사고방식은 샤머니즘적이 었고, 여성들과 하층민들 사이에는 샤머니즘의 영향이 유교보다 더 컸습니다. 물론 기독교가 들어와서도 샤머니즘을 억압을 했다고는 하지 만, 기독교가 샤머니즘을 없앨 수가 없었습니다. 기술이 발달하면서 샤머니즘도 변하는 것만은 사실입니다. 그럼에도 불구하고 아직도 샤머 니즘이 한국인들의 의식과 문화 속에 깊이 스며들어 영향을 미치고 있습니다.

일본의 샤머니즘은 의례와 실천 방법이 한국의 샤머니즘과는 많이 다릅니다. 한국 샤머니즘에서는 노래하고 춤추는 것이 중심이 되고, 이것을 통해서 엑스터시로 들어가는 것을 중시합니다. 저는 이것을 한국 무속의 특징이라고 봅니다. 우리가 좋아하는 것이 노래인데, 교회에서도 노래는 하지만 춤추는 것은 선교사들이 막은 듯합니다. 그런데 춤추는 것까지 할 수 있다면, 새로운 역동성(dynamism)이 한국 기독교에서도 나올 수가 있습니다.

샤머니즘의 한 가지 특징은 신령이 중심이 되는 종교라는 점입니다. 무엇이든지 영적인 지배를 받게 됩니다. 한국 사람의 정신성(mentality)에 있어서 항상 다른 사람에게 핑계를 대는 것이 특징입니다. 자기가 책임을 지지 않고, 다른 사람에게 핑계를 대는 것이 샤머니즘에서 온 것이 아닐까 하고 생각하게 됩니다. 한국인의 이런 성격과 특성이 없어지지는 않는 것 같습니다. 그런 면에서 일본에서나 다른 곳에서는 자기 책임감을 영에게, 조상에게, 다른 사람에게 돌리는 것이 그렇게 두드러지는 않습니다. 우리에게는 특별히 그런 것이 있습니다. 우리 샤머니즘의 부정적 특성입니다.

사회적으로는 샤머니즘이 틀림없이 부정적인 면이 있습니다. 그럼에도 불구하고 그것이 한국인의 특징적 성격을 형성하고 있습니다. 사회적으로는 부정적이지만 심리적으로 어떤 면에서 장점이 됩니다 (worthwhile). 왜냐하면 어떤 긴장과 책임감을 해소시킬 수가 있기 때문입니다. 미국에서 문제가 되는 것은 사람들이 모든 것을 자기가 책임을 져야 하기 때문에 그것에 눌리고 지쳐서 문제가 되는 경우가 많습니다. 그런데 그런 것을 해소시킬 수 있는 방법이 서구인들에게는 별로 없습니다. 기독교에서는 특별히 그렇습니다. 의식적인 면에서 그렇습니다. 청교도의 윤리도 너무도 엄격하고 강합니다. 그렇기 때문에 미국에서 정신적인 문제도 많이 발생합니다.

샤머니즘이 주는 위로와 치유

샤머니즘이 사회적으로 어떤 발전의 계기를 제공할 수 있는 것은 아니지만, 심리적으로 위안을 주고 힘을 주는 측면은 분명히 있습니다. 내가 책임을 지지 않고 다른 사람에게 돌리면 문제가 되겠지만, 영에게 책임을 돌리고, 그것도 자기 조상 영에게 돌리기 때문에 다른 사람에게 해를 끼치는 것은 아닙니다. 그런 면에서는 역설적이기는 하지만, 샤머니즘의 사회적인 공헌이 있을 수 있습니다. 즉, 샤머니즘은 사회적인 발전을 일으킬 수 있는 힘을 주지는 못하지만, 인간의 행복과 평화는 줄 수 있는지도 모릅니다.

문화가 발전될수록 샤머니즘의 문제도 크게 드러나지만, 장점이 부각되는 것도 사실입니다. 무속은 미신으로 사회가 발전하면 없어질 것으로 생각하기도 했지만, 요새 사람들이 무당을 더 많이 찾아다닙니다. 심리학 하는 사람들이 서구인들 하는 식으로 한국 사람들도 대화를 통해서 심리치료를 하려고 하지만, 한국인들은 말을 통해서 자신의 내면의 문제를 말로 잘 풀어내지를 못합니다. 굿을 하던지 그래야 서로의 대화가 나오지, 그냥 앉아서 말하라고 하면 누가 말을 잘 할 수 있겠습니까? 문화적으로 전혀 다르기에 한국인에게는 말로 풀어내는 것이 그렇게 쉽지 않습니다.

한국 사람들이 해소시키는 방법은 어떤 프로젝트를 해서 없애 버리는 것입니다. 이것이 한국 샤머니즘의 특징입니다. 그래서 그런지 모르지만, 한국 사람들 사이에서 실제로는 대립이 적습니다. 서구인들 사이에 갈등이 너무 많기 때문에 말만 해도 다 알아차릴 수 있게 되는 것입니다. 서양 사람들은 심리적으로 매우 복잡합니다. 아무리 무슨 일이 있다고 해도 겉으로는 아무 말도 안 하고, 자신의 감정을 드러내지는 않지만, 뒤로 돌아서서 딴 궁리를 합니다. 직접 직면하고 충돌하는 것을 안 합니다. 그렇지만 한국 사람들은 화가 나면 상사에게도 나가자고 해서 자기 감정을 드러내면서 싸우곤 합니다. 그다음에는 술이나 한잔하자고 하면서 풀어버립니다. 막걸리를 먹고 막 싸우지만, 또 술을 먹으면서 풀고 그럽니다. 미국 사람들은 아무리 해결이 되었다고 해도 속으로 다 남아 있습니다. 그런 면에서는 오히려 한국 사람들처럼 싸우고 풀고 해결하는 것이 더 도움이 된다고 할 수 있습니다. 물론 동시에 한국 사람들의 방식에 부정적인 면이 있는 것도 사실입니다. 그런 것을 한국에 가서 많이 배웠습니다.

무속적인 것이 한국인의 정신(ethos)을 형성하고 있다고 볼 수 있습니다. 기독교도 서양의 종교로 받아들여서 그렇지, 기독교도 궁극적으로는 무속적(shamanistic)이라고도 할 수 있습니다.[4]

남에게 핑계를 대는 것이 꼭 나쁜 것이 아니라, 그것이 바로 치유의 계기(healing moment)가 될 수도 있습니다. 다른 사람들과 함께 책임을

---

4 심리상담을 전공하던 김진영 목사가 유동식 교수의 무교 연구에서 아폴로적인 것과 디오니시우스적인 것으로 문화를 구분하는 측면이 있다는 것을 지적했다. 샤머니즘이 사회과학적으로 본다면 몰역사적으로 볼 수 있지만, 디오니시우스적 접근, 좋은 면들, 감정을 삭이고 치유하는 측면을 이야기했다. 또한 한국에서 유명한 무당이었던 김금화 씨가 무당이 될 때 "소외된 자(outcast), 너처럼 고생하는 이웃을 위해서 살라"는 메시지를 받았다고 한다. 안수하는 권사나 장로들처럼 김금화 무당도 굿을 하기 싫은데, 그때 들은 몸주의 메시지는 신의 음성을 생각하게 된다. "네가 고생했던 때를 생각하라."

나누게 될 때 치유가 시작됩니다. 샤머니즘에서 다른 사람에게 책임을 돌리는 측면에는 사회적인 책임을 간과하게 한다기보다는 문제를 가진 사람들을 돌보고 지원하는 측면이 있습니다. 샤머니즘의 특징은 인간들이 건강하게 되면 자연스럽게 회복이 된다는 것입니다. 자꾸 사회적으로 행동하고, 운동을 일으켜서 접근하는 것으로 문제를 해결할 수 있다고 보지 않는 것입니다. 마음이 편하고 자연스럽게 되면 자연히 좋아지게 됩니다. 출세하려고 하는 사람들만 모인다면 완전히 경쟁에 몰리게 되고, 그러다 보면 지옥이 됩니다. 경쟁이 얼마나 심해지는지 모릅니다. 샤머니즘의 세계에서는 경쟁이 거의 없다고 할 수 있습니다. 심리학적으로는 건강한 측면이 있습니다. 조상 영에게 핑계를 대는데, 사회적으로 뭐가 문제가 됩니까?

무속은 민속종교(folk religion)랑 관계가 있습니다. 자기가 책임을 다 감당하려고 하다가 병에 걸리게 됩니다. 그런 경우에 내 책임으로 생각하지 않고, 다른 사람의 책임으로 돌립니다. 이것이 오히려 현대의 인간이 소외된 사회에서 오히려 긍정적으로 작용할 수가 있다는 것입니다. 모든 경우는 아니지만, 어떤 경우에 이렇게 사고하는 것이 인간의 원초적인 문제를 해결해주는 좋은 점도 있습니다.

무당들이 보통 자기 운명을 불행하게 생각하는데, 사회에서 그렇게 만드니까 그런 점이 있습니다. 그러니까 여자들이 무당이 되지 않으려고 합니다. 예쁜 처녀가 무당이 되었다고 불쌍하게 여깁니다. 기독교인이 적었을 때는 저렇게 똑똑한 사람이 왜 기독교인이 되었나 그렇게 불쌍하게 여기던 시절이 있었습니다.

무당이 되는 것은 기독교로 말하면 하나님의 부르심을 받는 소명(calling of God)이라고 할 수 있습니다. 융 심리상담소(Jungian Institute)

에 있는 분들은 무당은 정말로 자신이 자신의 병을 고친 사람(real experienced healer)이라고 보고, 무당을 굉장히 존경하는 태도를 갖습니다. 그러나 일반 심리상담가들은 그렇지는 않습니다.

샤머니즘은 여성 종교

옛날에는 무당이 공동체적 역할을 많이 했습니다. 사회에서 일이 생기든가, 병이 생기든가 하면 무당이 그 일을 처리했습니다. 동네에서 무당을 받아들이고 의식을 집행하게 할 때는 무당이 사회적으로 큰 역할을 감당했습니다. 즉, 대동제와 같은 경우 동네의 축제였고, 샤먼이 그 행사 전체를 담당했습니다. 그런데 조선시대에 와서 유교가 사회적 기능을 지배하게 되었기 때문에 무속은 여성들의 차원을 담당하게 되어서 가정으로 밀려나게 된 것입니다. 그렇기 때문에 샤머니즘이 사회적인 역할을 못 하게 된 것입니다.[5]

물론 고대 시대에서부터 종교학적으로 볼 때 가정은 우주를 대변한다고 보았습니다. 그런 면에서 무속이 집으로 들어오게 된 측면이 있습니다. 엘리아데가 이런 연구를 많이 했습니다. 우리 역사적인 입장에서 본다면, 무속이란 것이 동네의 한 집에서 무슨 일이 있으면 굿을 하게 됩니다. 동네 사람들도 굿에 참여는 하지만, 그 굿은 가족을 중심으로 행해졌습니다. 해변가에서는 굿을 많이 했습니다. 바다로 나가서 죽은 사람들이 많았기 때문에 집에서 굿을 많이 했습니다. 지금도 무당은

---

5 또한 목회 상담을 전공하던 정희성 교수는 조선시대의 여성들이 가질 수 있는 직업이 기생, 궁녀, 궁전의 의사, 무당, 비구니가 되는 길밖에는 결혼하지 않은 여자가 선택할 수 있는 직업이 없었다는 것을 언급했다.

사회적인 것보다도 대부분은 집으로 찾아오는 식으로 이루어집니다. 의사나 마찬가지로 단골들이 생기게 됩니다. 이 무당이 유능하다고 소문이 나면 사람들이 많이 찾아오게 됩니다.

무당이 문제를 해결하는 방식에는 반드시 진단이 있습니다. 그 진단에 맞게 굿을 하게 됩니다. 죽은 사람 누가 왔기 때문에 굿을 해야 한다고 진단을 합니다. 악신을 기쁘게 하기 위해서 자기 몸주신(tutorial god)을 통해서 자신이 신이 되는 것입니다. 굿을 하게 되면 몸주신이 성육이 되어서(incarnate) 공수가 시작됩니다. "왜 이 집안에 와서 못살게 구느냐?" 그렇게 대화가 시작되고, "앞으로 그렇게 하지 않도록 하고, 이것이나 먹고 떨어져라"는 식으로 문제를 해결하게 됩니다. 무당이 심리상담가의 역할을 하는 것입니다. 제 친구 중에 심리학자가 있는데 사무실을 열었지만 사람들이 오지 않아서 무당을 찾아갔더니 굿을 하라고 했습니다. 신기하게도 굿을 하고 났더니 정말로 사람들이 오기 시작했다고 합니다.

그런 면에서 볼 때 무당은 가정의 문제를 중심으로 개인의 치병, 출세, 사업과 관련된 일을 감당하게 됩니다. 정치인들, 즉 국회의원도 찾아와서 보고 그럽니다. 직접 오지 못하면 대리인을 보내고, 굿을 하기도 합니다. 무속은 거의 가 다 가정적인 일을 중심으로 한 종교입니다. 기독교도 가정을 중심으로 한 종교입니다. 가정이 잘되면 모든 문제가 풀리게 되어 있습니다. 그러나 교회가 딱 생겨서 가정보다 교회에 대한 관심이 더 많은 것은 문제가 있습니다. 작은 공동체가 중심이 되어야 합니다. 그런 면에서 샤머니즘이 어떤 중요한 역할을 할 수 있다고 봅니다.

샤먼들이 과거는 다 잘 압니다. 그렇지만 미래는 각각 다릅니다.

제가 목사라는 것, 북한에서 월남을 했다는 것, 어머님이 북한에 있다는 것, 미국을 가게 되겠다는 것 등등 제 과거는 거의 다 맞추고, 다 알고 있었습니다. 한국에 있으려고 했는데, 여기 있으면 안 되겠다고 말해 주었습니다. 고래가 조그만 냇가에서 왔다 갔다 하는 것 같으니까 태평양 같은 큰 곳으로 가라고 했습니다. 사실 그때 저는 한국에 가서 살려고 그랬습니다.

무당이 우리 딸 보고 손에 재간이 좋은데 무엇이든 손으로 하는 것을 하면 성공한다고 말해 주었습니다. 딸이 자신의 진로를 일반 외과 (general surgery)로 결정하면서 남자들이 많고 힘들어서 싫어했습니다. 그렇다고 해도 성형외과(plastic surgery)는 싫다고 합니다. 미래를 너무 잘 맞혀도 모든 것이 다 이미 결정되어 있다(deterministic)고 하면 문제가 생깁니다. 인간은 자유가 있어야 합니다. 항상 변할 수가 있으니까, 누가 그것을 정확하게 말할 수 있습니까? 미래의 중요한 결정을 할 때 자문해주고, 때로는 그런 사람들의 고통 속에 참여하는 심리상담가의 역할을 무당은 합니다.

샤머니즘의 생사관과 세계관

샤머니즘은 이상하게도 논리적으로, 합리적으로 처음부터 끝까지 정합적으로 설명해내지는 못합니다. 예를 들면 죽은 영혼이 가는 저승도 있고, 지옥으로 내려가기도 하고 또 하늘로 올려보내기도 합니다. 샤먼들은 죽은 영혼(soul)이 천당이나 지옥에 갈 수 있다는 것을 믿습니다. 샤먼이 영혼(soul)을 구해서 천국으로 보내기도 합니다. 그것이 무당의 중요한 역할입니다. 그러면서도 무당은 윤회(reincarnation)를 이야기합니다. 윤회는 결국은 다시 살아나는 것인데, 민속학적으로도 볼 수 있습니다. 그런데 샤머니즘에서는 영혼이 까치가 되고, 까마귀가 되고 합니다.

혼이 어디로 갑니까? 굿을 하고 쌀 위에 어떤 자국이 나타나면 그것을 보고 무당은 무엇이 되었다고 그렇게 말합니다. 그와 동시에 혼이 다시 살아날 수도 있는 것이고, 그 혼이 지상에서 우리와 같이 살 수도 있습니다. 그 혼은 가족에게 평화를 주기도 하고, 화를 줄 수도 있습니다. 죽은 영혼이 신과 같이 있기도 하고, 재생해서 동물이나 그런 것이 되기도 합니다. 샤머니즘에서는 논리적으로 하나로 꿰어서 설명하는 합리주의(rationalism)는 설 자리가 마땅치 않습니다. 이것이 샤머니즘의 정신세계(mentality)입니다. 즉, 샤머니즘은 이치적으로나 논리적으로 생각하지 않기 때문에 다양한 종교적 사고들을 그냥 혼합해서 이렇게도 생각하고, 저렇게도 생각할 수 있습니다.

영혼이 셋이 있어서 하나는 천국에 가고, 하나는 신주(tablet)에 있고, 하나는 묘지에 있고 합니다. 인간에 도움을 주는 식으로 생각하는 것입니다. 위로가 될 수 있다면 죽음을 그렇게 해석하는 것입니다. 혼을 우주적으로 생각하면 한 곳에 있을 것도 아니고, 여기도 있을 수 있고, 저기도 있을 수 있습니다. 다시 올 수도 있고, 각각 개개의 혼으로 존재할 수도 있는 어떤 연속성(continuum)이 있습니다. 이렇게는 절대 안 된다는 것은 없습니다. 그런 면에서 오히려 건전한 점도 있습니다. 샤머니즘은 어떻게 생각하면 참 편하게 믿습니다.

기독교에서는 천국과 지옥, 이것이냐 저것이냐는 양자택일(either/or) 밖에 다른 선택이 없습니다. 샤머니즘은 양자택일적인 것이 아니고, 조상신이 천국과 지옥으로 떠날 수도 있지만, 우리와 같이 살 수 있는 것이 조상신입니다. 하늘에 가서 실제로 잘 살지는 모르지만 말입니다. 샤머니즘은 이렇게 모든 것이 섞여 있습니다(mixture of everything). 아미타 불교는 영혼이 서쪽으로 가게 됩니다. 합리적으로는 이렇게 말할 수 있다는 것이 참 힘듭니다. 아무튼 죽은 영혼이 왔다 갔다 할 수 있는 것은 사실입니다. 그렇기 때문에 너무 죽은 영혼이라고 해서 욕만 하면 큰일입니다. 부모를 존경한다면 끝까지 그렇게 해야 합니다.

기독교와 샤머니즘의 관계의 발전

역사적으로 살펴보게 되면 한국에서는 기독교 선교 초기부터 기독교의 배타성 때문에 샤먼은 아직도 기독교의 신만은 자기들의 적으로 생각합니다. 불교에 대해서는 친밀한 관계가 형성되어 있고, 한국 불교가 어떤 면에서 매우 무속적(shamanistic)인 측면이 있습니다. 그런데 기독교인들이 실제로 꼭 반-무속적(anti-shamanistic)인 것인가 하는 질문을 제기해 볼 수 있습니다. 제가 보기에는 꼭 그렇게만 이야기할 수 없습니다.

교회에서 1970년대 교인들은 무조건 샤머니즘에 대해서 배타적인 태도를 보인 것은 사실입니다. 그렇지만 역설적으로 기독교인들이 또한 무속적이기도 합니다. 기독교인들이 무속에 대해서 전적으로 반대하는 것 같지만, 그렇게 세뇌가 되어서 그렇지, 실제로는 꽤나 다르다는 것이 제가 관찰한 것입니다. 1970년대에도 이화여대가 기독교 학교임에도 불구하고 무당이나 굿에 대해서 매우 우호적이었습니다.

무엇이 기독교와 무속이 긍정적이고, 새로운 관계로 갈 수 있다는 희망을 줄 수 있겠습니까? 민중신학이 무속을 받아들이고 적용해서 새로운 신학적인 방법론을 발전시키려고 적극적으로 무속을 수용 (appreciation)하는 측면이 있었습니다. 샤먼에 대해서 서양 기독교인들은 굉장히 좋아합니다. 신학교에서도 샤먼들을 다 좋아합니다. 서양 기독교인들은 불교보다도 샤먼에 더 흥미가 있어 했습니다.

문제가 되는 것은 근본주의적 태도(fundamentalistic approach)를 보이는 목사님들입니다. 평신도는 다른 종교를 잘 받아들일 준비가 다 되었는데, 교회에서는 안 되는 것입니다. 한국의 한 감리교 감독이 큰일이라고 고백하는 것을 들은 적이 있습니다. 개신교에서는 배타성이 가장 큰 문제라고 했습니다. 예수 그리스도만을 통해서 하나님을 알 수 있다고 계속해서 그렇게 가르치고, 금과옥조처럼 설교했기 때문에 지금 와서 그렇지 않다고 뒤집을 수도 없습니다. 그렇지만 교육받은 사람들은 그렇게 교조적으로 이야기를 해서는 안 되는 시대에 들어와 있다는 것을 기독교 지도자들도 이제는 이미 다 알고 있습니다.

천주교는 개방적 태도를 공식적으로 취해 왔습니다. 개신교에서는 개방적 태도로 열어 놓아야 하는데, 열어 놓을 수가 없다는 것입니다. 어떤 면에서 교인들이 목사님들보다도 훨씬 앞서 있습니다. 결국 개방적인 길로 나가야 하는데, 교회 위신의 문제가 걸려 있습니다. 한인 교회들도 마찬가지입니다. 그렇기 때문에 교회가 다시 재조직을 해야 합니다.

교회 밖에서는 타 종교를 받아들이고, 공존하고, 대화하고, 서로 함께 전진하는 방향으로 가고 있습니다. 한국 기독교만은 마지막까지 배타적인 방향으로 가려고 합니다. 백인우월주의(white supremacy), 그것이 얼마나 갈 수 있느냐가 문제입니다. 지금까지는 교회의 문제지, 교인들의 문제는 아니었습니다. 교인들은 무속과 긍정적인 관계를 맺는 것이 이미 충분히 가능합니다. 이런 움직임이 개명된 학자나 기독교인들에게는 이미 샤머니즘과의 대화가 시작되었고, 새로운 형식의 기독교가 일어나고 있다고 볼 수 있습니다.

무교에 대한 관심과 동정적인 태도가 시작되었기 때문에 기독교의 개명된 평신도(enlightened layperson)들이 새로운 형식의 기독교가 출현하는 데 도움을 줄 수 있습니다. 노래하고 춤추고 하는 그런 무속의 측면을 반드시 받아들이고 적용해야 합니다. 믿음이 명제적 신앙으로 간다면 그 이상으로 나가고 발전할 수가 없습니다. 정말 하나님을 믿는다고 한다면 우리의 삶의 현장에서 하나님을 발견해야 합니다. 하나님이 기독교에만 배타적으로 있는 것이 아니고, 하나님이 모든 것을 창조하셨다면 샤머니즘과 대화를 시작하고, 서로 돕고 발전시킬 수 있는 계기를 만들어야 합니다. 샤머니즘의 좋은 요소들을 적극 받아들이고 적용해서 더욱 건전한 기독교가 되어야 합니다. 샤머니즘도 원불교와 마찬가지로 더욱 발전해야 합니다. 일본 불교가 서구화를 받아들이면서도 불교로 그냥 남아 있는 것과 같이 그런 식의 발전을 이루고, 상호 긍정적인 영향을 주고받아야 합니다.

샤머니즘도 옛날식보다도 새로운 방식을 접목해서 발전해야 합니다. 미국에 온 불교를 보면 서구식을 적용하면서 살아남게 되는 것입니다. 한국 교인들이 미국 교회가 영적으로 죽었다고(spiritualistic dead) 하는데, 그것을 정확하게 말한다면 궁극적으로 샤머니즘적이 아니라는 말이기도 합니다.

예배와 의례(liturgy)가 굉장히 중요합니다. 사람들이 직접 체험하고 볼 수 있기에 중요한 것입니다. 기독교인들은 신학적이고 이론적인 것은 그렇게 직접적으로 느끼지는 못합니다. 그렇지만 예배는 눈에 보이게 나타나는 것(visible)이고, 성도들이 직접 참여할 수 있는 실제적인(actual) 것입니다. 평신도에게는 신학적인 것보다도 예배와 의식이 더욱 중요합니다. 직접 보이고 느끼고 체험할 수 있는 것이기 때문입니다. 그런 면에서 한국교회에서는 샤머니즘이 중요한 역할을 할 수 있습니다. 즉, 한국적인 영성과 예배를 발전시키기 위해서는 샤머니즘적인 요소들을 반드시 되살려내야 합니다. 이것은 단순한 모방이 아니라, 창조적인 영성의 발전을 이룩해야 합니다.

샤머니즘의 형식(form)을 예배에 접목

한국인들이 예배를 통해서 어떤 영적인 변화와 능력을 경험하려면, 한국인의 종교적인 뿌리를 건드릴 수 있는 근본적인 요소, 즉 무속적인 정신(shamanistic ethos)이 나타나야 합니다. 그러기 위해서는 예배의 형식(liturgical format)을 변화시키지 않으면 안 됩니다. 너무 근본 개혁적(radical)일지 모르지만, 무속적인 것을 중심으로 예배의 형식을 다시 구성할 필요가 있습니다. 그렇지만 예배의 순서나 이런 것이 이미 무속과 비슷한 측면도 있습니다. 어떤 형식을 새롭게 발전시킬 수도 있습니다. 그런데 중요한 것은 함께 협력하는 팀워크(team work)입니다.

그런 어떤 형태의 변화가 없더라도 무속적인 것이 많이 나타나는 것은 엑스타시(ecstasy, 황홀경)가 가장 중요합니다. 신비주의(mysticism)에서는 어떤 클라이맥스에 올라가려고 하는 경향이 있습니다. 새로운 찬송가를 배우려고 하지 않기도 합니다. 영적인 경험이 일어나기 위해서는 반복하는 것이 중요합니다. 자꾸 반복할 때에 엑스터시에 들어갈 수 있는 길이 열리게 됩니다. 자꾸 반복하면 자기도 모르게 몰입하게 됩니다. 문제는 서양식을 원용(adopt)해서 복음성가를 많이 부르게 됩니다. 보스턴에 보수적인 젊은이들이 많이 모이는 교회에 갔더니 많은 분들이 엘리트 스쿨에 다니고 있지만, 그들의 신앙은 근본주의적이었습니다. 예배에 특별한 형식(format)이 없었습니다. 30분 이상 찬양을 계속합니다. 성경에서도 이런 현상이 나타납니다.

그렇게 될 때 비로소 체험을 하게 되는 것입니다. 수백 명이 모이게 되는 것은 15분의 내용이 문제가 아닙니다. 물론 문제가 있기는 하지만, 찬양을 열광적으로 하고 그렇게 함으로써 샤머니스틱한 어떤 영적 체험의 계기가 됩니다. 그렇지만 어떻게 보면 내용은 별로 없습니다.

워싱턴에 갔더니 큰 교회인데도 젊은이들이 열다섯 명밖에 모이지를 않습니다. 신학교에서 배운 대로 하지만, 사람들이 모이지를 않습니다. 영적인 체험이 없어서 마음들이 메마르게 되니 별로 안 나오는 것입니다.

교회에서는 목사를 굉장히 중요하게 여기니까 기도를 해도 목사가 해야 합니다. 샤먼이 해야만 하는 이치와 같습니다. 그런 면에서는 샤머니스틱한 접근(approach)이라고 할 수 있습니다. 부정적으로 보면 볼 수 있지만, 사람들은 그런 것을 기대하게 됩니다.

목사님들이 설교를 하면서 왜 그렇게 고함을 치는지 잘 모르겠습니다. 그렇게 하지 않으면 카리스마가 없다고 성도들이 생각합니다. 이렇게 저렇게 하라고 명령을 하면서 샤먼은 권위적으로 소리를 칩니다. 똑같은 현상이 교회에서도 나타나는 것입니다. 소리를 치는 것은 매우 즉흥적(so spontaneous)이라고 할 수 있습니다. 무당이 공수를 받아서 이야기할 때도 일반적인 농담이 아닙니다. 공식적으로 형식적인 것을 탈피하게 될 때, 즉 자연스럽고 비공식적으로(informal) 이야기할 때만 나타나는 게 있습니다. 이런 요소들은 모두 샤머니즘에 속한다고 볼 수 있지만, 모든 인간이 다 가지고 있는 보편적인 요소이기도 합니다. 이런 요소들이 계속해서 나타나려면 문명의 영향이 적어야 합니다. 그렇기 때문에 이런 샤머니즘적 요소들은 흑인이나 원주민이나 억압받는 민족에게서 잘 나타납니다. 우리도 그런 가능성이 있는데, 엄격한 공식 교육을 받으면 이런 것들은 잘 나타나지 않습니다. 왜냐하면 합리적으로 사고하도록 훈련을 받기 때문에 자연스러움에서 멀어지게 됩니다. 교육을 받는다는 것은 문화인이 되는 것이고, 그것은 서구화를 의미했습니다.

사실은 순복음 교회도 샤머니즘과 관련이 많이 있습니다. 박태선 장로의 전도관 운동도 처음에는 고학력자도 많았습니다. 그렇지만 종교적인 심성도 결국에는 학자적인 태도, 사회의 영향을 많이 받는다고 볼 수 있습니다. 나중에는 이런 종교 운동이 자꾸 이성과 합리적인 것으로 변하게 됩니다. 또한 배운 사람들이 자꾸 이성적으로 되니까 종교 운동에서 벗어나게 되는 측면도 있습니다. 미국에서도 감리교 운동이 미국 전역에서 초기 100년 동안에 엄청난 부흥과 발전을 가져왔지만, 그 후 신학교가 생기고, 교육받은 목회자들이 등장하는 시점부터 감리교 운동의 폭발적인 성장은 멈춰 서게 됩니다. 그 후에는 오히려 침례교가 발전하게 되는 것을 관찰할 수 있습니다.

기독교가 유럽에서 미국으로 오면서 역사적 정황과 사회적 조건에 따라 달라지게 되었습니다. 그것은 사회적인 기대가 달라져서 그렇습니다. 어떤 경우에 누구든 교회에 들어가면 이런 사회적 조건에 큰 영향을 받지 않고, 신앙적인 체험이 그 사람들을 이끌어 가는 경우도 있습니다.

나중에는 이런 종교 운동으로 수많은 사람이 모이게 됩니다. 그렇지만 초기의 열성과 부흥이 식어져서 작은 운동으로 전락하기도 합니다. 나중에는 초기의 종교적 체험과 열정에 근거하기보다는 조직화를 통해서 발전을 유지하게 됩니다. 샤머니스틱한 특성들을 잘 이용하면 긍정적으로 잘 발전할 수도 있습니다. 무교적인 것은 기본적으로 근본주의적(fundamentalistic) 태도를 갖게 하고 또한 심리적으로 확신과 위안(psychological assurance and comfort)을 줍니다. 큰 교회도 이런 점을 잘 살리면 건강하고 조화롭게 운영될 수 있습니다.

어떤 종교가 성숙한 어른의 단계로 나가려고 한다면 문을 열어서 개방적이 되어야 하고, 좋은 것을 적용하고 사회참여도 해야 합니다. 우리의 특수한 문화적인 것을 기독교에 같이 잘 적용해서 미래를 향해 나가야 합니다. 발전을 하려면 문 닫고 있는 것보다 열어서 나가는 것이 좋은 방향입니다. 겸손하고 순수한 태도를 유지하면서 개방적인 방향으로 나가는 것이 우리가 진정으로 지향해서 나갈 방향입니다. 하나님을 믿고 의지하면 뭐 두려울 것이 그리 많습니까? 당당하고 자연스럽게 멋있게 살아가는 것이 진정한 신앙의 길이라고 할 수 있습니다. 믿음의 길은 사랑의 길이고, 그것은 결국은 자기를 포기하고 하늘의 뜻 앞에 당당하게 우리를 열어가는 개방적인 태도를 취해야 하는 것입니다. 그런 역사들이 여러분의 목회의 길에 열리기를 바랍니다. 하나님을 믿기에 당당하고 자신 있게 전진하기를 바랍니다.

9장

모퉁이 이야기, 중심 이야기
: 모퉁이성, 다문화 신학의 열쇠
— 정의와 해방을 넘어서 사랑에 이르기를

제자들의 질문

아홉 번째 이야기로 이정용 선생님의 신학과 삶의 이야기는 끝을 맺었다. 사실 원래 계획은 몇 번의 세션을 더 갖기도 하고 또한 이 첫 번째 시도를 마무리하고, 다음 단계의 신학적 좌담을 이어가고자 했다. 이정용 선생님은 조직신학자로서 조직신학을 동양적 사유 내지는 동양적 세계관에 근거해서 다시 쓰고자 하셨다. 이 신학적 좌담에서는 두 가지 소원이 남아 있다고 밝히셨다. 두 가지는 구원론을 전체론적으로 발전시켜서 새로운 책을 쓰고자 했으며 또한 하나님의 나라에 대한 신학적 저술을 하고자 했다. 그분의 마지막 남은 꿈이었다. 물론 그것을 다 이루지 못할 것도 아신 듯하다. 즉, 구원론과 하나님의 나라는 이미 밝힌 대로 전체를 통째로 보는, 즉 전체론적 관점(holistic approach)으로 쓰고 또한 우주론적 시각(cosmological perspective)으로 썼을 것이다. 그것은 전통적인 언어로 말한다면 영적이고, 역사적이고 또한 종말론적 시각에서 전개되었을 것이다.

다음은 한국신학연구원에 속한 학생들이 미리 모여서 만들었던 마지막 이야기에 대한 질문지이다. 이 마지막 이야기는 1996년 6월 드루신학대학원의 한 강의실에서 이루어졌다.

1. 마지널리티를 본격적으로 신학화 작업을 해내셨습니다. 사실 마지널리티는 사회학적 용어일 수 있지만, 마지널리티를 성서 해석학, 예수 이해, 교회사 이해의 준거의 틀로 그리고 현재 상황에서의 참된 교회와 진실된 그리스도의 제자됨의 잣대로 사용하셨습니다. 즉, 마지널리티를 신학화, 내면화, 신앙화까지 하신 것인데 여기까지 오게 된 선생님의 사유와 신앙의 여정을 다시 한번 짚어주셨으면 좋겠습니다.

2. 1995년 필라델피아에서 열렸던 미국종교학회(AAR)에서 비평자들이 제

기한 질문들을 다시 한번 떠올리며 사회과학적 분석의 틀이 없다든가, 고통당하는 자들이 정말 투쟁하면서 나올 수 있는 어떤 힘을 줄 수 있는 논의는 아닙니다. 그 근본 정신과 사상에는 동의할 수 있지만, 뭔가 실천적인 그리고 변화를 가져오는 젊은이의 소리이기보다는 노인의 원숙한 지혜의 산물인 것 같다는 평을 하기도 합니다. 선생님은 정의와 해방보다는 사랑을 그리고 고통을 통해서 고통을 넘어서고, 남을 섬기는 종의 도를 마지널리티의 이상으로 말씀하셨습니다. 현대인들이 투쟁이나 중심을 향한 노력은 평가하면서도 자신을 버리고 새로운 창조적 마지널리티를 향한 종의 길에는 합류할 생각을 하기는 쉽지 않을 것 같습니다. 이런 문제들에 대해 한 말씀 해 주시기 바랍니다.

3. 주변화되고, 이 과정을 통해서 새로운 변환을 하는 것을 선생님은 "사이에 낀"(in between)에서 "양쪽 모두"(in both) 그리고 "양쪽을 넘어서는"(in beyond)으로 정리하셨습니다. 이런 각 단계로의 변혁(transformation)이 일어나는 계기들 그리고 이런 계기들이 일어나도록 촉진시켜줄 수 있는 교회와 신학의 역할을 말씀해 주셨으면 합니다. 사실상 이제까지는 어떤 면에서는 교회와 신학이 오히려 걸림돌이 되어 왔다는 생각도 하게 됩니다.

4. 이 책에서 마지널리티를 성서해석의 기본적 틀로서 삼으셨습니다. 그래서 구약과 신약의 성서를 마지널리티를 통해서 읽어내셨고, 예수 그리스도를 마지널리티의 관점에서 정확하게 이해할 수 있다는 것을 지적하셨습니다. 결국 성서의 주인공들은 모두 마지널라이즈된 경험 속에서 하나님을 경험했다고 볼 수 있습니다. 다시 한번 정리해 주시고, 결국 중심에서 태어난 사람들이라거나 기득권을 차지하고 있는 사람들이 마지널리티를 어떻게 경험할 수 있는지를 말씀해 주셨으면 합니다.

5. 선생님은 교회사를 한 마디로 사이비 교회들의 주도사로 정리하셨습니다.

콘스탄틴의 국교화, 중세의 교황권, 제국주의시대의 교회, 자본주의에 편승한 현대교회 등 말입니다. 그리고 진정한 교회는 중심 이데올로기에 편승해서 그리스도의 정신과는 멀리 떨어져 있는 현재의 교회를 포기할 때만 새로운 부활과 변화 속에 탄생할 수 있다고 하셨습니다. 그래서 진정한 종교개혁을 말씀하십니다. 셀 중심의 평신도들이 직접 참여하는 위계를 없앤 민주적인 교회의 모습을 제시하고 계십니다. 이런 선생님의 제안이 운동화해서 웨슬리의 감리교회의 탄생과 같은 새로운 모습의 교회 만들기 운동이 일어났으면 좋겠다는 생각을 합니다. 이런 방향에 대해서 좀 더 말씀해 주셨으면 합니다.

6. 좀 다른 방향에서 질문을 드리겠습니다. 미국에 있는 한국인들이 마지널리티의 경험을 했다고 하지만, 이제는 기득권층이 되어가고, 특히 흑인들과 관계에서는 압제자의 위치에 서게 되는 것도 사실입니다. 그리고 코리안 아메리칸들은 중심을 차지해서 압제자의 위치에 서려고 하는 것도 사실입니다. 또한 한국도 이제는 제3세계의 일원이 아닌 선진국의 위치에 서게 되었고, 다른 나라에서 온 노동자들을 차별대우하고, 기본적인 인권도 존중하지 않습니다. 또한 한국교회는 전형적인 제국주의시대의 교회 모습으로 선교사들을 파견하고, 그들은 진정한 선교가 아닌 숫자 늘리기에 바쁘다는 비판을 듣습니다. 사실 우리의 모습의 적나라한 표현일 수 있는데, 우리는 어떤 자세로 이런 한국인들과 교회의 모습을 개혁해나갈 수 있는지 말씀해 주십시오.

모퉁이*/마지널리티의 문제의식

미국에 와서 학생으로 사는 동안에는 미국 사회의 부조리와 여러 문제를 별로 느끼지를 못했습니다. 그렇지만 목회를 하고, 교수로 가르치면서, 본격적인 미국 사회 속에서 생활하면서 동양인과 한국인으로서 미국에 사는 애로를 체험하지 않을 수가 없었습니다. 이런 저의 삶의 체험으로부터 마지널리티의 이야기가 나온 것입니다. 옛날에는 신학은 다른 학문들처럼 그냥 그 이론을 배우고 이해해서 우리 생활에 응용할 수 있는 것으로 생각해 왔습니다. 물론 사회학과 심리학은 그런 경향을 가진 과학적인 학문입니다. 신학도 과학적인 측면과 방법으로서 생각하고 공부도 해야 합니다. 그렇지만 신학은 믿음에서 나오는 것이고, 과학적인 방법으로 일상에 응용하는 것보다 자신의 체험으로 고백하고 분명하게 표현하는(articulate) 학문입니다. 그렇기 때문에 궁극적으로 신학은 개인적인 것으로 볼 수밖에 없습니다.

아무리 교회교의학을 한다고 할 때 교회를 중심으로 한다고 하지만, 그 교회에서 제시해 준 사상이 그 사람을 통해서 어떻게 나타나느냐가

---

* '모퉁이'란 용어는 편집자가 선택한 마지널리티(marginality, 주변성)에 대한 한글 번역용어이다. 주변성으로 번역하는 것이 통용하기는 용이하지만, 모퉁이란 용어를 선택한 나름의 이유는 있다. 이정용 박사는 사회학적 접근이 아닌 신학적 접근으로서 마지널리티를 택한 것이고, 그것은 사회과학적 분석이 아니라 개인의 경험에서 시작한다고 처음부터 분명하게 밝히고 있다. 그런 측면에서 사회과학적 개념과는 차별성을 두고 싶었다. 또한 신학적 개념이기에 성경에서 나오는 개념이기도 하고, 순수하게 한국적 용어를 쓰기를 원했다. 그래서 모퉁이란 순수 한글 용어를 마지널리티의 번역어로 택하게 되었다. 때로는 마지널리티랑 함께 쓰기도 했다. 물론 모퉁이가 생소하게 다가오는 분들도 많은 것이다. 모퉁이를 마지널리티나 주변성과 연관해서 읽으면서 모퉁이가 투박한 한글이지만, 이런 개념들을 담아낼 수 있기를 소망해 본다.

중요합니다. 개인을 중심으로 신학적 작업을 한 것이 『마지널리티: 다문화신학의 열쇠』로 나온 것입니다. 내 생활에서 경험하고 체험한 것에서 자연스럽게 나온 것이고, 나를 중심으로 성찰한 것입니다. 그렇기 때문에 다른 분들에게도 의미가 있고, 가치가 있으면 좋지만, 우선은 나 자신을 위해서 쓴 것입니다. 다른 사람이 동의를 안 해 준다고 해도 이 책은 그것 자체로서 가치가 있습니다. 이 책은 하나의 공통적 사고방식보다도 다른 사람들에게 자극을 주어서 다른 사람이 자기 자신의 신학을 발전시키게 하기 위한 것입니다.

내가 쓰고 싶은 내용은 제 자신의 체험을 다시 성찰(reflect)할 수 있는 계기를 가지는 것입니다. 그렇지만 다른 사람들의 체험, 더욱이 동양에서 온 사람들의 체험, 일본, 중국인의 체험을 본다면 비슷한 점이 많았습니다. 이 사람들과 제 것을 합쳐서 하나의 패러다임을 붙잡아 보려고 한 것입니다. 다른 사람들의 패러다임을 가지고 계속 신학을 해왔는데, 이제는 새로운 패러다임을 시도해 본 것입니다. 이것을 하면서 제가 느낀 것은 이민을 와서 1세, 2세, 3세 모두가 각각 다른 체험을 가지고 있습니다. 내가 가진 체험하고 내 아이들이 가진 체험과도 다른 점이 많고, 일본 사람의 체험도 한국 사람의 체험과는 매우 다릅니다. 동양인이라 해도 전부 다 같은 것은 아닙니다. 제가 이것을 새삼스럽게 느꼈습니다.

그리고 저는 1세도 아니고 2세도 아닙니다. 규정하기 나름이지만, 대학을 미국에서 했기 때문에 1.5세가 될 수도 있고, 유학을 왔기에 1세라고 할 수도 있습니다. 1.5세는 자기가 오고 싶어서 온 것이 아니고 부모 때문에 온 이들입니다. 저는 1.5세도 될 수 있고 혹은 1세가 될 수도 있습니다. 그런 입장에서 쓴 것이 이 책의 내용입니다.

책을 쓰면서도 패러다임을 2세, 3세와 같이 해가지고 쓰니까 비슷한 점이 나왔습니다. 마지널리티라는 제 패러다임이 궁극적으로 광범위하기 때문에 이민자뿐만 아니라 다른 소수민족에게도 응용이 될 수 있습니다. 그런 면에서 이것은 한국인의 신학적 패러다임이라기 보다는 더 나가서 다문화적인(multicultural) 패러다임이 될 수 있습니다. 그런 측면에서 이 신학을 전개했다고 볼 수 있습니다. 그렇기 때문에 어떤 사람들은 이상적(ideal)이라고 하지만, 그렇게 중요하지 않게 생각할 수도 있습니다. 여성도 들어가고 하니까 꼭 코리안 아메리칸 신학이라고 할 수 있느냐고 문제를 제기할 수도 있습니다. 한국 사람에게 독특하다(unique)고 해서 꼭 한국적인 신학이라고 볼 수도 없습니다. 유럽 신학이라는 것도 유럽 사람이 써서 유럽 신학이 된 것입니다. 그 개념이나 패러다임은 다 그리스 문화와 사유에서 온 것이라도 해도 과언이 아닙니다. 그럼에도 불구하고 결국은 서양적인 신학이 되는 것과 마찬가지입니다.

제가 이때까지 어떤 신학적 작업을 해 왔는가를 많이 생각하게 되었습니다. 궁극적으로는 제 자신의 정체성을 찾아가는 것인데, 그것을 두 가지로 나누어 볼 수 있습니다. 첫 번째로는 자신의 정체성(identity)을 내 뿌리로 돌아가서 찾으려고 노력을 했습니다. 그것이 이때까지 제가 해온 작업입니다. 내 뿌리가 된 것을 문화나 사고방식에서 찾으려고 한 것이 음양이나 역의 사고였습니다. 두 번째로 이번에는 내가 경험했던 체험을 통해서 저 자신의 정체성을 찾으려고 한 것입니다. 궁극적으로는 내 문화적 뿌리에서 찾은 사상과 내 체험에서 똑같은 것을 찾았으니까 바로 이것이 내 자신의 것이라고 느낀 것입니다. 다시 말하면 내 체험의 실천(praxis)에서 찾은 것과 내 뿌리에서 찾은 것과 일치하는 것을 발견한 것입니다. 이 책에서는 역(易), 동양적 사고는 하나도 쓰지 않았지만, 그냥 그대로 나타납니다. 내 체험에서 이렇게 나타난 것이고, 내 체험을 통해서 나 자신의 정체성을 다시 확인한(reaffirm) 것입니다. 이론과 실천, 즉 이 둘이 같이 일치된(coincident) 것입니다. 이 과정에서 많은 어려움과 분투가 있었지만, 이때까지 한 매우 창조적인(creative) 작업이었습니다.

동양적 사고방식, 음양, 역, 이런 것들이 이 책에 그대로 나타나고 있습니다. 내 체험에서 그냥 그대로 나온 것입니다. 내가 찾고 있는 것이 바로 나 자신이었습니다. 그것이 바로 내가 체험한 것입니다. 신학이 내 아이디어만이 아니고, 직접적으로 생활에서 반영되어서 나타나고 있었습니다. 이 책에는 음양적 사고가 내 체험 속에서 그대로 나타나게 되는 것입니다.

행동 지향적 사회개혁 운동, 정의나 해방보다는 사랑과 종의 도

마지널리티에서 계속해서 논의된 것들은 실제로 사회와 구조를 바꾸고 변혁하는 행동하는 정의나 해방운동보다는 사랑과 종의 도를 더욱 중요하게 이야기를 하게 되었습니다. 즉, 마지널리티는 해방신학이나 행동 지향적 운동들과는 결을 달리합니다. 그렇기 때문에 자꾸 이런 방향에서 비판과 문제 제기가 일어나게 됩니다. 그리고 이런 것들은 실제로 매우 중요한 문제입니다. 제가 마지널리티를 쓰기 시작하면서도 알았습니다. 해방신학을 저도 많이 공부하고, 이해도 하고, 참여(involve) 도 했습니다. 그렇다고 해서 제가 해방(liberation)을 반대한다고 비판적인 입장에서 보는 사람도 있지만, 잘 읽어보면 꼭 그렇지 않다는 것을 알게 될 것입니다. 첫째로 저는 사회학자가 아닙니다. 처음부터 이 책은 구조적으로 접근한 것이 아니라, 개인적인 성찰에서 출발한다고 밝혔습니다. 내 입장에서 내 삶의 경험에서 나온 것이지, 어떤 이론에서 시작한 것이 아닙니다. 압제의 이론으로부터 시작하지도 않았습니다.

처음부터 그렇게 밝히고서 시작했습니다. 신학은 다른 것과 달라서 내 개인의 경험으로부터 나오는 것입니다. 신학의 접근 방법은 사회과학적 방법과는 다를 수밖에 없습니다. 요새 해방은 사회적 이론을 이용하지만, 내 입장은 그런 접근 방식과는 다른 것입니다. 저 자신이 사회학에 대한 지식도 깊지 않고 또한 그것을 가지고 한 것이 아닌 것은 분명합니다.

해방신학에 대해서 비판적 입장을 갖게 되는 근본적인 문제는 중심주의자적 접근(centralist approach)인데 저는 그들과는 근본적으로 생각을 달리합니다. 약자로서 차별을 받는다고 싸워서 그것을 쟁취하려고 하는 것은 기득권자인 백인들의 접근 방식입니다. 그 사람들의 가치(values)를 가지고 그것을 얻으려고 싸우는 것입니다. 돈 많고, 힘 있는 사람들이 억누르려고 하는 것, 그 가치가 그런 것에 있습니다. 해방신학자들도 자기들도 잘 살고, 다른 사람들을 컨트롤하려고 하는 경향이 있습니다. 중심주의자들과 같은 가치를 갖고 있다고 할 수 있습니다. 여성운동이 갖는 한계는 여성은 분명히 남성과 여러 면에서 다른데, 남성이 가진 가치와 성격이 지배하는 사회에서 똑같이 남성적 가치와 기준으로 싸운다는 것입니다. 그것은 결국 실패할 수밖에 없습니다. 내가 생각하기에 중요한 것은 여성적 가치와 기준(standard)을 남성적 가치와 똑같이 올려서 서로 존중받게 해야 하는 것입니다.

여자와 남자가 다르다면, 여성이 남성의 가치를 갖고 싸우면 이길 수가 없습니다. 소수(minority)가 다수(majority)와 싸울 때도 마찬가지입니다. 미국 사람과 싸우는데, 한국 사람이 영어로 싸우면 이길 수가 없습니다. 영어가 아니고, 영어의 사용법이 아니고, 우리의 가치와 규범(norm)을 가지고 싸워야 합니다. 해방신학자가 싸워서 이긴다고 해도 그들은 다른 사람을 다시 억압하게 됩니다. 이런 악순환이 반복되는 것입니다. 마르크시스트(Marxist)가 힘을 잡으면 똑같이 다시 억압을 하는 것입니다.

아일랜드 사람들이 그렇게 억압을 받았지만, 그들이 미국에 와서 다른 사람들을 다시 억압하게 됩니다. 이런 악의 순환의 고리를 끊어야 합니다. 몇백 년을 통해서 본다면 똑같은 일들이 다시 반복하게 됩니다. 이스라엘의 역사를 본다고 해도 분명하게 나타납니다. 이스라엘 백성들이 해방과 출애굽을 자꾸 이야기하지만, 그 이상을 더 나간다면 그들은 팔레스타인인들을 다시 지배하게 됩니다. 이것을 드러내서 이야기하지는 않습니다. 억압을 당하다가 해방이 되었다고 해도 다시 억압하는 자가 됩니다.

파도가 치게 되면 이 물이 다시 파도를 만들어 내게 됩니다. 그것을 없이 하는 것은 우리 자신만을 해방하는 것만 아니라, 우리를 억압하는 이들까지도 함께 해방시키는 것입니다. 이와 달리 해방신학자의 혁명적인 접근으로는 안 됩니다. 새로운 접근으로 억압자들까지 해방시켜야 합니다. 하나의 지혜라고 할 수 있지만, 실천적으로 정말 유용한 것이라고 생각합니다. 투쟁하고, 정의와 해방을 위해서 싸운다고 합니다. 그런 분들은 사랑은 힘이 없다고 생각하지만, 나는 다르게 생각합니다.

그런 것이 반복되지 않기 위해서 마지널리티를 생각한 것입니다. 제가 사회적인 변화나 정의(justice)를 무시하는 것이 아닙니다. 예를 들어서 중심주의자들(centralists)이 우리를 지배하려는 힘은 돈이고, 자본주의적 접근(capitalist approach)입니다. 이 사람들이 쓰는 방법은 소비하게 만들어서 물건을 많이 팔아먹는 것입니다. 이것을 이기기 위해서는 궁극적으로는 단순한 삶(simple life)으로 이기는 수밖에 없습니다. 이 사람들의 소비 중심적인 아이디어에 넘어가지 말아야 합니다. 옷도 한두 벌이면 충분하고, 유행에 따라 입을 필요도 없고, 차도 하나면 되고, 헌것은 자꾸 수리해서 쓰면 됩니다. 될 수 있으면 단순하고 소박한 삶(simple life)을 살면, 안 사도 될 것을 안 사면 중심주의자들은 망하게 되어 있습니다. 오랜 시간을 두고 보면 이런 접근이 결국은 이기게 될 것입니다. 사회적인 면에서도 제가 접근하는 방식이 긴 시간의 관점에서 본다면 의미가 있습니다. 자연을 다 보존해야 하는데, 자꾸 만들게 되면 쓰레기만 쌓이게 됩니다. 타이어를 버리려고 한다면 또 돈을 줘야 합니다. 그렇기 때문에 될 수 있으면 단순한 삶(simple life)를 살아서 자본주의자를 이겨야 합니다. 경제적으로 제가 알지를 못해서 그런지는 잘 모르겠지만, 오랜 시간의 관점에서 나는 그렇게 생각합니다.

고통은 중심주의자(centralist) 때문에 생긴다고 할 수 있습니다. 센트럴리스트가 없어지게 되면 서로 봉사를 하더라도 기쁨으로 할 수 있을 것입니다. 다만 센터가 하나님으로서 대체가 될 때 하나님의 나라가 올 수 있습니다(the kingdom of God will come). 자기 자신이 센터라는 생각을 버려야 합니다. **자신의 자리를 하나님께 내드리는 것이 결국은 마지널리티, 즉 모퉁이로 가는 길입니다.**

교회와 신학이 해방과 변혁의 걸림돌

교회가 거룩한 곳이기에 세상을 거부하는 경우가 많습니다. 세속의 세계를 악마화하는 것입니다. 그렇기 때문에 구원을 받아야 한다고 생각하는 것입니다. 구원은 세상으로부터 건짐을 받는 것입니다. 세상은 악이기 때문에 인간을 건져내야 하는 것입니다. 교인으로 세상에 속하지는 않지만, 세상 속에서 사는 것입니다. 한국인이지만, 미국에서 사는 것입니다. 사회에서 살지만, 교인이기 때문에 세상 사람은 아닙니다. 궁극적으로는 '사이에 낀'(in between) 관계이고, 교회가 이런 상태에서 살고 있습니다.

기독교인이 진정으로 정체성이 확정되지 않는다면, 세상에 가서는 술 먹고 할 일을 다 합니다. 한국 교인들이 이런 면에서 이중성이 가장 심합니다. 교회 와서는 울고불고 회개하면서 기도하고 밖에 나가서는 언제 그랬느냐는 듯 관계가 없이 세속적으로 사는 경우가 많습니다. 두 다른 세계에서 사는 것입니다. 이것이 바로 사이에 낀(in between) 관계입니다.

우리들은 두 다른 세계(two different worlds) 속에서 두 세계 속에 끼인 존재로(in between) 살아가게 됩니다. 미국 교회는 세상에 대해서 개방적(open)이기 때문에 사회의 직접적인 생활이 교회에 들어오고, 사회와 교회가 함께 하는 양면 긍정적 태도(both/and)를 갖습니다. 함께 포용하는 포괄적인(inclusive) 입장을 갖게 됩니다. 기독교의 하나님은 이 세상에도 존재하기 때문에 다른 종교에서도 하나님의 창조로 인해서 하나님의 거룩함이 드러난다는 것을 받아들이는 것입니다. 무속이나 유교에서도 하나님의 섭리가 나타난다고 할 때 양면 긍정의 태도

(both/and)가 되는 것입니다. 무엇이든 양면 긍정의 태도로 기독교가 항상 다른 종교들과 같이 놓여야 그들과 함께 할 수 있습니다. 이것이 바로 양면 긍정의 관계로 들어가는 것입니다. 정말 하나님처럼 사랑할 수 있는 사람이 되는 것입니다.

이것을 받아들이면서 여기서 세상과 교회를 동시에 긍정할 수(affirm the world and church) 있어야 합니다. 세상과 교회를 하나의 선물(gift)로 생각할 때 배타주의가 없어지고, 참된 해방을 경험할 수 있습니다. 즉, 이런 관계들을 넘어서는(in beyond) 초연의 태도를 갖게 될 때 우리는 진정한 인간(authentic human being)이 됩니다. 그냥 받아들이는 것만이 아니고, 교회도 세상도 하나님의 세계로 돌아갈 수 있는 변혁의 길이 열리는 것입니다. 우리가 추구하는 중심이 인간적인 차원을 넘어서 신의 세계로 넘어가는 것입니다.

물론 이것은 아직도 아이디어 차원인 것은 분명합니다. 현재에 모든 것을 바꿀 수 있는 것은 아니고, 이런 이데올로기(ideology)로 생각해 볼 수 있다는 것입니다. 실질적 생활에서 성찰을 해야 되지만, 먼저 이런 생각(idea)을 가져야 합니다. 초월한다(transcend)는 것은 딴 곳으로 가는 것이 아닙니다. 이 세상에 있으면서 진정으로 변화(transform)를 경험한 사람 이외에는 그런 세계를 말할 수도 없습니다. 경험하지 못하고 말한다는 것 자체가 모순입니다.

사실 이런 변혁의 경험은 바로 동양적인 무위의 아이디어입니다. 이렇다 저렇다라고 규정한다면 아직(not yet) 이루어지지는 않은 것입니다. 이런 상태로 교회와 사회에서도 적용이 가능한 것입니다.

제가 말하는 것은 해방신학을 대체하려는 것이 아닙니다. 그렇지만 이분들은 꼭 그렇게 생각합니다. 저는 이것이 이것이냐 저것이냐(Either/

or)의 배타적인 태도라고 생각하는데, 이분들은 저의 이야기를 별로 들으려고 하지 않습니다. 물론 이것은 서양분들만 그런 것도 아니고 동양분들도 마찬가지입니다. 좀 더 깊이 들어가 보면 모두가 필요한 것은 양면 긍정의 태도(both/and)입니다. 좀 더 깊이 가려고 하는 것인데, 내가 보기에는 대화가 이루어지지 않고 독백(monologue)이 되고 말 때가 많습니다. 아무리 말해도 듣지를 못한다고 할 수 있습니다. 듣기는 하지만 이해하려고 하지 않고 자기가 하려고 하는 대로 나갈 뿐입니다. 학자들의 문제가 자기 것을 주장하기만 하지, 다른 사람들의 말을 들으려고 하지 않습니다. 목사님들도 마찬가지입니다. 자기 것을 주장하려고만 하지, 다른 사람의 것을 들으려고 하지 않습니다.1

마지널리티

『마지널리티』 책은 제가 성서를 중심으로 해서 썼습니다. 그렇기 때문에 성서를 중심으로 한 교회라고 하면 제가 쓴 책을 읽고 이것이 이단(heretic)이라고 하기가 어렵습니다. 성서를 그냥 그대로 해석했기 때문에 아무런 문제가 없습니다. 한국교회에서 본다고 해도 그것은 마찬가지입니다. 제 책은 틸리히나 니버에 비해서 훨씬 더 성서적입니다. 틸리히는 성서적인 것은 하나도 없지만, 그분의 것은 한국교회가 오히려 쉽게 받아들입니다.

---

1 이세형 교수가 "in both, in between, in beyond"란 표현의 참신성과 또한 "in"의 실존적 참여의 의미를 부각했다. 또한 이런 것들과 틸리히의 theonomy(신율), 형이상학적 연관성을 지적했다. 이정용은 이 세 개념을 가지고도 하나의 책이 나올 수 있다고 하시면서 후학들의 책임으로 남기셨다.

제가 성서를 중심으로 해서 전개한 것이 이 책입니다. 인물로는 예수 그리스도는 모퉁이의 모서리(margin of marginality)로, 모퉁이에 선 인물(marginal person)로 봅니다. 우리와 비슷한 점이 많지 않습니까? 미국에 사는 한국 사람으로, 우리는 모퉁이에 선 존재임을 경험합니다. 예수님은 태어난 것도 그렇고, 떠나서 집에 들른 것도 몇 번이 안 되지만, 동네 사람들도 배척하고, 자기 나라 사람도 환영도 안 했고, 죽을 때까지 궁극적으로는 거부를 당하셨습니다. 그렇기 때문에 저는 예수님이야말로 모퉁이에 선 분(he was a marginal)이라고 생각합니다.

예수님의 공생애를 본다고 해도 센트럴리스트, 종교권에 있는 바리새인, 사두개인들에게 계속해서 인정을 받지 못하고, 늘 비판을 받고, 소외를 당하신 분입니다. 그분은 궁극적으로는 핍박을 당하고, 로마인들 힘을 가진 이들 밑에서 죽었으니까 그분의 제자들도 차별을 많이 받고 산 사람들입니다. 예를 들면 베드로도 마지널한 인물이었지만, 자기도 중심에 서는 사람(centralist)이 되고 싶어 했습니다. 제자들은 예수님이 성공해야 자기들도 성공할 수 있다고 생각했습니다. 그런 생각을 가지고 따라다닌 것입니다. 예수님이 마지널한 사람으로 마치게 되니까 실망하고 좌절하지 않을 수 없었습니다.

구약의 다윗 왕을 보면, 그분의 삶이라는 것 자체도 처음에는 모퉁이에 선 인간(marginal person)인데 센트럴리스트가 되니까 권력과 모든 것을 갖게 되었지만, 궁극적으로는 그래서 망하고 맙니다. 이런 사이클이 계속됩니다. 마지널리티의 길을 걷고 유지하는 것 자체가 힘든 일입니다. 인간들은 자기네들도 모르게 중심주의자적 생각을 가지고 있고, 그것을 없애지 못합니다. 성경에도 이것이 나타나 있습니다. 인간인 이상 이것을 극복하기가 여간 어려운 것이 아닙니다. 성경 말씀에도

예수님의 뒤를 따른다는 것이 얼마나 힘든지 누누이 밝히고 있습니다

기독교인이라고 하면 성서 자체를 따라서 살기보다도 예수님의 생애를 그냥 그대로 뒤를 따라가야 하는 것입니다. 그렇지만 우리는 성경을 이렇게 저렇게 해석해서 우리에게 맞게 하려고 시도하게 됩니다. 저는 근본적으로 기독교인이 된다고 하는 것은 예수님처럼 된다는 것을 의미한다고 봅니다(I'd like to be like Jesus. It is the gospel and truth). 이것을 신학적으로 잘 받아들이지 않고 유치하게 생각했지만, 이것이야말로 진정한 복음의 진리입니다.

예수님을 따라가야 하는 것입니다. 예수님의 뒤를 따른다는 것은 마지널, 모퉁이에 서는 인간이 되는 것입니다(you have to be marginal). 그렇기 때문에 힘들다는 것입니다. 나는 약자이니까 이익이 되는 것만 따르는 것, 그것은 예수님을 따르는 삶일 수가 없습니다. 그렇지만 요새 대부분의 사람들은 그렇게 하려고 합니다. 예수님을 따라가는 삶이야말로 그런 점에서 성서적인 것인데, 그것을 중심으로 이 책을 전개했습니다. 제가 강조한 것이 무엇입니까? 정의나 해방을 요새들 많이 강조하지만, 예수님이 강조한 것은 그것이 아니고 사랑입니다. 불의한(injustice) 상황에 처한 사람을 보고도 정의롭게, 이렇게 하라고 하지 않았습니다. 사랑해야 하는 것입니다. 이만큼 뺏겼기에 요만큼만 주라고 하는 것은 예수님의 가르침이 아닙니다.

하나 달라고 하면 하나를 더 주라고 하신 것이 예수님의 가르침입니다. 이것은 정의가 아닙니다. 정의는 예수님의 가르침이 아닙니다. 일대 일로 대응하는 정의(justice)를 주장하는 해방신학은 사회윤리에 의해서 실천하려는 것입니다. 이것은 기독교적인 것이 아닙니다. 제가 강조하는 사랑은 해방도, 정의도 넘어서는(beyond liberation and justice) 것입

니다. 예수님의 사랑은 사랑에서 끝나는 것이 아니고, 사랑을 위해서 죽을 수 있는 사랑입니다. 그런 헌신이 있어야 예수님을 따를 수 있습니다. 친구를 위해서 죽을 수 있을 만한 그런 사랑입니다. 그런 헌신(commitment)이 있는 기독교인만이 예수님을 따를 수가 있습니다. 이것이 복음입니다.

그런 점에서 본다면 우리는 아직도 기독교인이 아닌지도 모릅니다. 해방은 예수님을 따라간다면 자연히 따라서 오는 것입니다. 사랑이 있느냐 없느냐가 우리가 기독교인인가 아닌가의 진정한 기준이 됩니다. 그런 면에서 본다면 우리는 아직도 기독교인이 되려면 멀었습니다. 감독이 된다고 해도 궁극적으로는 진정한 기독교인이 되느냐는 사랑이 있느냐 없느냐로 결정됩니다.

진정한 교회와 진정한 개혁의 길

제가 목사 안수(ordination)를 받고 교회에 들어올 때는 교회에 대해서 정말로 순진하게(naive) 생각했습니다. 교회를 거룩하게 생각했고, 목사 안수가 굉장히 중요하고, 감독이 어떤 영적인 권위(authority)를 가지고 있다고 생각했습니다. 그런데 일해 보니까 그들은 순전히 권력의 노예라고 생각하게 되었습니다. 교단이나 감독이 권력으로 모였고, 권력의 노예가 아닌가 하고 자꾸 묻게 되는 것입니다. 감리교에서 계속 있었지만, 그들 대부분은 중심주의자(centralist)이고, 권위주의(authoritarianism)에 물들어 있습니다. 연합감리교회, 정회원으로서 35년간 목회하고 가르쳤습니다. 아마도 제가 김하태 목사님 다음에 연합감리교회에서 가장 오래된 것 같습니다. 옛날에는 교단의 일도 하고 그랬지만, 지금은 매년 구역 회의에 보고하는 것도 안 내고, 별 신경을 안 씁니다. 한 교회를 개척하고 했지만, 돈을 준다고 해도 받으려고 하지 않았습니다.

교회가 권력과 돈과 관련해서 중심주의자(centralist)가 되면 망하게 되는 것입니다. "가톨릭교회는 잘 되는데 왜 그렇습니까?" 하고 물을 것입니다. 가톨릭은 가톨릭의 특징이 있겠지만, 그 안에 들어가면 썩을 대로 다 썩은 교회라고 볼 수 있습니다. 교회의 목사들이나 교직에 있는 사람들을 예수님과 비교해서 말한 것입니다. 예수님처럼 해야 하는데 교만하고, 권력, 돈, 무엇을 해도 예수님과는 정반대로 나가는 것 같습니다. 예수님의 이름을 쓰기는 하지만, 실지로 행동은 예수 그리스도가 간 방향과 반대로 가는 것입니다. 그래서 교회에 대한 불평이 많습니다. 참된 교회를 어떻게 만들 수 있습니까? 이것은 혁명이 필요한데, 권위주의자(authoritarian)와 중심주의자들(centralist)을 없애야 합니다. 감독, 감리사 그런 권력을 없애야 합니다.

교회는 제도(institution)가 아니고 운동(movement)으로 돌아가야 합니다. 그것이 바로 예수 그리스도가 하려고 한 것입니다. 지나간 15세기 종교개혁, 즉 500년 전의 종교개혁은 가톨릭에 대한 개혁(reform)이었지, 교회에 대한 개혁(reform)이 아니었습니다. 똑같이 유지하니까 똑같은 것입니다. 현실적인 개혁이 아니었습니다.

교회 조직을 없애고, 하나의 작은 그룹을 중심으로 이상적인(ideal) 것은 열두 명에서 열다섯 명 정도의 셀그룹(cell group)을 만들어서 시작해야 합니다. 이것은 바울이 말한 대로 하나의 몸으로, 유기체(body organism)로 봐야 하는데, 중요한 것은 셀입니다. 셀이 잘못되면 암(cancer)이 되고, 다 죽게 됩니다. 하나의 셀이 운동(movement)으로 크게 되면 갈라져서 다른 셀그룹(cell group)을 형성하게 됩니다. 목사는 이런 셀그룹의 하나의 협조자(coordinator)로 많은 셀이 같이 모여서 활동(activity)할 수 있게 조정하면 됩니다. 셀 리더도 한 사람이 계속하는 것이 아니라 자꾸 바꾸어서 권력 구조(power structure)를 없애야 합니다. 그때그때 임시 조직(working group)을 만들면 되고, 큰 운동(movement)이나 행사가 끝나면 만들었던 조직을 해체해서 늘 운동(movement)으로 돌아가야 합니다. 반드시 그렇게 되어야 합니다. 이 운동은 돈도, 목사도 필요가 없습니다. 가능하면 권위적인(authoritarian) 교회가 없어져야 합니다.

건물도, 목회자도 필요가 없습니다. 구제 사업을 할 수도 있습니다. 일반적인 구제 사업은 건물을 유지하고 직원들(secretary)을 쓰는 데 거의 대부분의 예산이 들어갑니다. 실제로 가난한 사람들을 돕는 돈은 얼마가 되지 않습니다. 제가 말하는 새로운 교회 운동은 순수한 자원 조직을 만들어서 셀그룹 중심의 소그룹 교회를 활성하고 운동화하는 것입니다. 물론 이런 셀그룹이 웨슬리 운동과 다른 점은 감리교 운동은 성공회의 교회 조직 안의 셀그룹 운동(cell group movement)이었습니다. 감리교 운동은 큰 조직(organization)의 지배를 받았습니다. 목회자가 모두 참여해서 이끌어야 했습니다. 그런 것이 없이 자유로운 운동(free movement)이 되어야 합니다. 신학적인 해석도 연장 교육(continuing education)과 신학 교육(theological education)을 통해서 하면 됩니다.

작은 소그룹 셀에서 유망한 이들을 신학교로 보내야 합니다. 그 사람들끼리 공부할 수 있는 기회를 주어야 합니다. 요새 신학교는 목회와 관련이 없는 세속의 아카데미 조직으로 운영되고 있습니다. 물론 이런 개혁을 실현시키려면 많은 연구와 전문가가 필요할 것입니다. 장차 여러분이 발전시켜서 실천해보기를 바랍니다. 몇 사람이 모여서 이것이 가능성이 있는지 실지로 해 봐야 하는 것입니다. 목사로서 함께 일하고, 건물은 필요가 없고, 작은 활동은 작은 그룹으로 나눠서 하면 됩니다. 비용도 적게 하고, 자발적인 헌신으로 움직여야 합니다. 저는 이런 개념을 제안하기는 했지만, 그 이상을 할 수는 없었습니다.2

한인 교회와 코리안 아메리칸에 대하여

나 자신도 문제지만, 미국에 사는 한인 기독교인들이 아직도 우리의 정체성을 찾지 못했다고 보아야 합니다. 한국인들은 정체성이 아직 너무도 배타적이고, 미국에 사는 한인들조차도 지구촌적 시각(global perspective)을 아직 갖지 못하고 있습니다. 미국에 있는 한국인들은 자신의 정체성을 잘 모르고, 돈만 있으면 다 되는 것으로 생각하기도 합니다. 우리가 여기 와서 열심히 돈은 버는데, 그것이 정말 한계가 분명합니다. 제가 한국인을 모퉁이에 선 사람(marginal person)이라고 하면, 어떤 한국인들은 화를 내는(resent) 경우도 많습니다. 한국 사람들이 대개 백인과 자신들을 동일시하는 경우도 많습니다. 자기도 모르게 백인들과 같이 놀려고 하고, 자기들을 백인으로 보고 행동하기도 합니다.

흑인들이 그것을 발견합니다. 제 수업에 참여하는 흑인이 저에게 실지로 페이퍼에서 그것을 비판했습니다. 제 조직신학을 듣는 흑인 학생이었는데, 한국인이 스스로를 소수자(minority)라고 하더니 실지로

---

2 유홍장 목사는 이 박사님이 제안한 셀 운동과 일본 우찌무라 간조의 무교회 운동과의 연관성을 물었다. 이정용 선생님은 그 분야는 연구하지 않아서 잘 알지 못하지만, 일본의 무교회 운동은 성경 공부를 중심으로 한 운동이었다면, 셀 운동은 전체적인 활동(holistic activity)으로 사회적 성화까지도 나가야 한다고 말씀하셨다.

는 자신들을 백인으로 착각하고 우리를 그렇게 억누른다고 항의하는 것을 페이퍼에 썼습니다. 한인들이 자기 정체성이 정립되지 않았기 때문에 정말 자신의 정체성(identity)을 찾는 것이 너무도 중요합니다.

제가 2년 전에 라빈(Robin W. Lovin) 학장과 한국에 갔을 때 대구에 있는 계명대에서 심포지움을 갖게 되었습니다. 라빈 학장이 니버 강의를 한 다음에 한국학자들의 논평이 있었는데, 그 분위기가 너무도 이상했습니다. 손님을 데려다가 강의를 시켜 놓고는 비판하기 시작한 것이었습니다. 니버에 대한 강의 자체에 대해서는 듣지도 않고, 한국을 제3세계로 생각하면서 미국을 하나의 억압자로 비판합니다. 나에게도 논평할 기회를 주어서 이런 이야기를 했습니다. 첫째로 물론 내가 미국사람을 좋아하고, 한국 사람을 싫어하고 그런 것보다도 학자로서 존경할 것은 존경하고, 비판할 것은 비판해야 한다고 지적했습니다. 또한 비판(criticism)은 아무런 관계가 없는 것을 가지고 하면 안 되고, 내용에 입각해서 해야 한다고 지적했습니다. 아무 관계 없는 것을 가지고 강사를 비판하는 것은 학자로서 생각할 점이 많고, 기본적인 자세가 안 된 것이라고 이야기를 했습니다. 두 번째로 제3세계가 억압을 당한다고 하지만, 한국은 어떤 의미에서 똑같은 압제자의 역할을 하고 있다고 지적했습니다. 태국이나 동남아 국가들에 가서 한국인들이 압제자로 행동하기 때문에 미국을 비판하기 전에 우리 한국인들의 행동을 반성해야 한다고 말했습니다.

우리는 항상 자기 편의대로 생각하는 것을 넘어서서 자신을 반성하고 성찰해야 합니다. 교회도 그렇고, 모든 것에서 그렇습니다. 한국에서 유학생을 많이 보내고, 교회 수가 많아지고, 힘이 있고, 돈도 있고 하니까 한국교회도 중심주의자가 되려는 의도(centralist motif)에 의해서 움직이고 있습니다. 결국은 돈과 권력의 운동입니다. 앞에 세우는 것은 믿음이라고 합니다. 그 믿음은 근본주의적인 것을 앞세웁니다. 그것을 안하면 무너지니까 성(fortress)을 쌓아서 파워와 돈을 가지고 행세하려고합니다. 큰 교회가 되면 될수록 더욱 그런 방향으로 나가게 됩니다. 이것은 예수님의 일과는 정반대로 나가는 것입니다.

처음 한국교회는 가난한 이들과 억압된 자들을 위해서 일하는 교회였는데, 지금은 정반대로 나가는 것이 유감입니다. 그런 교회를 계속우리가 지원할 수 있는가? 물론 생존을 위해서 그렇게 하는 것도 많이있습니다. 그런 면에서 제 생각에는 한국교회도 개혁이 정말 필요하고꼭 해야 할 때가 왔습니다. 그렇기 때문에 나는 감리교인들, 감리교회에속하는 것도 그렇게 환영하지 않습니다. 진정으로 한국적인 교회를미국에서 일으킬 수 있다면 좋겠습니다. 정말로 참다운 교회, 봉사를중심으로 한 교회를 세울 수 있으면 얼마나 좋을까 생각합니다. 가능성이 있을지는 모르지만, 하나의 아이디어입니다. 지금 현재 한국교회에서 하고 있는 것은 선교사를 보내는 것도 교회 전체를 위한 것이 아니고,자기 교회의 확장을 위한 수단입니다. 자기 교회에서 보내고, 지원하고,자기 교회의 지교회(branch)를 확장하는 것으로 선교와 전도를 잘못생각하고 있습니다. 한 교회의 목사의 힘을 발휘하려는 것입니다. 제가정말로 말하고 싶은 것은 진정한 주님의 교회를 세우는 것입니다. 너무비판하면 그 말이 나가서 저를 교회에 대한 반대자로 낙인을 찍을 수도있습니다.

권위를 내세우기 위한 예배 갱신 운동(liturgical movement)

교회의 구조를 유지하기 위해서 가장 중요한 것은 도그마, 전통과 신학 교육입니다. 예배 갱신 운동은 제가 보기에는 교회에서 파워를 실행할 수 있는 기제가 없어지고 말았기에 나왔다고 봅니다. 미국 사람들은 권위를 별로 존중하지 않게 되었습니다. 그들이 민주적이 되어서 그렇습니다. 한국은 성경을 많이 강조합니다. 미국에서는 목회자가 성경을 꼭 가르치는 것도 아니고 유일하게 권위를 강조할 수 있는 것은 의례와 예배(liturgy)입니다. 로마가톨릭 교회에서 특별히 예배와 의례를 강조하는 것이 개신교 쪽에서 그런 방향의 운동이 일어나고 있는 것입니다.

그런 면에서 우리가 자유로운 예배학적 전통(free liturgical tradition)을 실천한다면, 우리의 문화와 정신을 가지고 예수 그리스도의 정신을 드러낼 수 있을 것입니다. 무조건하고 전통, 즉 무속을 그냥 모방해서는 안 되고, 기독교적인 것을 창조적으로 계승해서 발전시켜야 합니다. 그래서 진정으로 아름다운 예배학을 발전시켜야 합니다.

요새 예배 갱신 운동은 장식을 화려하게 하고, 예복을 입어도 너무 화려하고, 여러 종류를 입곤 합니다. 감독들이 큰 지팡이를 들고, 예복을 번쩍번쩍하게 입고 등장합니다. 이런 방향으로 나가는 것을 저는 예수님을 따르는 것이 아니라고 봅니다. 이런 경향은 반그리스도적이라고 볼 수 있어서 『마지널리티』를 쓰면서 비판했습니다. 그랬더니 편집자들이 대부분 이런 비판을 모두 빼 버렸습니다.[3]

---

3 유홍장 목사는 토마스 머튼이 성탄절 장식이 너무 화려한 것을 영국 작가가 "요정이

저는 여러 시도를 내 나름대로 하기는 했습니다만, 여러분들을 통해서 귀한 운동이 일어나길 소원할 뿐입니다. 우리는 아름답고 귀한 전통들을 갖고 있습니다. 그런 전통과 전승의 자료들을 창조적으로 발전시킨다면 새로운 다이내믹을 만들어 낼 수 있습니다. 어려운 시대는 위대한 운동과 인물들을 부르는 것입니다. 모퉁이에서 고난의 자리에서 그런 위대한 역사가 일어날 수 있습니다. 제 이야기가 여러분들에게 자극이 되고, 촉매제가 되어서 귀한 생명의 역사가 일어나길 바랄 뿐입니다.

나올 듯하다'고 한 것을 가지고 비판적 입장을 갖게 된 것을 회고했다. 그런 문제의식에서 머튼이 1948년에 *The Spirit of Simplicity*를 썼는데, 수도원장이 너무 좋아했다고 한다.

민들레의 노래

미국오기 전
스위스 산록에
지천으로 핀
민들레 꽃잔치에
넋이 나갔었다.

태평양 바다를 넘어
미국 땅 대 평원에 떨어져
싹나고 피어났던
노란 민들레,
뿌리까지 파내려던
우악한 손길
질긴 마음,
생명에의 끈질긴 애착과
구원에의 꿈은
미국 땅에 뿌려진
시심으로 설교가 되었네.

자전거를 몰고
일하며 공부하던
오십년대의 오하이오,

마틴 루터 백만인의 행진

지켜보며 다짐했던

변화와 생명의 합창 지켜보던

육십 년대 초,

워싱턴의 하워드 도서관

보스턴에서

신도 고통을 당하는

하늘의 사연을 풀어내는,

이천년 기독교사를 뒤집는

혁명적 시도,

공부의 날들이었네.

오터바인에서 가르치며,

콜롬버스에서

초기 한인이민자들과 세웠던

예배공동체,

땀과 눈물과 정성이

뿌려지고 자라나던

대평원의 오하이오에서

노스 다코타로 옮겨져

선생님의 발자취 계속되었네.

그늘진 곳을 찾아

어둠을 헤치고

빛과 생명으로 나가는 길
몸으로 살아냈네.
소박한 꽃망울 터뜨려,
생명의 신비와
창조의 영광을 드러냈네.
수줍게 피어났던
신학과 신앙의 꽃들.

카리스마 강력한 것
요구하던 이들의 외침,
오직 깨끗함으로
순수함으로
오직 한 길,
꿋꿋이도 전진했던
선생님의 미련한 몸짓
하늘의 천사들도
땅의 사자들도 알았었네.
온유한 자가 땅을 차지하는
모퉁이 자리에서 피어나는
마지널리티의 신비를.

연합감리교회의 최 전성기
준다는 도움도 마다하고,
학교에서 사례받고

교회 일을 더 많이 했다는
그 담담한 고백,
위로 하늘까지 닿고
땅까지 매만지는
진정한 변화의 도였지.

미국 땅에 와서도
대접 못 받고
고통 당하던 한 많은 여인들을
보듬고 사랑했던,
수백 리 목회의 길
작은 공동체,
영혼들을 씻겨내
주님께 올리던
선생님의 작품이었네.

노란 민들레
여기저기 흩어져
피어나지만
온 들판을 덮는
그날이 오길
기다리던 기도
정성을 모으던 마음
아직도 들리네.

10 장

이정용 박사의 생애와 신학 그리고 목회의 여정

1. 들어가는 말

이정용 박사는 재미 신학자로 미국 신학계의 지도에 동양 신학과 한국적 신학의 좌표를 마련했던 분이었다. 이제는 이정용의 신학을 우리가 다시 논의해야 할 시점이 되었다. 그는 미국에서 신학을 시작했고, 미국의 학교에서 가르친 관계로 대부분의 신학적 저술을 영어로 썼다. 몇몇 예외적인 발표를 빼고는 한글로는 거의 글을 쓰지 않았다는 것은 매우 역설적이다. 영어로 신학적인 소통을 하면서도 '그가 한국적이고 동양적 사유를 통해서 신학적 작업을 했던 것이 어떻게 가능했을까?' 하는 질문을 던져보게 된다. 유대인의 역사를 이야기하는 어떤 책에서 "다른 언어로 그 사상과 철학이 자유롭게 말해질 수 있을 때" 그 사상은 다른 문화와 민족에게도 전해질 수 있다고 주장했다.[1] 이정용의 신학 세계를 돌아보면서 그 저자의 주장이 새록새록 되뇌어진다.

이정용은 1935년생으로 일제시대를 북한 땅에서 살았고, 한국전쟁 중에 걸어서 월남했다. 함안, 목포와 제주도, 밀양 등을 헤매면서 한국전을 겪었고, 부산에서 군인이었던 형을 만나서 함께 지내고 서울로 왔다. 한국전쟁이 끝난 직후인 1955년 국비 유학생으로 미국에 왔다. 화학을 공부하고 대학원을 가려던 시점에서 소명을 받고 신학교를 가서 목회자가 되었고, 신학자가 되었다. 오하이오의 오터바인대학과 노스 다코타

---

1 Max I. Dimont, *Jews, God and History* (New York: Signet Books, 1962), 15쪽을 보라. 저자는 유대인이 자신들의 나라가 없이도 생존하고 외국인들 문화 속에서 종족적인 정체성을 지킬 수 있었던 이유를 그들의 사상을 자신들의 언어로만이 아니라, 모든 세계의 주요한 언어들로 실천적으로 표현해왔기 때문이라고 갈파하고 있다.

의 주립대, 뉴저지의 드루신학대학원에서 가르쳤다. 1995년 환갑을 지내고, 바로 1996년에 하늘의 부름을 받았다. 꽤나 일찍 세상을 뜨게 된 것이고, 그런 다음 벌써 사반세기가 넘는 시간의 세월이 이미 흘렀다.

이정용 선생님이 가신 이후에 그분의 신학을 이어가는 작업들은 그리 활발하게 이루어지지는 않았다. 그분의 두 권의 저서가 『역의 신학』(이세형, 1998), 『마지널리티: 다문화의 신학』(신재식, 2014)이 번역되었다. 그다음에 2021년 말에 필자의 번역으로 『삼위일체의 동양적 사유』가 번역되어 나왔을 뿐이다. 그분을 따르는 신학적 작업은 여기저기에서 간헐적으로 이루어지고 있지만, 어떻게 보면 거의 멈추어 섰다고 할 수도 있다. 그분과 함께 드루신학교에서 함께 가르쳤던 동료였던 코트니 교수는 조금 더 사셨으면 남한과 북한에서 오래 영예를 누리셨을 것이라고 아쉬워했다. 몇 년 전 미국연합감리교회의 정희수 감독이 이정용 박사 20주기 기념으로 국제학술대회를 열자고 제안을 했지만, 여러 가지 여건상 구상 단계에 머무르고 말았다.

뉴욕의 후러싱제일교회를 담임하고 있는 김정호 목사는 2022년 연합감리교회의 목회자들의 연구 모임에서 "이정용 박사의 목회와 영성"을 발표해 보라고 제안했다. 그 모임에서 발표하는 계기가 되어 이 글을 쓰고 다듬게 되었다. 또한 『역易과 모퉁이의 신학』을 편집하면서 이정용의 삶과 신학과 영성을 다시 돌아보고 소개하기 위해서 이 글을 쓰게 된다.

이정용은 1989년 노스 다코타의 주립대에서 그 자신이 속한 교단 연합감리교회의 드루신학교의 석좌교수로 오게 되었다. 인생의 마지막에 주어진 은총의 시간이었다. 주립대에서 종교학과 동양학, 세계종교의 측면에서 강의를 할 수밖에 없었다면, 신학교로 돌아와서 그의 신학적 작업의 마지막을 마무리하게 된다. 노스 다코타에서 뉴저지로 오면서 그때 시카고에서 목회하던 김정호 목사를 찾아왔다고 한다. "김 목사, 이제 드루에 와서 공부했으면 좋겠다"고 하며 『열둘에게 전하는 설교』(Sermons to the Twelve)를 건네면서 환한 미소를 지었다. 사랑과 따뜻함으로 다가왔던 이정용 박사의 초청은 김정호 목사 속에 영원한 무늬로 새겨졌는데, 이 회고담이 어느 순간에 내게도 큰 의미로 다가왔다. 이정용은 지금 '신학이 그렇게 중요하게 생각되지 않는' 시대에 우리들을 다시 신학의 길로 부르고 있는 것 같다. 그분이 오셔서 새로운 생각과 사유로 신학의 길에 도전하라고 우리를 초청하는 것이다.

미국 교회와 한국교회는, 아니 세계 교회들은 영혼의 어둔 밤을 지나고 있다. 제도권적 기독교가 언제 없어질지 모른다는 비관적 전망도 많다. 그럴 리가 있겠냐고 새로운 희망을 말하는 이들도 있다. 영혼의 어둔 밤은 부정적이고 희망이 없는 것만은 아니다. 갈증과 열매 없음의 현실적 목마름은 오히려 밤이 깊기에 새벽이 오고 있다는 것을 웅변해주는 시간이다. 새벽을 밝히는 신학, 새 시대의 파발을 돌리는 신학, 새 하늘과 새 땅을 새롭게 노래하는 신학이 와야 한다고 이정용은 우리를 부르고 있다. 한국교회여, 한국 기독교인들이여, 한인 교회여, 미국의 한인 기독교인들이여, 이 예언자의 목소리에 한번 귀를 기울여 볼 시간이 된 것이다.

2. 순수 경험: 어눌 ― 동양이 신학을 말하게

이정용은 그리 대중적으로 널리 알려진 분은 아니었다. 한국 신학계에서조차도 그렇다. 그렇지만 그는 일찍이 미국의 대학교에서 가르치면서도 한국을 자주 방문하였으며, 활발한 학문적 활동을 전개했다. 미국 대학교에서 가르치는 한인 교수가 희귀했던 시절 또한 영어로 책을 쓰는 분들이 많지 않았던 시절이었기에 그의 희소성과 귀중함은 그로 하여금 다양한 신학적 실험들을 감행할 수 있는 자유와 특권이 주어졌었다. 그는 신학의 전반적 문제에 대해서 조직신학자로서 종교학적 접근을 원용하면서 독립적이고 학문적인 활동을 종횡무진으로 펼칠 수가 있었다. 교단의 간섭이나 한국교회의 영향으로부터 자유를 누릴 수 있었기에 매우 창조적이고 과감한 시도를 할 수 있었다. 그러면서도 한국 학계와의 나름의 교류도 왕성하게 했다. 또한 1989년에 드루로 온 다음 7년여의 시간에는 수많은 한국 신학계의 신진들이 그의 밑에 포진하는 형국이 되었다. 그는 짧은 시간에 수많은 신학 교수들을 한국 신학계에 공급했기 때문에 그의 영향력은 아직도 뚜렷하게 드러나지는 않지만, 꾸준하게 진행되고 있다고 할 수 있다. 그의 신학과 언어는 인격과 신앙과 통전되어 나타났고, 동양적 사유 속에도 생명을 부었기에 쉬 사라지지 않고 피어날 것이다.

순수 경험의 사람: 쓸쓸함과 따뜻함

한국에 이정용을 책으로 처음 소개한 분은 정진홍 교수였다. 이정용은 보스턴신학대학원에서 학위를 마치고 오하이오의 오터바인대학에서 가르쳤으며, 이때 처음 낸 책이 『자아: 기독교적 인간개념』(*The I: A Christian Concept of Man*)이었고, 그다음으로 나온 것이 『우주 종교』(*Cosmic Religion*)였다. 정진홍 교수는 이 두 책을 하나로 묶어 번역해서

『역과 기독교 사상』으로 한국신학연구소에서 출간했다.

　　이런 인연은 두 분의 개인적인 만남에서 출발했다. 정진홍 교수는 오하이오의 연합신학원(United Theological Seminary)에서 공부했었다. 그때 이정용은 오터바인대학에서 가르치면서 동시에 콜럼버스에서 교회를 개척해서 목회를 하고 계셨다. 그는 데이톤에서 공부하던 정진홍 교수를 그 교회의 설교자로 가끔 부르셨다. 유학생 신분으로 사례금을 얼마 이상 받을 수가 없었기 때문에 그 정해진 한도 액수의 사례금을 드렸다고 한다. 참 고전적이고 고지식한 분들이었다. 이정용은 정진홍의 설교를 어떤 목사들도 따라갈 수 없는 문학적이고 심금을 울리는 설교였다고 회고했다. 그렇게 맺어진 인연은 이정용이 풀브라이트 학자로 한국에 왔을 때 서울대와 이대에서 강의를 맡아서 기독교와 역 사상을 강의하게 된 계기도 되었다. 이런 개인적 인연과 관계 속에서 정진홍은 이정용에 대해서 아주 신선한 증언을 하고 있다. 정 교수님의 글을 직접 인용하면 다음과 같다.

　　다만 이정용 목사님은 제가 만난 많은 분들 중에서도 무척 다른 분이었습니다. 그것을 '순수 경험'이라고 해야 할지는 잘 모르겠습니다만 그렇게 제게는 각인되어 있습니다. 또 하시고 싶은 말씀을 다 하시는 분이 아니어서 언제나 그분의 말씀의 종결 부분은 저 스스로 마련하면서 그 말씀의 여운을 삭이던 생각이 납니다(필자에게 보낸 이메일).

　　또한 정 교수님은 그분의 뒷모습에는 외로움과 쓸쓸함이 배어 있었다고 회고한다. 그분의 내면세계를 깊이 느끼고 경험하지 않았다면 지적해내기 쉽지 않은 터치임이 분명하다.

1969년 미국의 데이톤에서 처음 선생님을 뵐 때도 제게 비추어진 그분은 어색하고, 순진하고, 조금 불편하고, 세련되지 못한 분이었는데, 그런 것으로 묘사할 수 있을 그분의 표정은 한 마디로 쓸쓸함이 묻어날 것 같은 그러한 것이었습니다. 하지만 선생님은 더할 수 없이 따뜻했고, 친절했고, 바로 그러한 일에 부지런하셨습니다(이세형 역, 『역의 신학』, 부록, 208).

정진홍 교수는 이정용의 신학적 작업도 이런 근원적 쓸쓸함에서 나온 따뜻함으로, 참신함으로 서구인들을 감동시켰다고 묘사한다.

정진홍 교수는 한국 종교학계의 태두와 같은 분이다. 물론 그분 이전에 장병길 교수님이 서울대 종교학과에 계시기는 했지만, 그때는 한국 종교학계의 고전적 시대라고 할 수 있다. 종교학계에 종교현상학과 서구의 발전된 종교학적 학문 세계를 소개하면서 한국적 종교 현상들을 종교학적으로 논의하게 된 것은 아마도 정진홍 교수에 의해서 처음 이루어졌다고 해도 과언이 아닐 것이다. 정진홍 교수가 말하는 "순수 경험"은 엘리아데의 종교 현상학 첫 부분에서 발견되는 독특한 전문 용어로서의 "순수 상태"를 떠올리게 한다.2 정진홍 교수의 입장에서는 종교학자로서 더 이상 보낼 수 없는 최상의 언어로 이정용을 묘사했다고 볼 수 있다. 두 분은 거의 연배의 차이가 많지 않다. 아마도 1, 2년의 차이가 있는 것 같다. 이런 거의 동년배의 분들이 이렇게 최선의 존중과

---

2 Mircea Eliade, *Patterns in Comparative Religion* (NY: The American Library, 1974), trans. by Rosemary Sheed, 1. 엘리아데는 순수 상태는 단순하고, 오리진에 가능한 한 가장 가까운 것으로 묘사했다. 그렇지만 이런 상태는 어디서도 발견될 수 없다고 했다. 왜냐하면 대부분의 종교 현상은 복합적이기에 오리진에서 떠나 있고, 긴 역사적 진화를 거쳐온 것이기 때문이다.

경의를 표한다는 것이 매우 의미 있게 다가온다. 두 분은 서로에게서 실존적인 외로움과 종교적 여정의 지난함들을 마음으로 나눌 수 있었던 관계를 맺으셨다고 느껴진다.

어눌의 사람: 속으로 말하기

필자가 대학원에서 지도를 받았던 김형효 교수님이 계셨다. 김형효 교수는 한국에서 동서 철학을 종횡무진 연구하셨고, 포스트모더니티에 대한 깊은 연구를 하셨다. 데리다와 하이데거를 도교와 불교와 함께 읽어내는 독특한 철학 세계를 열기도 하셨다. 대학원 때 인연으로 한국을 나가면 찾아뵈었던 기회가 있었다. 이정용 선생님에 대해 말씀을 드리면서 선생님이 좀 "어눌"(語訥)하셔서 어떤 경우에는 무슨 말씀을 하시는지 좀 이해하기가 어려울 때도 있다고 말씀을 드린 적이 있었다. 그랬더니 김형효 교수님은 놀랍게도 그것 참 귀한 단어라고 하시면서 어눌은 말을 잘 못하는 것이 아니라, "속으로 말하는 것"(inner talking)이라고 일깨워 주셨다. 그것을 어원적 의미를 넘어서는 포스트모던적 터치로 받아들이게 되었다. 김형효 교수가 동서의 사유의 숲을 거닐면서 이루고자 했던 창조적 철학의 세계와 이정용이 동양적 사유와 세계관을 근거로 해서 신학적 작업을 해왔던 것은 통하는 면이 많다. 그랬기에 이정용의 어눌은 쉽게 김형효 교수님에게 포착되었을 것이라고 생각된다.

"속으로 말하는 것"은 안방에서 전해지는 언어이고, 공개적이고 외면적인 언어가 아닌 것이고, 내면에서 나오는 영적인 언어라고 내게는 되새겨졌다. 속내가 들어있는 언어이다. 김형효 교수의 포스트모더니티 강의 중에 "데리다와 하이데거"에서 제기되는 전문 용어로서, "속으로 말하기"(inner talking)라고 읽어야 할 것이다. 영적 지혜의 알지 못함(unknowing)과 부정신학(apophatic theology)은 결국 "속으로 말하는 것"으로 이해하게 되었다. 이 "속으로 말하는 것"은 이정용의 영성에 대한 정확한 묘사라고 생각할 수 있다. 이것은 이정용이 쓴 책 『내적 과정의 패턴들』(Patterns of Inner Process)에서 묘사하고 있는 내면화의 과정을 의미하기도 한다. 이것은 신비적 사유와 통하기도 하고 또한 관상적 태도와 맞닿아 있다고 볼 수 있다. 김형효 교수님이 일깨워 주셨던 "어눌"의 의미가 이정용의 신학적 사유를 묘사하는 귀중한 개념으로 다가왔다.

이정용의 글쓰기에 반복이 매우 심하다는 것을 읽어보면 쉽게 느끼게 된다. 어떤 것이든 씹고, 씹고 또 씹어서 이야기하는 것을 금방 눈치채게 된다. 그것은 그 내면의 논리와 사유의 방식을 공감하면서 따라가지 않으면 포착하고 이해하기가 어려울 수도 있다. 그것은 이정용이 경험하고 추구하던 세계의 모습이기도 하고, 그의 신학이 지향하는 세계이기도 하다. 그는 묵상과 기도와 관상을 통해서 신학을 전개하는 것이다. 즉, 물론 객관적이고 학문적인 연구를 하지만, 그것은 자신의 체험과 삶을 통해서 구체화되고 성육되어야 했던 것이다. 바로 신학함이 바로 그런 내면화(individuation)의 과정이기도 했던 것이다.

이정용의 "기독교적 자아"는 그의 학문 초기에 쓴 책 제목 이상의 의미를 갖고 있다. 그것은 그의 신학적 고뇌의 산물이었고, 자기 자신을 찾아가는 여정이었다. 그의 신학적 작업은 자기를 찾는 작업이었는데, 그의 한국적 자아와 기독교적 자아를 동시에 찾아가는 길이었던 것이다. 물론 그것은 서구적 기독교를 넘어서는 자기 해탈과 자기 해방의 작업이기도 했고, 그의 언어로는 우주 종교, 달리 말하면 세계 기독교, 지구촌적 기독교로 향하는 여정이었다. 그것은 가지 않은 길을 가는 도전의 길이었지만, 자기를 찾아가는 고향을 찾아가는 길이기도 했다. 그는 북한에서 월남해서 남한에서 한국전쟁을 치르면서 걸었던 실향민이 되어 걸어야 했던 탈향의 길과 고난의 길이기도 했고, 미국에 와서 살면서 공부하고, 신학을 연구하고, 저술했던 이민자의 삶의 과정이기도 했다. 그의 삶의 경험과 신학의 길, 신앙의 길은 언제나 서로 만나고 비추는 조응(照應)이 이루어지고 있었다. 그는 어느 길이든 억지로 가지 않았고, 자신의 삶의 실존적 상황에서 최선의 길을 찾아가는 여정을 걸었던 것이다. 그것은 성령의 인도함을 따라가는 길인 동시에 예수가 말했던 "길과 진리와 생명을 찾아가는", 고향 가는 길이었다.

이정용은 설교는 하나님의 선물인 "자기를 교인들에게 아니면 남에게 주는 것"이라고 정의한다. 신학은 자서전적인 것인데, 그것은 그냥 자기가 아니라 예수님이 "길이요, 진리요, 생명"이라고 한 그 '나'를 찾아가는 여정이었다. 그것은 우주적 나를 찾는 과정이었고, 하나님의 영이 부어진 나를 만나가는 길이었다.

동양의 언어로 신학을 말하게 한 분

이정용은 관상(contemplation)의 사람이었고, 기도의 사람이었다. 코트니 교수가 이정용을 이야기하면서 한나 아렌트가 자신의 스승 야스퍼스를 세계 시민으로 이야기한 것을 인용하고 있다.[3] 이정용은 야스퍼스 같은 세계 시민으로서의 철학자로 이야기할 수는 없지만, 자기의

---

3 찰스 코트니, "세계 속에 꽃피운 한국문화의 한 예인 이정용 박사의 신학과 사상," 『삼위일체의 동양적 사유』, 347-362.

민족과 사상을 넘어서서 세계에 소개하려는 열정으로 신학을 했다는 점을 높이 사고 있다. 또한 엘리아데에게 기자들이 당신은 어떻게 그 많은 언어와 방대한 양의 자료들을 인용하고 소화해서 저술을 할 수 있는지를 물었을 때, 엘리아데는 자기는 많은 사람이 알지 못하는 작은 나라(루마니아)의 언어를 말하는 사람으로 태어나고 자란 것이 오히려 많은 언어와 수많은 자료를 연구할 수 있는 근거가 되었다고 대답한 것을 언급한다. 이정용 또한 엘리아데처럼 그러했을 것이라고 쓰고 있다. 코트니는 한 걸음을 더 나아가서 "헤겔은 철학이 독일어를 말하게 만들었다"고 한 것을 인용하면서 이정용은 동양 언어들이 신학을 말할 수 있게 했다고 이정용의 신학의 특징을 말하고 있다.

　이정용은 미국에 와서 처음에는 자신의 이름을 Chung Y. Lee로 썼던 것을 발견했다. 목사 안수를 받고 미국 목회를 하던 시기까지도 이런 이름을 쓰고 있었다. 언제부터 Jung Young Lee라고 썼는지 정확하지는 않지만, 아마도 시민권을 받으면서 이름을 그렇게 바꾸지 않았는지 추정하게 된다. 그가 쓴 모든 책의 저자는 모두 Jung Young Lee란 이름을 쓰고 있다. 이것을 보면서 그는 '영원한 젊음'의 신학자로 정의해야 한다고 생각하게 되었다. 왜냐하면 그는 이제까지 서양 신학이 써본 적이 없는 새로운 자료를 가지고 신학을 했기 때문에 그의 신학은 언제나 젊고 새로울 수가 있었던 것이다. 이정용 박사의 장례식 때 드루에서 목회 상담을 가르치는 프레슬리 교수가 Jung Young을 융영이라고 발음하는 것을 들으면서 이런 생각이 반짝하고 스쳐갔다. Jung은 독일어로 Young이다. 이정용은 심층심리학에 대한 관심을 깊이 경주하기도 했다. 그것은 융(C. G. Jung)이 『주역』과 티베트의 『사자의 서』에 대한 서문을 썼고, 이런 융의 저술이 이정용의 역에 대한 이해와 『사자의 서』를 연구하는 귀중한 지침이 되었다. 또한 융의 심층심리학에 대한 깊은 관심을 이정용은 경주했었다. 이정용은 젊음(Young)의 제곱이다.

그는 고전적 접근(classical approach)을 지향하는 고전적 신학자라고 정의할 수 있다. 유행하는 신학의 길을 걷기를 원치 않았다. 그의 이름이 드러내고 있는 젊음의 제곱은 새로운 창조를 의미한다. 그는 새 하늘과 새 땅을 여는 신학을 하고자 했다. 그렇지만 그 새로움은 가장 오래된 구닥다리(소위 고전)에서 시작된다. 아무도 감히 신학적 작업에는 사용하지 못할 동양의 고전, 주역을 잡고 씨름을 한 것이었다. 아니, 주역보다 그 이전의 원형적 사고에까지 거슬러 올라가고 싶어 했다. 그랬기에 그는 주역의 연구에 그치지 않았고, 한국적 샤머니즘에 대한 연구로 이끌리기도 했다. 즉, 그의 신학적 작업은 자신의 한국적 자아를 찾아가는 순례의 길이요, 고향 가는 길이었던 것이다.

3. 신학 공부와 목회의 길

이정용은 원래 신학 교수가 될 생각이 없었고, 목사가 되는 소명을 받고 그 길을 가고 있었다. 보스턴에서 박사학위를 마치고도 목회 자리로 복귀하려고 했었다. 그런데 감독과 감리사가 파송을 해 주지 않아서 할 수 없이 학교로 갔다고 고백한다. 그는 원래 『주역』을 가지고 동양 신학, 한국 신학을 하려고 했던 분이 아니었다. 그의 실존적 고뇌와 전진의 과정에서 신학자도 되었고, 목회자도 되었고, 한국적 신학, 동양 적 신학의 길을 걷기도 했던 것이다. 바람을 따라 섭리의 흐름을 따라, 성령을 따라 사는 분이었던 것이다.

그는 목사가 되어 한국으로 돌아가서 목회를 하려던 꿈을 간직했던 분이었다. 그가 오하이오에서 미국 교회 목회를 하던 시기에 유형기 감독이 와서 그 교회에서 설교하는 기회가 있었다고 한다. 그는 자연스럽게 한국에 가서 목회를 하고 싶다는 속내를 비치게 되었다. 유형기 감독은 아주 단도직입적으로 말씀하셨다. "너 미쳤냐? 아이들은 어떻게 하고 왜 한국을 가려고 하느냐?"고 호통을 쳤다고 한다. 60년대 초 이정용이 30대 초반이었던 시절, 여러 정황을 생각한다면 유 감독님이 왜 그런 말을 했는지 충분히 공감할 수가 있다. 두 분이 평안도 출신 동향인이요, 연배가 30여 년 차이가 나니 가능했던 이야기다. 그렇지만 한국에 가서 목회하는 것이 로망이었던 이정용에게는 큰 도전이 되었던 경험이었다.

1935년생으로 이정용의 유년 시절의 신앙생활은 증조할머니가 세운 시골 교회에서 어머님을 따라 새벽기도를 다니고, 기도하고 했던 것이 전부였다고 할 수 있을 것이다. 해방이 되면서 동네 유지로, 지주였고, 자기를 위한 몸종까지 가졌던 그의 가문의 혜택은 깡그리 없어지는 비극의 상황에 직면해야 했다. 그의 유복하고 호사스러웠던 삶은 역사의 격랑 속에서 박살이 났다. 북한의 토지개혁은 그의 가정을 빈털터리가 되게 했다. 배재학당을 나와서 아펜젤러에게 세례까지 받았지만, 유복한 집안의 6대 독자로 한량처럼 살던 아버님은 몰락했다. 땅을 다 뺏기고 엄마는 돌짝밭을 개간하고 농사를 지어 입에 풀칠을 해야 했다. 형은 매형을 따라 월남해서 육사를 진학했고, 김종필 씨와 동기였다고 한다. 그는 평양으로 나가서 가정을 살리고, 미래를 개척하기 위해 강서제련소의 견습생으로 들어갔다. 한두 해 일하다가 소련으로 가는 기술 견습생으로 뽑혔다. 어머님이 해준 새벽밥을 먹고 소련으로 가는 기차를 타러 갔다가 마침 그날이 6.25가 일어나던 날이어서 집으로 돌아오게 되었다. 그는 그 길 위에서 탕자의 비유를 깨우치고, 6.25 날에 소련에서 남한으로, 그 후에 미국으로 그의 인생의 방향은 뒤집어졌다. 신의 섭리였다고밖에 달리 설명할 방법이 없다.

대한민국 국군이 유엔군과 북한으로 올라오기까지 그는 누에 치던 방의 지하에 갇혀서 산다. 유일한 빛은 저녁마다 넣어주는 어머님의 사랑의 음식이 있었을 뿐이다. 중공군이 밀려오자 아버님과 함께 월남을 감행했다. 출애굽이었다. 어머님은 북한에 남게 되셨다. 피난길에서 고생고생을 하며 걷고 또 걸었고, 부산에서 국방부에 근무하던 형을 만나서 함께 살았고, 서울로 올라온다. 공부해서 미국 유학 시험에 합격해 1955년 미국으로 나오게 되었다. 오하이오의 핀들레이대학에서 화학을 공부해서 컬럼비아대학원의 입학 허가를 얻게 되었다. 그렇지만 그 대학원 진학의 와중에서 소명을 확인하고 신학교로 방향을 튼다.

그의 방향 전환이 사실 잘 이해가 안 된다. 그의 신앙에는 뚜렷한 교회도 믿음의 친구도 멘토도 사실 별로 없었던 것처럼 보인다. 다만 고향 교회의 체험과 미국 유학 전 남산에 있었던 부흥회에 참석해서 경험했던 종교 체험, 성령 체험이 있었다. 남산감리교회가 서울에서의 그의 모교회였다. 그의 종교 체험을 '남산 체험'이라고 이름하자. 그는 어떠한 냄새를 맡는다. 처음에는 더러운 썩는 냄새, 송장 썩는 냄새가 났다. 도저히 견딜 수가 없어서 옆 사람들을 붙잡고 물어보았다. 나중에 향내가 나더니 마침내는 천상의 향기를 맡게 되었다고 한다. 궁극적으로 그는 이런 종교 체험을 놓을 수가 없었다. 이 종교 체험이 그의 신앙의 궁극적 뿌리가 되었고, 목사가 되고, 신학자가 된 근거였다고 고백한다. 그 경험이 연결되어 대학 졸업반에서 그의 인생을 신학의 길로, 목회의 길로 결단하게 된다. 그의 소명을 발견하는 과정에 어머님의 기도와 신앙이 작용했다. 또한 어렸을 때 고향 교회에서 받은 은혜와 남산에서의 종교 체험이 그를 이끌었다.

이정용은 목회의 길로 소명임을 깨닫는 순간 잠을 자지 못했던 5일여의 고뇌와 번민의 밤이 끝났다고 고백한다. 그 소명의 길을 확인하는 과정에 어머님과 천사가 나타났다. 그런데 '아, 이것이 소명이구나' 하는 생각을 했고, 그 길을 가겠다고 결단하는 순간 모든 것이 깨끗하게 사라졌다고 한다. "알지 못함의 구름"(the cloud of unknowing)을 걷어내고 본 것이다. 그렇지만 구체적 삶의 장에서 소명의 길은 풀리는 것이 아니라 자꾸 더 꼬였다. 컬럼비아대학원에서 받은 입학 허가가 있으니 유니온으로 가라는 조언을 받았다. 그러나 유니온에서는 철학과 종교 과목도 이수하지 않아 받을 수 없다는 거절 편지를 받았다. 자문을 구했던 모임에서도 신학교를 갈 준비가 안 되었다는 조언만 들었다.

오하이오에서 거주하던 집의 감리교 목사가 자신의 모교인 개렛으로 데리고 가서 개렛 학장에게 소개해 주었다. 작고 아담한 학교가 맘에 들었다. 핀들레이대학의 총장은 이 학생은 대단하니 박사 과정으로 받아 주라는 추천서를 써 주었다. 새옹지마라고 이 추천서는 입학 담당 교수에게 찍히는 계기가 되었다. 그 교수는 필수 과목을 가르쳤는데, F를 두 번 받고, 윤리 과목을 D로 마친다. 재수강을 해도 그 교수는 D를 주었다고 한다. 그는 "윤리와 조직신학" 분야에서 다른 과목들은 모두 A를 받았었다. 그는 너무 실망해 미시간호숫가에서 울다가 여기 목사되려고 왔지 점수 잘 받으러 온 것이 아니라는 것을 깨닫고 새 힘을 얻는다. 그 교수를 일부러 찾아가서 만나고, 화해를 했다. 그 교수는 졸업식에 그와 같이 앉아서 그의 길을 축복하고 격려했다. "일대일로 만나면 적이 없다"는 형에게 배운 진리를 확인하는 순간이었다. 형은 중공군 장교와의 만남을 통해 일대일의 만남은 적이 아닌 사랑의 대상임을 확인했다. 사랑의 해석학이 비움의 영성이 몸에 각인되는 계기였다. 개렛은 일제시대 정경옥이란 감리교 신학자가 신비주의를 공부하고 졸업한 그 신학교였다.

목사 안수 과정에서 그는 인종주의(racism)의 먹이가 된다. 감독은 멤버십은 받고, 파송은 고집하지 말라고 했다. 그 감독은 이정용을 성탄절에도 초대하고, 장학금도 보내주고 격려하는 지인이었다. 그렇지만 60년대 초에 현실적으로 그를 파송할 교회가 없었다. 우여곡절 끝에 안수는 받지만 바로 파송을 받지는 못했다. 그렇지만 선교를 떠나는 목사가 있어 결국 그는 콜럼버스의 도심에 있는 미국 교회로 파송을 받게 된다.

첫 파송을 받기 전에 감리사가 전화해서 혹시 대학 교회(University UMC)에 관리인(janitor position)으로 갈 수 있는지를 물었다. 그는 "내가 신학을 공부하고 복음을 전하는 목사가 되려고 안수를 받은 것이지 청소부는 지금도 할 수 있다"고 거부한다. 그렇지만 그는 『마지널리티』에서 "그때 그 직으로 가서 종이 되는 경험을 했어야 했다"고 고백하고 있다. 이정용의 영성의 핵심, 케노시스와 종의 도를 통해 나타나는 마지널리티의 영성의 결을 여기서 볼 수 있다.

그는 길거리에서 노는 동네 아이들과 청년들과 친구가 되었다. 레이시즘의 한복판에서 온몸으로 부대껴 산 것이다. 연합감리교회 평신도 리더십의 강점을 목격하면서 그들을 섬기고 응원했다. 성탄 행사에 많은 인파가 모여들고, 청소년부가 부흥되고, 교육관을 사서 입당하고, 그런 목회의 성공을 거두었다. 그렇지만 도서관학 석사학위를 마친 인연으로 워싱턴에 있는 유명한 흑인 대학인 하워드대학교의 임시 사서가 되어 워싱턴으로 가게 된다. 이정용은 그때 목회를 계속했어야 했던 것이 아닌가 하는 소회를 피력하기도 했다.

개렛의 사서가 본인의 동의도 없이 받아준 장학금으로 일 년 만에 석사학위를 받았다. 그 교회 목회의 첫해였다. 그 사서는 목사는 골치가 아프니 도서관 사서가 되는 것이 어떠냐고 권면했었다. 개렛신학교 시절 함께 일하면서 이정용의 성실함과 진정성을 체험한 사서의 따뜻함이었고 사랑이었다. 이것이 인연이 되어서 그는 케이스 웨스턴대학교에서 도서관학으로 석사학위를 받았는데, 그때가 도서관의 시스템을 컴퓨터로 전환하는 시기여서 그에게 새로운 길이 열렸다. 하워드대학교 사서가 되어 목회 현장을 잠시 떠나게 되었고, 삶의 장이 오하이오에서 워싱턴으로 옮겨지게 되었다.

이정용은 워싱턴에서 두 가지 경험을 했는데, 마틴 루터 킹 백만인 행진 참여와 한국농촌목회자 연장 교육 재단의 설립이었다. 워싱턴의 변호사와 고위층을 설득해서 한국 농촌 목회자들의 평생 교육을 지원하는 재단(foundation)을 설립한 것이다. 나중에 결혼식 축의금을 이 재단에 다 헌금했다. 그는 운동가였고, 실천가였다.

하워드대학에서 사서로 근무하면서 보스턴대학에서 온 입학 담당자의 권유로 박사 과정을 진학한다. 학교에 가니 공부하고 싶은 마음이 생겼다고 고백한다. 거의 4년 만에 학위를 마친다. 그러면서 바르트(Barth)와 불트만(Bultmann)에 관한 논문을 추천 저널(Referral Journal)에 출간했다. 오터바인대학에 가서 가르치는 길이 열렸다.

오터바인대학에서의 강의는 그의 신학의 방향을 전환하게 되는 계기가 되었다. 오터바인대학은 연합감리교회를 구성하게 된 연합형제단 교단(United Brethren)의 목회자 자녀들이 대다수를 차지하는 대학교였다. 60년대 후반에서 70년대 초에 그런 성향의 대학교에서 동양인으로서 기독교 신학을 가르치는 것은 그리 쉽지 않았다. 그 학생들은 동양인이 어떻게 '기독교'를 가르칠 수 있느냐고 직접적으로 도전하는 경우도 많았다. 그는 '자신이 누구인가'를 찾아가는 모험을 감행하게 된 직접적인 삶의 정황이었다. 다른 측면으로는 학생의 요구가 단서가 되어 주역 강의를 시작한다. 그는 국제적인 주역 전문가로 변신한다. 여러 권의 주역에 관한 책들을 썼다. 그리고 『역의 신학』을 출간한다. 또한 이런 주역과 신학의 연구의 대미는 『포괄하는 역』이다. 또한 70년대 초에 방학을 이용해서 일본과 한국을 방문해서 종교 유적지와 종교 문화들을 찾아가는 답사 여행(filed trip)을 한다. 그것은 자기 자신을 찾아가는 내면적인 여행이기도 했다.

1970년대 작은 대학들 위기의 때, 노스 다코타 주립대(University of North Dakota)로 옮긴다. 1989년에 드루로 오기까지 황야의 외로운 예언자의 소리로 존재한다. 그를 북극곰으로 표현한 이도 있었다. 작은 신앙공동체를 섬기는 목회자로 많은 시간을 보낸다. 자신의 소명에 충실한 삶이었다. 국제결혼으로 외롭고 소외된 이들을 섬기면서 마지널리티의 케노시스와 종됨의 목회를 감당한다. 그의 신학적 작업은 이런 삶의 현장에서 자신을 찾아가는 여행에서 이루어진 작품이었다. 이정용의 신학적 여정은 이런 실존적 고뇌와 삶의 진한 여운이 묻어나는 외로운 길이었다.

4. 이정용 신학의 얼개와 특성

신학은 자서전적, 설교는 자신을 주는 것

이정용의 신학 세계에서는 경건주의적이고 복음주의적인 결이 나오는데, 이것은 고향 교회와 어머님에게서 받았던 영향의 흔적이었다. 그것은 이정용의 어린 시절의 뿌리 경험이었던 것이다. 몸으로 체험하는 종교 경험이 가장 궁극적인 것이다. 오리진으로 돌아가는 길이고, 자기 자신을 찾아가는 길이 이런 종교적인 뿌리 경험과 연결되어 있는 것이다.

이정용은 주역과 동양 사상에 왜 집중하게 되었을까? 그것은 그가 신학적 상상력과 구성을 위해서 선택한 것이기보다는 자기의 본래 모습을 찾아가는 고향 가는 길에서 발견했던 자기를 만들었던 요소였던 것이다. 또한 그것은 그가 태어나고 자란 한국과 동양의 사상적 바탕에 근거해서 신학적 작업을 하기 위해서는 어쩌면 불가피한 선택일 수밖에 없었다. 그것은 억지로 신학적 작업을 위해서 지성으로 구성한 것이 아니라 자신을 찾아가는 과정에서 자연스럽게 선택한 길이었고, 그의 영성의 만남이었고, 드러남이었다.

이정용은 신학은 자서전적이라고 고백한다. 물론 이것은 이정용만의 독특한 주장이라고 할 수는 없다. 현대의 여성 신학자들이나 종교다원주의적 지향을 가진 폴 니터가 주장하고 있는 테제이기도 하다. 이정용은 자신의 삶은 유일한 하나님의 선물이고, 어디에도 존재하지 않는 독특함이 들어있다고 주장한다. 그래서 자신의 삶의 체험은 신의 선물이기에 나눠야 한다고 고백한다. 즉, "나는 길이요, 진리요 생명이다"라고 하신 예수님의 말씀은 기독교적 자아에 대한 지칭이요, 우주적 자아의 선언이다. 우리는 하나님의 아들의 자리를 향해 나가야 하는 것이다.

보스턴신학교에서의 박사 과정은 이정용이 공부에만 전념할 수 있는 기간이었다. 사모님이 일을 하면서 도왔던 것도 그가 학위를 짧은 시간에 마치는 데 큰 일조를 했다. 이정용은 좌고우면하는 스타일이 아니고 한 우물을 파는 깊이의 영성의 사람이었다. 그것은 성령의 인도

함을 따라가는 길이었다. 하나님은 언제나 그가 가는 길 위에 멘토를, 돕는 이들을 붙이셨다.

그는 보스턴에서 공부하는 과정에서 타고르의 비서였던 아미야 차크리바르티(Amiya Chakryvarty)를 만난다. 그는 성인 같았고, 현대 인물 중 예수님에 가장 가까운 인물이고, 자신에게 영향을 주었던 멘토였다고 고백한다. 겸손과 깊이의 터치가 있었다. 네루 총리의 비선 미국 로비스트로 워싱턴으로 날아가서 국무장관 등을 수시로 만났으나 한 번도 그것을 공개적으로 드러내지 않았다. 가끔 이정용을 찾아와서 물끄러미 침묵을 지키고 있다 가곤 했다고도 한다. 워싱턴에서 일이 생겨서 수업을 할 수가 없을 때는 이정용에게 맡겼다. 그가 전혀 들어보지도 못한 과목이라 난색을 표하면, 가서 가만히 앉아만 있어도 된다고 했다.

오터바인에서 가르칠 때 아미야를 특강에 불렀다. 참석한 이들 모두는 이구동성으로 자신들이 영적으로 고양되는 것을 경험했다고 고백했다. 그에 비해 윈치찬과 드 베리가 와서 중국 철학을 강의했는데, 둘이 서로 자기들이 중국을 더 잘 안다고 논쟁만 벌였다고 한다. 윈치찬이나 드 베리는 참여한 이들에게 어떤 감명도 주지 못했다. 이렇게 아미야를 자신의 멘토라고 말하는 그의 고백 속에서 이정용의 영성의 결을 엿볼 수 있다.

이정용이 동양적인 고전 자료를 가지고 신학적 작업을 할 수 있었던 것은 아미야 차크바르티에게서 받았던 어떤 영적인 영감이 작용했다고 볼 수 있다. 아니면 이정용이 종교적 체험을 통해서 이미 내면적으로 간직하고 있던 것이 아미야 차크바르티의 영향을 받으면서 자신이 경험했던 세계를 자신 있게 드러내는 방향의 학문적 작업을 할 수 있게 되었다. 이런 영향은 직접적으로 신학적 세계에서 받았던 영향보다 더욱 컸던 것으로 생각된다. 이정용은 아미야 차크바르티의 영성과 인격을 경험하면서 현대인에게서 예수의 흔적을 느낄 수 있었던 구체적인 예였다고 고백한다. 즉, 동양적 신학의 길은 바로 이정용에게는 그의 스승 예수를 따라가는 길이었다.

이정용에게 있어서 또 하나의 스승은 어머니였다. 어머니는 스승 이상의 스승이었고, 북한에서 어머니와 떨어진 사건은 그의 신학과 신앙에 보이지 않는 큰 영향을 미쳤다. 그가 북한의 고향집을 구태여 찾아갔던 것은 또한 어머님의 그림자라도 만지고 싶었던 마음 때문이었다. 사모님은 북한으로 가는 것을 반대하고 말리셨다고 한다. 실지로 어머님은 이정용과의 관계가 가장 깊었었고, 어려서 어머님의 손을 잡고 고향 교회의 새벽기도와 삼일예배에 다녔던 종교적 뿌리 경험이 이정용을 신학의 길로 목회의 길로 이끌었다. 한국전쟁의 초기 그가 자랐던 집 안의 지하실에서 암흑 속에서 살면서 가졌던 어머님과의 교감은 이정용으로 하여금 사랑의 세계를 종교적 체험과 생명의 체험으로 각인시켜준 계기였다. 이런 생과 사를 함께 했던 어머님과의 헤어짐은 그로 하여금 실존적 외로움 그리고 어머님과 함께 했던 교회에서의 영적 체험의 시간들을 그리워하게 했다. 그런 어머님을 향한 그리움이 그를 신앙의 길로, 신학의 길로, 목회의 길로 이끌었던 것이다. 이정용이 아버님과 관계를 단절하면서까지 신앙과 신학의 길을 갈 수 있었던 것은 어머님과 맺은 인연이 종교적인 측면에서는 아버님과의 관계보다 더 컸기 때문이었다.

실지로 그가 화학을 공부하다가 신학의 길로 회심하는 경험에서도 어머님이 나타났고, 천사도 나타났다. 즉, 남한으로 월남하면서 어머니와의 이별의 경험은 이정용 속에 보이지 않은 그리움으로 남았고, 어떤 보이지 않은 외로움의 흔적이었고 끈이었다. 지상에서의 외로움을 천상으로의 영성의 길로 이끌어 주었던 어떤 연결점이었다.

이정용의 진정한 멘토는 '예수'였다. Jesus가 아니라 '예수'(Yesu)였다. 그는 자신의 마지막 책을 자신의 스승인 예수께 헌정하고 오래지 않아 떠나가셨다. 재미있는 것은 그가 책을 출판하면서 헌정한 것을 역순으로 보면, 예수-아내 이귀황-자녀들(조나단과 수)이다. 이 서열이 매우 중요하다고 생각한다. 그는 가정을 우주의 축소판으로 보았고, 삼위일체의 구조가 나타나는 곳으로 본다. 성령의 자리는 너무도 중요했다. 그의 삼위일체에 대한 깨달음과 고백은 그의 삶의 경험 속에 깊이 뿌리를 내린 것이다. 그는 역사적 예수를 모시지만 또한 우주적 예수를 모신다. 변화의 실체인 하나님은 예수 안에서 완벽하게 실현되었다고 고백한다. 아내에게 그의 책을 헌정하는 것에는 보이지 않는 어머님이 함께 했다고 할 수 있다.

이정용은 체험과 신학과 신앙과 삶이 일치하는 통전의 길을 추구했다. 그는 소명을 받으면서 목회자가 되기를 원했던 것처럼 학교에서 가르치면서도 자신의 목회의 현장인 교회를, 작은 믿음의 공동체를 놓지 않고 섬겼다. 주립대에서 월급을 받으면서 대부분의 시간을 교회를 위해서 보냈다. 그는 한국으로 가서 목회하기를 원했던 목사의 길을 소명의 길로 알았었다. 그러나 그 길이 안 열리자 신학의 길을 갔다. 학교에서 가르쳤지만, 전통적인 신학자의 길이 아니었고, 주립대에서 가르치면서는 신학과는 거의 완전히 떠나 있었다. 그러나 그것은 드러나는 면이었고, 그는 언제나 신학자로, 목사로, 신앙인으로, 관상적 수도자로 교회와의 연관 속에서 살았다.

해체가 아닌 뒤집음의 해석학
— 포스트모더니티를 추구했던 고전적 신학자

이정용은 언제나 신학의 고전적 문제를 해결하고자 했고, 어떤 고전적 모델의 신학을 지향했다. 서구 신학의 대안의 길로서의 한국적 신학, 동양적 신학의 길을 추구했다. 그렇지만 서구 신학을 비판하면서 자신의 대안적 신학을 통해 서구 신학을 대체한다고 생각하지는 않는다. 서구 신학을 존중하는 태도를 상생의 관계를 견지한다. 그는 끝까지 신정통주의 신학의 정점에서 바르트와 브루너와 틸리히, 불트만에게 사사를 받고, 그들에게서 자신만의 신학의 길을 새롭게 출발했는데, 그는 그런 과거의 신학적 영향을 해체하거나 버리지 않았다. 그는 개혁적 혁명을 수행하지만, 끝까지 전통을 존중하는 태도를 보인다. 대안적 고전적인 모델을 제시하지만, 신학적 전통의 흐름을 존중한다.

기독교 영성가들은 기독교적 영성의 특징을 이야기하면서 "알지 못함의 구름"(the cloud of unknowing)을 강조했다. "무지의 구름"이라고 번역되는 경우가 많지만, 정확한 의미가 아닌 듯하다. 무지는 모른다는 것을 전제하지만, 그것은 단순한 무지가 아니라 하나님의 세계를 모두 정확하게 알 수 없다는 겸손의 고백이다. 즉, '알지 못함'은 영적 지식의 특징이라고 볼 수 있다. 알지 못함의 단계를 넘어서지 못하면 진정한 영적 세계는 열리지 않는다. 이정용의 신학과 영성에는 '알지 못함'을 넘어서려는 겸손과 탐구의 정신이 동시에 자리하고 있다. 이정용은 신의 세계를 다 알거나 확실하게 인식할 수 없다는 기독교적 영성의 전제를 깊이 붙잡고 있다. 그럼에도 불구하고 신학을 할 수 없고, 신을 알 수 없다는 입장으로 나가지는 않는다. 하나님의 세계를 제대로 알 수는 없지만 그럼에도 불구하고 신학적 작업을 해야 하는 신학자의 실존적 고민과 싸움을 그는 꼭 끌어안고 나가는 실존주의적 태도를 견지한다. 그는 자신이 신정통주의의 영향 아래서 신학 했음을 구태여 숨기지 않는다. 그것이 신학적 오리엔테이션으로 그의 속에 자리 잡고 있기 때문이다.

이정용의 신학적 저술에서는 교만하지 않고 비움과 겸손의 영성, 종됨을 추구하는 수도자적 자세를 보인다. 그의 신학은 교만하지 않고 겸손하며, 그것은 실존적 의미를 추구하고, 우주적 새로운 생명을 추구하는 사랑의 길이었다. 그러기에 강요하거나 교만하지 않으며, 언제나 카탤리스트(catalyst) 촉매제가 되고자 할 뿐이다. 따라오지 않아도 화를 내지 않는 조화와 화해의 길을 걷는다.

나는 그의 신학을 '해체 시대의 구성의 길'(construction in the age of deconstruction)이라고 이름했다. 포스트모던인데 오리진을 향해서 뒤로 돌아가는 흔적을 찾아가는 귀향의 길을 갔던 것이다. 그렇기 때문에 토마스 오든과 그는 서로 다르지만, 존중하고 화해하고 조화할 수 있었다. 표면적으로 본다면 드루에서 함께 있었던 이정용과 토마스 오든은 서로 상종할 수 없는 신학의 길을 갔다고 볼 수 있는 측면이 있다. 두 분이 교수 회의나 이런 자리에서 격렬한 논쟁을 벌이는 경우도 있었다고 전해진다. 이정용과 토마스 오든은 거의 같은 시대에 신학의 길을 시작했으며, 오든은 신정통주의의 자유주의적 길에서 시작했으나 정통주의적 복음주의의 길로 회귀했다. 이정용도 신정통주의에서 시작했지만, 자신의 고향을 찾아서 동양적이고 한국적인 새로운 신학의 길을 걸었다. 이정용과 오든은 대척점에 서 있지만, 교회의 전통을 존중하고 고전적 모델로 신학적 작업을 하는 측면에서 본다면 지향점이 사뭇 같은 방향을 향하고 있다. 오든은 서구의 정통적 신학의 길을 찾아 고향으로 갔다면,

이정용은 새로운 동양적 신학의 길을 개척했다는 것이 다를 뿐이다. 오든이 마지막으로 남긴 자서전의 제목이 『마음의 변화: 개인적이고 신학적인 회고록』(A Change of Heart: A personal and Theological Memoir, Downers Grove, IL: InterVarsity Press, 2014)이었던 것은 시사하는 바가 크다. 이 책을 읽으면서 오든 교수의 마지막으로 낸 자서전적인 책에서 변화라는 단어를 썼다는 것이 뜨겁게 다가왔다. 그가 마음의 변화를 추구했던 것이 이정용의 역과 묘한 대조와 공명을 일으킨다. 물론 이것은 내 주관적인 감정이 개입된 독법이라고 비판해도 달게 받겠다. 이정용은 드루의 최종 인터뷰를 했을 때 신의 수난설을 다루면서 교부신학을 논의하고 전개하는 방법론을 쓴 것을 오든 교수가 좋아했다고 한다. 물론 결론에 대해서는 의견이 일치할 수는 없었지만 말이다.

이정용의 신학을 필자는 세 단계로 나누어서 읽을 수 있었다. 그의 신학 전체를 전복의 해석학(the hermeneutics of reversal)이란 이름으로 갈무리하고 싶었다. 기존의 학설을 완벽하게 뒤집어서 반대의 방향으로 해석하는 경향이 세 단계 전체에 걸쳐서 계속적으로 나타나고 있기 때문이었다. 그것은 혁명적 변화를 겪으면서 살았던 이의 실존적 신학의 얼개였던 것이다.

제1기는 신학을 공부하고 학위 논문을 쓰는 시기부터 처음으로 오터바인에서 가르치던 초기의 시간이었다. 그는 학위 논문에서 신은 고통을 받을 수 있고, 인간의 고통에 심정적으로 참여한다는 것을 입증하게 된다. 신의 아가페적 사랑을 신의 성품으로 정의하는데, 신정통주의와 교부의 가르침 속에서 하나님의 심정(empathy, 공감)을 통해서 성부가 고통에 참여하게 되는 것을 논증한다. 그의 작품은 미국 신학계에서 신의 고통의 문제를 정면으로 다룬 기념비적인 작품이었고, 그 분야의 고전이 되었다.

신의 고통의 문제는 성부 하나님이 고통받을 수 없다는 도그마, 즉 그리스 철학적 바탕 위에 확립되었던 교의를 뒤집는 혁명적 작업이었다.

제2기는 오터바인대학에서 가르치면서 받았던 도전에 대응해서 자신을 찾아가는 신학의 길을 지향하게 되는 기간으로, 주로 오터바인대학의 후기와 노스 다코타의 주립대에서 가르치던 때였다. 그는 신정통주의(실존주의 신학)의 정점에서 내려오면서 동양 세계관에 근거한 역의 신학을 전개하는 길을 찾아가게 된다. 종교학과 세계종교를 노스 다코타 주립대에서 가르치면서 작은 신앙의 공동체를 목회하던 기간이기도 했다. 신은 부동의 동자로서 변화할 수 없다는 그리스철학에 근거한 서구 신학의 대전제를 신은 변화 자체로서 언제나 변화함으로써 생명의 역사를 이어가는 존재로 새롭게 정의한 것이다. 그것은 동양적 세계관의 토대가 된 주역적 철학을 자신의 신학적 토대로 삼고서 정립한 신학의 길이었다. 인간을 넘어서 자연까지 포괄하는 우주 종교의 길을 지향한다.

제3기는 그의 교단 신학교인 드루 신학대에서 가르치던 시간이었다. 그는 마지널리티의 경험을 통해서 교회와 사회의 혁명적 변화를 지향하게 된다. 교회가 케노시스의 자리, 종의 자리, 모퉁이의 모서리(Margin of marginality)인 예수를 따라가는 운동이 되어야 한다고 주장했다. 그러면서 그는 그의 마지막 책인 『한국적 설교』(*Korean Preaching*)를 그의 스승인 예수님께 바치고 하늘나라로 가셨다.

그의 신학적 발전의 과정은 다음과 같다.

뒤집음의 해석학(Hermeneutics of Reversal)

1. 신 고통의 신학: 신수난불가설[God's impassibility] ⇨ 수난가설[passibility], 사랑

Love, 심정Empathy(공감)

2. 역의 신학: 불변Unchanging, 영원의 신Eternal God ⇨ 역 자체Change itself

신의 완전성God's perfection/"있음"isness

존재신학ontotheology/우주론적 인간학cosmological anthropology

3. 마지널리티 신학: 중심이데올로기center ideology ⇨ 모퉁이론marginality

중심center, 주the Lord, 왕king/모퉁이marginality

이정용은 신앙 체험 위에서 에큐메니즘(ecumenism)[4]의 보편성과 적실성(relevance)을 추구하고, 근본적인 개혁(radical reformation)을 지향하면서 영적 세계를 추구한다. 그렇기 때문에 주역을 택해 신학적 작업을 해도 그에게는 전혀 문제가 생기지 않았고, 샤머니즘을 택해도, 불교를 택해도 그에게서는 신앙 고백과 소통의 자리에 근거한 에큐메니즘이 자리했기에 언제나 넉넉했고 당당했다. 새기고 새기는 되새김질을 통해서 어떤 자료를 쓰든지 뒤집음의 해석학을 통해서 창조적 길을 갔기에 새로운 신학과 이론을 끄집어내는 데 전혀 무리가 없었다.

이정용의 신학적 결은 그가 신학교에서 배웠던 1950년대 후반의 신정통주의적 신학의 배경이 되는 실존주의적 토대가 자리하고 있고, 그가 대학에서 공부했던 과학적 사고도 계속해서 나타나고 있다. 또한 동양 사상의 근거가 되는 우주론적 인간학으로 대변되는 주역과 동아시아적 세계관이 깊이 작용하고 있다. 신학의 길은 그가 고향을 찾아가는

---

4 이정용의 에큐메니즘은 서구 신학이 지향하는 것과는 다른 동양적 에큐메니즘이다. 종교다원주의와는 다른 우주 종교를 지향하는 길로 동양적 종교 전통들을 양면 긍정으로 포괄한다. 이 에큐메니즘은 지구촌 기독교의 길이기도 하다. 미래 기독교의 지향성인 것이다.

길이었다. 또한 심층심리학이 깊게 영향을 미치고 있으며, 종교학과 세계종교를 신학적 구성과 발전의 기본적 자료로 쓰고 있다. 서구 신학의 근본적 문제를 이런 다양한 학문적 성과물들 속에서 해명하고, 창조적으로 구성해가고 있다.

신학의 그 오래된 문제들을 해결할 수 있는, 너무 심각하지 않게 자유자재로 동서양을 날아다니는 신비의 지름길이 그에게 있나 보라고 코트니 교수는 의아해한다. 철학자의 눈에는 신앙의 비약(the leap of faith)과 신비의 지름길이 잘 이해가 되지 않았고, 따라가기에는 벅찼었는지 모른다. 사랑하면 보이지 않는 하나님의 사심과 현존이 경험되는 요한의 고백과 통하는 영성의 결이 이정용의 신학에는 담겨 있었다. 이정용은 에밀레의 종소리에서 이삭과 아브라함의 신앙의 고백을 듣는다. 원효의 해골바가지 속의 물에서 비움 케노시스, 즉 겸손의 영성을 읽는다. 그는 주역의 우주적 시에서 하나님의 현존을 느끼곤 했다. 기독교는 인간의 종교일 뿐만 아니라 우주 종교였기 때문이다. 우주는 생명의 에너지가 활발하게 일어나는 하나님의 몸이고, 생명의 기운은 하나님의 영의 운동이었다. 이런 동양의 지혜의 자리는 하나님이 미리 예비해 두신 새 하늘과 새 땅의 개벽의 역사, 종말의 역사를 위한 섭리의 디딤돌이었다.

드루에서 있었던 삼위일체를 논의하던 학술회의에서 몰트만과의 만남과 강연은 이정용의 신학이 차지했던 자리와 아름다움을 보여주었다. 엘리아데와의 만남과 샤머니즘 연구는 종교학자로서의 그의 모습을 비춰주었다. 국제결혼 여성들을 섬기는 작은 교회에서 목회하는 이정용의 모습은 목회자 된 그의 비움과 케노시스의 영성을 드러내 보여준다. 그의 순수를 지향하는 사랑의 목회는 무언의 감동으로 사람들을 변화시켰던 자리였다.

그의 신학은 관계성을 존재보다 우위에 놓는 새로운 길을 걸었고, 자연까지도 하나님의 구원과 창조의 섭리 속에 들어오는 통째로 보는 (holistic approach) 우주론적 인간학을 지향하게 했다. 그것은 결국은 그가 자신을 이루어가는 내면적 변화 과정으로 그리스도는 자신의 원형 (the archetype of the self)이라고 고백하게 된다.

5. 이정용 신학의 본질 — 지구촌 기독교를 위한 예언적 신학자

한반도에서 구한말에 일어난 복음의 사건은 중국을 통해서 천주교가 전해지고 또한 미국에서 선교사를 통해서 개신교가 전해진 것은 동쪽으로 왔던 기독교와 서쪽으로 돌아서 온 기독교가 한반도에서 만나는 미증유의 사건이었다. 세계종교들이 오랜 세월 뿌려지고 자라났던 한반도에 드디어 기독교가 들어와 심긴 형국이었다. 그것은 한반도에서 새롭게 일어나는 섭리요, 종교 운동의 씨앗이 떨어진 격이었다. 지구 전체를 돌고 도는 하늘 섭리사의 운동이 한반도에 떨어져 발아하고 자라기 시작한 것이었다.

그런 하늘의 바람이 불면서 한반도는 엄청난 변화의 소용돌이 속에서 요동을 쳐야 했다. 그 역사의 무시무시한 바람 앞에서 한국인들은 지상의 나라 조선을 잃고, 하늘나라를 찾아가는 경험을 하게 되었다. 나라를 잃고 독립운동을 하면서 그들은 기도하고 하늘에 호소할 수밖에 다른 길이 없었다. 그들의 신앙과 기도의 자리에서 대한민국은 탄생했다고 말할 수밖에 없다. 정화수를 떠 놓고 비는 정성이 나라를 찾게 해달라는 기도로 변화하게 되었다.

　감리교회는 이 한반도 역사의 현장에서 가장 두드러진 역할을 감당했다. 신학적으로도, 신앙적으로도, 독립운동에서도, 실제적으로도 그러했다. 아펜젤러, 스크랜턴, 최병헌, 전덕기, 손정도, 이용도, 이승만으로 이어지는 굵은 영맥이 형성되었다. 나는 이 한국감리교 영성을 종합적으로 견인할 수 있는 신학과 영성을 이정용에게서 찾고 읽을 수 있었다. 아브라함과 다윗과 예수를 통해서 내려온 유대기독교 전승 신앙의 영성이 한반도에 뿌리를 내린 것이고, 그 위에서 피어난 한국 감리교의 전통 위에서 이정용의 신학과 영성의 꽃이 핀 것이었다.

　나는 감히 이정용을 구한말 역사의 위기 속에 배태되었던 대도대기(大道大器) 신학의 길을 한 차원 다른 자리에서 견인해 나가는 신학자로 고백한다.5 이정용은 드러나지 않으나 언제나 당당하고 자신만만했는

---

5 이정용 박사의 신학의 길을 대도대기(大道大器)란 용어로 표현했는데, 이 대도대기는 한국교회사가인 성백걸 교수의 개념이다. 그의 논문, "한국기독교 자기 정체성의 길을 찾아서 — 초기 한국감리교회의 대도대기 패러다임을 중심으로,"『석정 김홍기 고희 기념논문집』(2022)을 참조하라.
　한국 근대사는 서구 사상과 종교가 들어와서 우리의 전통과 가치와 충돌하면서 일제의 식민지를 경험해야 했던 종말론적 상황이었다. 그런 속에서 우리 민족의 정체성과 문화적 역량이 시험에 달렸던 시기였는데, 그런 가운데 주체성을 찾으면서 세계 속에서 새로운 정체성을 이루어갔던 시기였다. 이런 여러 영향과 조류들이 충돌하는 상황을 새롭게 해석한 탁월한 한국교회사가의 관점을 제시하고 있었다. 그런 면에서 대도대기 패러다임은 기독교와 한국인의 문화적, 종족적 정체성과의 만남 속에서 피어난다. 한국인의 정체성이 도전적인 상황을 창조적으로 대처하면서 융합해서 세계 문명의 길을 제시하는 빛, 즉 새로운 패러다임을 그는 대도대기라고 정의하는 것이다. 이정용의 신학적 패러다임이 이런 대도대기의 길을 가고 있다.
　성백걸은 이 대도대기의 길을 우연적 표현이 아닌 한국 기독교인들이 확고한 자기표현과 주체성의 발로로 예수 그리스도의 대도를 통한 조선 문명과 세계 평화의 미래까지 열기를 소망한다.

데, 그것은 겸손과 케노시스의 자리에 서 있었기 때문이었다. 그것은 보는 자의 눈에만 보이는 신비일 따름이다. 그는 늘 어눌했고 겸손했다. 그랬기에 정진홍은 그를 순수 체험의 사람이었다고 증언할 수 있었다.

　주역은 문자 이전의 신비를 담는, 영성의 신비를 담은 상징의 언어 체계였다. 신탁은 하나님의 뜻을 알아가는 가장 신비한 방법으로 고대 인들의 영성을 드러내는 도구였다. 즉, 신탁은 언어 이전의 신비를 머금은 흔적이었다. 현대에서 탈현대로 역사와 시대가 요동을 친다. 새로운 문명, 영성의 시대가 도래한다고 모두 설레발이다. 동서의 창조적 융합의 시대가 열리고 있는 것이다. 즉, 문명사의 대전환, 개벽의 여명이 밝아 오고 있는 것이다. 이정용은 새로운 계시의 도래를 선포하는 우주 종교의 예언자였다.

　그가 생존해 있다면 동성애의 문제를 어떻게 말할 것인가? 연합감리 교회는 『마지널리티』에서 이정용이 묘사한 대로 센트럴리스트의 길을 걸어감으로써 서로를 비움의 자세를 가지고 용납하고 존중하는 길이 아니라, 정의와 해방을 주장하지만 상대를 인정치 않는 중심주의자의 태도를 견지함으로써 교단을 깨는 방향으로 걸어가고 있다. 지금 이 박사가 계시다면 근본 개혁적 길과 대안 문화를 추구하지만, 전통을 양자택일의 길에서 배타적으로 해체하는 것이 아니라 포용하는 양면 긍정(both and way of thinking)의 길을 말씀하셨을 것이다. 요한의 고백처럼 보이지 않는 하나님은 사랑할 때 현존이 드러나게 되듯이 이제는 길이 없는 것 같은 상황을 지나는 것은 사실이다. 그렇지만 남자는 여자고, 여자는 남자다. 융(Jung)적인 접근이고 또한 주역적 접근으로 새로운 길을 열기를 제안하셨을 것이다. 남자는 남자만이 아니고, 여자는 여자만이 아니다. 역의 신학자는 양자택일의 배타성을 넘어서 양면 긍정의 조화와 평화의 길을 가기를 요구했을 것이다. 그렇지만 전통과 역사의 기초를 흔들지는 말 것을 경고한다. 사실 정치로는 법률적 프로세스로는 해결할 수 있는 길이 없다. 그렇기 때문에 해체는 파괴하고 무너지는 길로 향하게 된다. 그렇지만 우주론적 인간학의 자리에서 거대한 우주의 일부로 우리의 자리를 인식한다면, 겸손으로 종됨으로 케노시스로 새 길을 갈 수 있을 것이다. 그는 전통적 남녀의 잘못된 싸움을 지양할 수 있는 창조와 화해의 길을 열어가는 평화의 사도로서 일했을 것이다.

지구촌적 기독교를 잉태하는 산고의 시간을 우리는 살고 있다. 새 하늘과 새 땅을 여는 종말론적 시간에 실존적으로 참여하면서 우주적, 창조 지향적 신학이 만물 종지의 땅, 한반도에서 와야 했다. 그렇기에 미국의 선교사들이 한반도로 갔으며, 한반도에 있던 이들은 지상의 나라를 잃고 하늘나라를 세우는 고통과 눈물의 시간을 보내야 했다. 그리스도 안에는 남자와 여자가 없고, 새로운 피조물, 새로운 존재가 있을 뿐이다.

그는 지구촌적 기독교(global Christianity), 즉 우주 종교의 거대 담론(grand narrative)을 새롭게 선포했던 설교자였다. 새 하늘과 새 땅을 말했던 이야기꾼이었다. 하나님은 존재가 아닌 있음(isness)인데, 즉 역, 태극의 역동적 동자는 우주 바깥에 있지 않고 내 안에 있다고 그는 증언했다. 그는 그것을 내적 과정(Inner Process)이라고 또한 내면화(Inter- nalization)라고 이름했다. 하나님을 믿는 신앙의 자리는 내 속에서 이루어지는 어떤 것이어야 하는 것이고, 그것은 내가 걷는 자서전적인 길인 것이다.

이정용의 초기 저서에 해당하는 『우주 종교』를 읽는다면, 그를 우주 종교의 예언자로 부른다는 것이 자명해질 것이다. 그는 길지 않은 저서였지만, 기독교의 근본적이고 큰 개념과 교의들을 매우 새롭게 이야기한다. 거침이 없고, 단정적이기까지 하다. 시와 노래처럼 아니 도인의 언사처럼 그의 언설은 막힘이 없이, 자연의 흐름처럼 물이 흐르듯이 쏟아지는 예언자의 목소리로 들린다. 하늘의 성령의 임하심으로 말하는지 전혀 거침이 없고, 막힘이 없다. 그것은 서구적 기독교의 모든 용어가 동양적 언어로 자연스럽고, 자발적으로 말해지고 드러나고 표현되고 있다. 그것이 1970년대 초이니 30대 초반에 쓴 글이라는 것이 놀랍다. 거의 주가 없이 쓰여진 글이다. 『역의 신학』이 나오기 전에 내면의 소리로 이미 선포한 것일 수 있겠다.

이정용은 지구촌적 기독교의 토대를 놓은 신학자였던 것이다. 한국 기독교는 제국주의 열강의 전쟁의 시대 속에서 하늘의 바람이 일으켰던 한반도에서 출현시켰던 구원과 생명의 운동이었다. 이제는 한국기독교가 지구촌적 기독교를 탄생시킬 수 있는 자궁이 되어야 할 것이다. 통일시대를 꽃피울 수 있는 회개와 갱신을 통해서 고향 가는 길을 열어야 한다. 이정용은 우주론적 인간학을 통해서 진정한 자기 비움의 케노시스의 길을 제시하고, 모퉁이의 모서리(margin of marginality)로 서신 우리 자신의 삶의 원형인 예수그리스도를 설교했던 목회자였다.

6. 삶과 죽음의 신비를 넘어서 ─ 영원의 노래, 개벽의 노래

이정용은 신정통주의의 정점에서 서구 신학을 동양으로 회귀시키는(turning over) 길을 걸어갔던 한 영적 선구자였다. 그는 죽었으나 죽지 않는 부활의 신비가 그의 죽음의 사건에 나타나고 있었다. 이정용의 장례식에 참석했던 많은 이들은 어떤 영적 기운에 압도되는 경험을 했다. 어떤 이들은 감히 예수님의 부활의 사건도 이런 경험과 어떤 연결성이 있지 않았을까 조심스럽게 이야기하기도 했다.

　이정용의 장례식은 그의 제자였던 학생들에게 전적으로 맡겨졌었다. 그 장례식을 계획하는 자리에서 한용운의 〈님의 침묵〉을 영역해 읽는 것이 어떠냐는 논의가 있었다. 나는 왜 그랬는지 모르지만, 즉각적으로 그것은 안 된다고 말했다. 다른 대안이 없다면 "제가 조시를 쓰겠다"고 자청했다. 그것은 내가 어떤 생각으로 내뱉은 말이 아니라 무의식적으로, 조건반사적으로 반응한 순수한 내 작은 행동이었다. 아무 생각이 없이 한 짓이었다. 많은 시간이 주어진 것이 아니었다. 아마도 사흘 안으로 어떻게든 조시를 써내야 했다. 그것은 보이지 않는 부담이었고, 무조건적인 열정이 빚어낸 촌극이었다. 장례식을 준비하면서 마감의 시간이 점점 가까이 다가오던 날 저녁 내가 살던 드루의 작은 아파트에 가만히 앉아 있었다. 난감했다. 그때까지 시를 써본 것은 가뭄에 콩 나듯 했던 어설픈 습작이 다였다.

　그때 드루는 이상한 기운에 감싸 있었던 것을 많은 사람들이 증언을 했다. 그분의 장례식을 앞두고 말이다. 그날 저녁 어떻게든 써내야 했다. 두루룩 하늘에서 떨어져 내렸다고 표현할 수밖에 없는 사건이 일어났다. 순식간에 떨어지는 시를 받아 적었다고밖에 달리 설명할 길이 없다. 그리고 영어로도 바로 옮겼다. 다음 날 팰리세이드 팍(Palisades Park)의 교포 서점에 가서 붓과 먹을 사다가 화선지에 조시를 써서 두루마리를 만들었다. 그리고 장례식에서 읽게 되었다.

　이것은 이정용이 암으로 투병하고 수술을 마친 후 진행되었던 이정용이 창립했던 한국신학연구원 연구프로젝트로 진행했던 『역易과 모퉁이의 신학』의 대미였다. 왜냐하면 그때 조시로 읽었던 나의 추모사는 대부분의 내용이 선생님이 『역易과 모퉁이의 신학』에서 말씀하신 것이 자료가 되어서 쓰여졌기 때문이다.

　그분이 가시는 날은 노랗고 빨간 단풍이 곱게 들어 불타고 있고, 가을 햇살이 눈이 시리게 부서져 내리는 날이었다. 그분은 뉴저지의 단풍길을 걸어서 조용히 가셨다. 묘지에서 하관 예배가 있을 때 하늘가에는 커다란 새가 아주 천천히 날았다. 그 큰 새를 이정용의 입관 예배에서 기도했던 뉴욕 연회에서 목회하는 정광원 목사가 보고서 옆에 서 있던 이들에게 저것 좀 보라고 했다. 그분은 그렇게 학처럼 고아하게 가셨다.

　이정용은 오늘 우리를 다시 부른다. 지구촌적 기독교(global Christianity)의 새로운 언어와 신학을 말하라고 부른다. 그는 우주 종교의 예언자로 지구촌 기독교의 갈 길을 제시하고자 했던 예언자의 소리를 이제 살아내라고 부른다. 지구촌 기독교를 한국교회가 열어야 한다고 외쳤던 스승이었다. 그는 새로운 조직신학을 쓰고 싶었던 것이고, 새로운 기독교의 구원의 이야기를 하고 싶었던 것이다. 그분은 인간의 구원을 넘어 자연과 우주와 모든 피조물이 기뻐하고 회복되는 완전한 구원의 이야기를 쓰고자 했던 이였다.

　아니다, 다 아니다. 그는 자신의 마지막 책을 자신의 스승 예수에게 바쳤던 동심을 가진 우주 종교의 시인이었을 뿐이다. 그의 시는 민들레 홀씨가 되어 곳곳에 떨어졌다. 개벽의 노래가 들린다.

부록

장례식에서 읽은 조시

— 이정용(李正勇) 박사님 가시는 길에 부쳐

한 어른이 가셨습니다.

러시아 유학길 막혀

6.25 전쟁터를

남으로 남으로 넘어

오십 불을 가지고

태평양을 혈혈단신으로 건넜던

백여리 길 자전거 몰며

일하며 공부했던

한 어른이 가셨습니다.

동서양 넓은 대륙을

한 가슴에 품던

전통과 현대의 긴 시간 틈새를

아우르던

우리의 어른이

훌쩍 떠나 가셨습니다.

한 시인이 가셨습니다.

황색 민들레의 좌절과 슬픔을 노래하던

대나무 대공 속 빔에서

예수의 흔적을 읽던

모퉁이에서 창조적 변화의 수맥을 집어내던

옹달샘 물결에서 우주의 신비를 캐던

산골짜기 흘러내리는 물줄기에서

예배의 원리를 보던

삶과 죽음의 길 넘어

변화의 신비를 헤아리던

우리의 시인이

멀리 떠나 가셨습니다.

알록달록 단풍드는

가을 날

깊은 숲 오솔길을

사분사분 걸어서

고향으로 가셨습니다.

한 스승이 가셨습니다.

겸손과 지혜로

제자들을 말없이

감격시켰던

그래서 가슴 속

심정 깊은 곳에서

존경의 넘이

새록새록 우러나게 했던

우리의 스승이

가셨습니다.

열다섯 권여

아직도 못다 한

이야기를 남기고

아무도 따라갈 수 없는

그 길을
고즈너기 가셨습니다.

한 목사가 가셨습니다.
가르치는 바쁜 가운데
교회를 섬기며 놓지 않았던
우리의 목사가 가셨습니다.
한국 농촌 교회 교역자를
돕기 위해 동분서주했던,
수천 리 길 멀리 먼 길
설교하러 달려가던,
미국인의 학대 속에
쓰러지는 한의 여인들을 보듬던
우리의 목사가 가셨습니다.
섬김과 봉사의
험한 길을
불평 없이
묵묵히
황소걸음으로 가셨습니다.

한 신학자가 가셨습니다.
바르트, 불트만, 틸리히를 지나
초대 교부를 넘어
종의 자리로 간

완전한 변화의 도(道)인

예수를 노래하던

고통당하는 하나님의 아가페

사랑의 신비를 그려내던

우리의 신학자가 가셨습니다.

버려진 책 주역 속의 변화의 원리를 찾아

기독교 신학 속에 동서의 벽을 허물었던

모든 것이 변한다는 하늘의 원리를 들려주던

모퉁이에서

변혁과 생명의 원초적 힘을 찾던 이,

동양의 언어로, 마음의 언어로

하나님을 예수를 성령을 빚어내던

우리의 신학자가 가셨습니다.

아무도 가지 않던 전인미답의 길을

고독하게 가시다, 말없이 가셨습니다.

긴 가지 않은 길을 남기고 가셨습니다.

한 한국인이 가셨습니다.

일제 강점기

해방의 날

6.25

냉전 시대를 살며

가시밭길 한국 현대사의

뒤안길을 온몸으로 살다 간

여기 한 한국인이 가셨습니다.
통일 한국을 남몰래 그리며 살던 이,
한국에 가 목회하기를 원하셨던
한국이 군림하는 가진 자가 아닌
작은 자를 보듬는 새나라가 되길
기도하던 한 한국인이 가셨습니다.
이 미국 땅에 뿌리 내릴
코리안 아메리칸의 미래를 꿈꾸던
그 우리의 한국인이 가셨습니다.

한 수도자가 가셨습니다.
마지막 책을
자기 스승 예수에게 바치고서
우리의 수도자가 가셨습니다.
사랑하던
한국교회를 향해
예리한 비판의 칼을 들고
저어하시며
노심초사하시던
그 수도자가 가셨습니다.
길이 지워지지 않을 자국을
남기고 가셨습니다.
마지막 설교로
남기고 가셨습니다.

말과 생각과 학문과 삶이

올곧게 같이 갔던

우리의 수도자가 가셨습니다.

일어나라 신학도여

일어서라 한국교회여

일어나라 기독교인이여

일어서라 코리안 아메리칸이여

노래하던 우리의 시인,

설교하던 우리의 신학자,

가르치던 우리의 스승이 가셨습니다.

다시는 오지 않을 길을 가셨습니다.

그의 스승

예수님이 간 길을 따라 가셨습니다.

죽음의 길을 넘어서 가셨습니다.

그는 우리 속에 지워지지 않을 망부석

영원한 그리움과 사무침

우리의 한국인

우리의 신학자

우리의 어른

우리 모두의 스승이시여

길이 우리 모두 속에서

다시 살아 부활하소서

개벽의 신 새벽에 부활하소서

이정용이 가신 길 위에 서서

　어떻게 시작했는지는 정확하게 떠오르지 않는다. 드루에 한국신학
연구원이 생길 때부터, 아니 미국에 신학을 공부하러 떠날 때부터 이정
용 선생님과의 인연은 보이지 않는 끈이 이어졌었다. 대학 시절에 나는
막연하게 한국 신학, 한국적 기독교 신앙의 길을 창조적으로 걷고 싶다
는 생각에 사로잡혔고, 그런 길로 자꾸 이끌려져 왔다. 미국으로의 유학
의 길을 권유했던 대학원 때의 김종서 교수님은 드루와 이정용 박사를
소개하면서 한국 철학과 종교를 공부한 기초를 가지고 그분의 지도를
받는다면 좋을 것이라고 말씀하셨다. 그것이 어떤 것을 의미하는지를
전혀 몰랐다. 다만 그 당시 하나 기억에 남는 것은 이정용 박사의
『역과 기독교 사상』을 읽으면서 자꾸 곱씹어 글을 쓰는 반복과 서클링이
어지럽게 느껴져서 책을 덮곤 했다. 김 교수님은 신학교를 전혀 모르던
나에게 클레에몬트랑 드루를 소개해 줬었다. 그리고 이정용 박사님에
대한 시시콜콜한 이야기까지 들려주었다. 나중에 선생님에 대한 이런
이야기들을 어떻게 아셨냐고 여쭤봤더니 서울대에 오셔서 강의하실
때 개인적으로 들은 이야기였다고 말씀하셨다.

　벨기에의 가톨릭 루뱅대에서 1년, 한국과 벨기에의 문화협정에 따
른 장학금을 받으면서 공부할 기회가 주어졌다. 그때 드루의 입학 허가
를 받게 되었고, 선생님께 어떤 책들을 읽고 드루에서의 공부를 준비하

면 되느냐고 편지를 드렸다. 어느 날 루뱅의 작은 학생 기숙사로 이정용 박사에게서 편지가 날아들었다. 그러나 사실 아무 내용도 없었다. "그냥 알아서 공부하고 오세요. 여기에 오면 교수들이 잘 소개해 줄 것"이라는 정도의 내용이었다. 조금 섭섭하기도 했다. 나중에 알고 보니 그 당시 선생님은 캘리포니아의 버클리대학교에서 안식년을 보내고 계셨다. 아마 드루에 잠시 들렸다가 내가 보낸 편지를 보고서 그 답장을 써 주셨던 것이다. 한 학생이 입학 허가를 받고 보낸 편지에 그래도 답장을 해 주신 그분의 정성이 나중에는 고맙게 생각되었다.

1992년 가을에 드루에 와서 첫 학기에 선생님의 강의를 듣기 시작했다. 그렇지만 그분의 강의가 감명적이거나 도전으로 강하게 다가왔던 것만은 아니었다. 선생님의 강의는 어눌하셨다. 어떤 경우에는 답답하기도 했다. 드루는 한국 학생들로 사뭇 붐볐다. 한 1년 반 정도 공부했을 때 영어도 별로 느는 것 같지도 않았다. 한국 학생들이 너무 많아서 학교를 잘못 선택해 왔나 하는 조바심이 들기도 했다. 그때 캔자스 세인트 폴 신학교에서 가르치는 전영호 박사가 와서 학생들과 대화를 갖는 기회가 있었다. 그분은 말씀을 너무도 잘하셨다. 포스트모던적 상황과 신학 전반에 대한 해박한 지식을 털어놓으셨다. 그분을 따라가서 공부해야 하나 하는 생각까지 들기도 했다. 그런 시간도 있었다.

한국신학연구원이 세워지고, 선생님은 암으로 치료와 투병을 하는 위기가 닥쳐왔다. 그 와중에서 "선생님의 삶과 신학 이야기"라는 프로젝트가 시작되었고, 필자가 그 프로젝트를 제안했던 인연으로 전 과정을 따라가면서 진행시켜야 했다. 선생님은 9회에 걸쳐 이 프로젝트를 마치시고, 3개월이 지나서 홀연히 하늘로 떠나가셨다. 장례식에서 읽었던 조시는 이런 과정을 통해서 나온 결과물이었다. 그리고 선생님의 신학

전반을 포스트모더니티와 연결시켜 설명해내는 학위 논문을 썼다.[1]
선생님의 이야기와 죽음을 거치면서 받았던 감동이 그런 길로 나를
이끌어 왔다.

선생님이 돌아가신 다음에 한국신학연구원은 여러 비극적 사건에
휘둘려 사라져 갔다. 그 과정에서 연구원의 일들을 주도했던 이들은
학위를 마치고 목회의 길로, 한국으로 가서 가르치는 일로 흩어져 갔다.
그 와중에서 연구원을 끝까지 이어갔던 이충범 목사도 학위를 마치고
한국으로 가면서 연구원에 남아 있던 도서들은 내 목사관의 지하실로
왔고, 몇 번에 걸친 이사 때마다 옮겨져야 했다.

선생님이 유언처럼 쏟아 놓으셨던 자신의 어린 시절부터 학문과
목회와 삶의 이야기들을 녹음했고, 드루의 미디어실에서 복사본을 만들
어 연구원의 학생들에게 나눠줬었다. 델라웨어와 텍사스 성 누가의
목회의 과정에서 간헐적으로 이 이야기들을 푸는 작업을 해오긴 했지만,
집중해서 작업을 진행시키지는 못했었다. 목회의 일들에 작업들은 늘
밀려났고 또한 집중적으로 작업을 해낼 수 있는 어떤 계기나 동기도
주어지지 않았던 때문이었다. 또한 한국에서의 출판 환경도 급격하게
변화가 되면서 출판 자체도 점점 어려워지게 되었다.

2018년에 미국 교회로의 파송은 역설적이게도 이런 작업을 할 수
있는 여유와 기회가 되었다. 이런 과정에서 이충범 교수의 자극과 독려
는 큰 힘과 위로가 되어주었다. 이정용 박사의 평전을 써보라는 연합감
리교회 정희수 감독님의 격려는 이 작업을 마치게 하는 견인차가 되어

---

1 Chansoon Lim, *Suffering, Change, and Marginality: Postmodern Implications of Jung
  Young Lee's Theology* (Saarbrucken, Germany: VDM Verlag Dr. Mueller e.K., 2008).

주었다. 또한 이정용 선생님과의 인연을 귀하게 생각하고 이런 작업을 격려해 주었던 뉴욕 후러싱제일교회 김정호 목사님의 자극도 든든한 뒷배가 되어 주었다. 또한 도서출판 동연의 김영호 장로님의 이정용 박사의 신학과 삶에 대한 애정과 격려는 필자로 하여금 이 작업을 계속하게 해 주었던 큰 동기와 동력이었기에 특별한 감사를 드린다. 한국신학 연구원에 속해서 이정용 박사의 삶과 신학의 이야기를 위해 참여하고 함께 했던 모든 분에게 감사를 보낸다. 그분들의 동지애적 참여와 동행, 함께 함이 없었다면, 이 책은 나올 수가 없었을 것이다. 또한 선생님이 가신 다음에도 선생님의 신학과 저술이 전해지길 소원하셨던 사모님과 자녀들에게도 감사를 전한다. 본 원고를 교정하는 과정에서 꼼꼼하게 읽어주고 귀한 제안들을 수없이 많이 해준 임희영, 정광원 목사님과 이정화 선생님, 그리고 옆에서 늘 비판과 따뜻함의 눈으로 지켜봐준 아내에게 깊은 감사를 보낸다.

이정용 박사가 미국 교회 목회를 통해서 거의 최초로 시작했던 타인종 목회(Cross-cultural ministry)는 이제 거의 500여 명이 넘는 한인 목회자들이 감당하고 있다. 그분이 예상했던 한국인들은 언어 문제만 극복하면 귀한 기회가 될 것이라고 말씀한 대로 그렇게 이루어지고 있다. 센트럴리스트의 길을 해방신학도, 여성 신학도 가고 있다고 『마지널리티』에서 이야기하던 대로 연합감리교회는 중심주의자들의 태도를 극복하지 못하고 분열의 길을 걷고 있다. 마지널리티의 자리에서 모퉁이의 모서리(margin of marginality)이신 그리스도를 발견하고, 케노시스와 종됨의 리더십의 자리로 내려가지 않는다면, 이런 혼란과 분열은 더욱 가속화될 것이다. 이정용 선생님의 신학과 삶이 이런 위기에 있는 미연합감리교회와 목회자들에게 어떤 도전과 힘을 줄 수 있는 근본적인 자료와 영감이 될 수 있기를 기도하는 마음으로 이 오랜 작업의 마무리를 짓게 된다.

이 본문의 중간에 들어간 〈고향의 노래〉, 〈광야의 노래〉, 〈민들레의 노래〉는 이 책을 작업하면서 쓴 필자의 졸시들이다. 선생님의 북한에서의 어린 시절, 피난길과 미국 유학 전 그리고 미국에서 가르치면서 드나들었던 남한에서의 시간 또한 미국에서의 시절을 형상화해 본 세 편의 시임을 밝혀 둔다. 이 책의 제목 마냥 이 글을 읽을 때에 선생님의 육성이 들려졌으면 좋겠다. 겉으로 들리는 어눌한 소리가 아니라, 영혼을 감동시키는 하늘의 음성으로 말이다. 이정용은 돌아가셨으나 지금 부활의 존재로 자신의 스승 예수님을 따라가신 그분은 지금도 살아 계시는 것이다.

이 책을 추천합니다

이정용 박사님의 글은 자유롭고 넉넉하고 맑은 증류수 같다. 서구적 사유가 신학을 압도하였던 시대였음에도, 한 그늘 – 한 어둠도 없다. "나는 나다"(I am Who I am) 하신 이를 본받아, 자신도 "나는 나다"를 몸에 새기며 살아내신 때문이다. 그래서 박사님의 글은 대양처럼 어머니 품처럼 우리를 본향으로 인도한다. 선생님의 글을 한 편의 시처럼 읽게 해 준 임찬순 박사에게도 깊은 감사를 드린다.

_ 정희성 교수(이화여자대학교 기독교학과)

이정용 박사는 '뿌리'와 '경험'을 마중물로 미국 땅에서 코리안 아메리칸으로서 '역'과 '모퉁이'란 새로운 패러다임으로 아시아와 한국적 신학을 놀랍게 창출하였다. 그분이 키워내서 활짝 꽃피운 노란 민들레들이 포스트모던 시대의 한국과 아시아 교회에 희망과 사랑의 촛불이 될 것을 확신하기에 평신도들과 신학도들에게 일독을 권면한다. 그것도 힘주어서!

민들레 이정용 선생님의 구술들을 풀어 정리하느라 고생했다. 심이 뜻 깊은 책이 되었구나! 그 어떤 책보다 민들레 이정용의 삶과 신앙과 신학이 적나라하게 드러나기에 사랑스럽기만 하다. 수고했고 고맙다, 찬순아!

_ 이찬석 교수(협성대학교 신학대학원)

이정용 선생님은 한국인의 심혼과 동양 전통에 대한 자부심으로 신학을 하신 분이다. 그의 제자 임찬순 목사는 오랫동안 기억의 창고에 유폐된 선생님이 살아온 내력을 눈부시게 아름다운 필체로 풀어내고 있다. 이것은 스승을 망각하지 않기 위한 한 제자의 눈물겨운 기억 투쟁이다.

_ 김홍규 목사(인천 내리교회)

이정용은 동양적 사유체계인『주역』을 신학적 패러다임으로 사용해 동서 융합을 시도한 신학자였다. 1970년대 초반 경희대학교에 초빙되어 강의했고 설립자인 조영식의 『오토피아』(1975)의 영문 번역에 참여했다. 조영식과 이정용의 삶의 궤적은 목회자의 길에서 교육자로, 화학도에서 목회자의 길로 정반대였으나, 동양 사상의 기반 위에서 자신의 사상을 전개했고 같은 결론에 도달했다. 이정용은 "이 세상으로부터의 구원이 아니라 이 세상을 구하는 것에 중심을 둘 때, 새로운 신학이 발달할 수 있다. 죽어서 저세상에서의 구원이나 영혼의 구원보다, 이 땅 위에서 보람 있고 의미 있는 삶을 사는 것이 기독교의 구원이자 기독교의 중심입니다. 즉, 새로운 구원관, 전체론적 구원론을 발전시켜야 합니다"라고 역설했다. 정확하게 조영식의 사상과 일치한다. 조영식은 생전에 "값있고 보람있게 살자"라고 외쳤다. 『미래를 여는 창, 조영식 코드』(2022)의 저자로서 이 책의 출판이 무척 반갑다. 이 책은 이정용의 삶과 사상이 한국인들을 감동시키는 새로운 출발점이 될 것이다.

_ 홍기준(경희대학교 평화복지대학원 교수)

예수는 낮은 데로 오셨다. 비천한 자들과 어울리고 가난하게 사셨다. 가장 참혹하고 치욕적인 형을 받아 돌아가셨다. 한국교회는 높고 웅장하고 거대하다. 구원이라는 울타리가 있고 이단이라는 금지된 문이 많다. 울타리와 문을 넘어 예수가 들어오실 수가 있을까? 창조가 하나님의 것이라면 우리가 보고 듣고 느끼는 모두가 그의 솜씨다. 거기에는 중앙도 모퉁이도 없다. 이상한 것도 정상인 것도 없다. 여성도 남성도, 백인도 유색인도 없다. 생명만 있을 뿐, 인간과 동물과 식물의 구분도 무의미하다. 그 비밀을 창조주께 받은 분이 있다. 이정용 박사이다. 그는 주님 곁에서 이 세상을 바라보며 무엇을 느낄까? 제자인 우리는 예수와 이정용 박사의 발자취를 그저 따를 뿐이다.

_ 최문형 교수/작가(성균관대학교 초빙교수)

"'마음이 순례길에 오른 사람'(시 84:5). 임찬순 목사는 이정용 선생님이 주역의 눈으로 성경을 깊이 묵상한 주옥같은 글들을 순례자의 마음으로 잘 엮었습니다. 이정용 선생님이 사용하신 신학의 열쇠 말은 정태적(static)이거나 과정(process)과는 다른 변화(change)입니다. 그리고 그 변화는 중심부가 아닌 모퉁이에서 일어나 중심부를 뒤집는 혁명적인 생명력입니다. 마치 순례길을 걷는 자는 땀을 흘리나 순례길을 만든 자는 피를 흘리듯이, 모퉁이가 머릿돌이 되어서 중심부를 뒤집는 일도 피를 흘리는 순례길의 길벗 같습니다. 스승 이정용 선생님과 제자 임찬순 목사도 순례길의 좋은 길벗입니다. 많은 사람이 두 순례자의 글을 읽고 함께 '순례길에 오르는 순례자'가 되었으면 좋겠습니다. 새로운 변화를 꿈꾸며….

_ 서철 목사(동대문교회)

정겹고 눈물겨운 이야기.
분단과 미움의 지평선을 밟고,
새 하늘과 새 땅을 향해 걷던,
이글거리는 눈의 현자 그리스도인을 보네.

어머님과의 생이별 한국전쟁,
소련에서 미국으로,
과학도에서 신학도로,
고난의 가시밭길.
선각자의 십자가의 길,
개벽의 길이었네.

겨우 환갑지나 황금기에
아버지 품으로 돌아간 여정.
인류향한 은총의 빛,
한국신학사의 광맥이었오!

고졸한 교회사가의 갈채요.

_ 성백걸 교수(KMC 2030 뉴패러다임 프로젝트 대표)

이정용과 임찬순이 풀어가는(마 18:18) 신명난 잔치,
신과 심정이 통한 자들이 부르는 자유의 노래,

신을 품은 자들이 추는 환희의 춤, 덩실덩실.

이 글을 읽는 모든 이들에게 하늘이 열리길 비오!

_ 이동섭 목사(천안 갈릴리교회)

이정용 교수가 이끌던 드루신학교의 한국신학연구원에는 박사 과정 한인 학생들이 북적였고, 신비롭고 말 못 할 활기가 있었다. 영어에 주눅 들어 있던 학생들에게 어눌한 영어로 말씀하셨다. "(우리가) 흑인들의 고유한 영어를 흉내내려고 합니다. 콩글리쉬에 주눅 들지 말고 모두가 알아들을 때까지 당당하게 말하십시오."

이는 권위 있는 해방의 메시지였다. 이원론적 세계관이 바탕이 된 서구 신학의 치명적인 한계는 음양, 즉 주역의 세계관을 통해 새로운 신학을 구성함으로써 복음의 진가를 살려내야 한다는 그분의 돌발적 선언은 신학적 상상력의 날개를 달아 주었다.

민들레는 푸른 잔디 속에서 수없이 목이 잘려 나가지만 질긴 생명력으로 살아남아 온 들판에 퍼져간다. 미국 속 아시안들의 운명을 역설적으로 그려 낸 민들레 이야기는 한번 들으면 결코 잊을 수 없는 비전으로 심겨졌다. 그분의 갑작스런 죽음으로 제자들은 길을 잃고 흩어졌어도, 이정용의 정신 세계는 다이아몬드처럼 압축되고 정화되어 부활한 예수처럼 나타나 지금도 그들의 삶을 이끌고 있다.

가신 지 26년이 지났지만, 충성스러운 제자 임찬순을 통해 이정용의 삶과 메시지는 마가복음처럼 문서화된다. 부활하는 이정용의 한국 신학 (Korean Theology)은 겨자씨처럼 자라나 신학과 영성의 빈곤 시대에 쉼과 평화를 주는 나무가 되어 찾아오는 이들에게 신선한 생명의 기운을 선사하게 될 것이다.

_ 도상원 목사(대뉴저지 연회 라리탄 쇼어 Raritan Shore 지방 감리사)